Mit einer Prise Leidenschaft.

Elfie Casty

Mit einer Prise Leidenschaft

Ein Kochbuch für alle, die sich mögen.

Heyne

Schutzumschlag und Illustrationen: René Fehr

Photos: Andreas Joos, Chur
Satz: OD Offsetdruck Chur AG, Chur
Lithos: Offset Repro AG, Zürich
Druck: Neidhart + Schön AG, Zürich
Bindung: Buchbinderei Burkhardt AG, Mönchaltorf

Lizenzausgabe für Deutschland und Österreich
bei Wilhelm Heyne Verlag, München, ISBN 3-453-00555-4
© Copyright by Elfie Casty, Klosters 1987
Alle Rechte vorbehalten

ISBN 3-905273-03-9

Inhalt:

Mit einer Prise Leidenschaft
9

Bildteil
17

Suppen
90

Salate
108

Fisch
138

Geflügel
162

Fleisch
188

Innereien
228

Gemüse, Kartoffeln
236

Teigwaren, Reis
258

Polenta, Quiche, Blätterteigpastetchen
268

Desserts
274

Basisrezepte
308

Speisekammer
314

Küchentechnik
315

Stichwortverzeichnis
316

Wer liebt, der lebt,
wer lebt, der liebt,
wer liebt, der kocht,
wer kocht, der liebt,
so dass sich eins ins andre fügt.

Diese ‹Prise Leidenschaft› ist meinem lieben Tschiery gewidmet.

Mit einer Prise Leidenschaft – der leise erotische Unterton dieses Titels ist nicht überhörbar. Das ist auch gut so. Denn dieses Buch hat zwar mit Kochen, aber auch mit Liebe zu tun. Es wurde für zwei Menschen geschrieben, die in irgendeiner Beziehung zusammenleben, in der die Liebe ihren Platz hat. Und wie alles, was uns im Leben an Schönem begegnet – sei es in der Natur, in der Malerei, in der Musik und in der Literatur – unsere Sinne zu erregen und ein beglückendes Kribbeln auf die Haut zu zaubern vermag, ist auch ein schönes Essen dazu geeignet, unser Opfer zu verzaubern, ganz gleich, ob einem das Gegenüber schon längstens vertraut ist oder so neu, dass man vor Aufregung gar noch schneller atmet! Weil es aber für eine Beziehung zwischen zwei Menschen die verschiedensten Motive gibt, wie Zuneigung, Freundschaft oder gemeinsame Interessen, ist der Inhalt dieses Buches nicht nur für Liebende bestimmt, sondern auch für all jene, die sich auf irgendeine Art und Weise gut sind. Nur: ohne die gewisse ‹Prise Leidenschaft› geschieht nichts, überhaupt nichts, nicht in der Kunst, nicht in der Liebe, nicht in der Freundschaft und nicht am Herd.

Rezepte für die Liebe kann ich nicht geben, und um die komplizierten Vorgänge in der Seele eines Menschen zu verstehen und dabei zu erkennen, dass die Liebe wohl das schönste und wichtigste Erlebnis in unserem Leben ist, braucht es wahrlich kein Kochbuch. Für das andere aber, für die Liebe am Herd und für das Kochen zu zweit bei hohen Temperaturen und der feinen Vorfreude, kann ich vielleicht den Weg aufzeigen und auf die unübersehbaren Zusammenhänge zwischen Kochen und Lieben hinweisen. Denn so wie sich die Gemüter erhitzen oder füreinander erwärmen können, so kann man nämlich – mit derselben Leidenschaft – ein Hühnerei verändern oder einen Teig gefügig kneten. Dieselben Kräfte sind es, welche die herrlichen Säfte im Mund und im Kochtopf in Bewegung bringen und die Herz und Blut gleichermassen in Aufruhr versetzen können. Denn was die Stunde auch schlagen mag: eine feine Chemie lauert immer dahinter, wenn uns etwas Spass macht – ob im Topf oder im Kopf! Wer kennt überdies nicht die Weisheit, die davon spricht, die Liebe ginge durch den Magen? Doch ist es nicht auch denkbar, dass es nicht immer erst die Liebe braucht, um einem Magen Vergnügen zu bereiten, sondern dass umgekehrt ein zufriedener Magen eine Liebe erst erkennen lässt? Ich bin jedenfalls überzeugt, dass gutes Kochen eine sanfte Verführung ist und neue, verheissungsvolle Perspektiven eröffnen kann!

Die Idee zu diesem Buch hat eine sehr einfache Geschichte, die nicht erzählt werden muss, sondern nur angedeutet werden kann. Sie liegt in der Erfahrung der gelebten Zweisamkeit und im gleichzeitigen Spüren, dass es weit mehr Menschen gibt, die zu zweit leben, als man gemeinhin annehmen könnte. Eigenartigerweise aber sieht man, wenn man in leise köchelnden Strukturen denkt, in der Regel einen Tisch mit lauter heiteren Menschen vor sich: die Familie, oder Freunde, oder beides zusammen. Wer nun aber nicht nur in diesen leise köchelnden Strukturen denkt, sondern darüber gar noch Bücher schreibt, in denen dann meistens auch Rezepte stehen, schreibt diese Rezepte folgerichtig in zu grossen Dimensionen, zu gross wenigstens für das Essen zu zweit. Erst wenn man selbst in der Zweisamkeit lebt und sich darüberhinaus lustvoll mit dem Kochen beschäftigt, ist der Augenblick gekommen, sich Gedanken zu machen. Nichts liegt dann näher, als Gedanken weiterzuspinnen und ein Buch zu schreiben, das sich dem richtigen Verhältnis annimmt! Ist das einmal geschehen, ist die Hoffnung sehr viel grösser, dass Rezepte, oder wenigstens die Anregungen dazu, unter die Haut gehen und Zugang in einen Alltag finden, den wir zu oft dem Diktat der Zeit opfern. Ist es dann noch Gedankenlosigkeit und keineswegs Bequemlichkeit, die uns daran hindert, eine wertvolle Beziehung durch das Naheliegendste zu beleben, dann könnte der Zweck dieses Buches bald einmal erfüllt sein. Denn ganz ausgestorben können sie doch noch nicht sein, die Wissbegierigen, die Neugierigen und die wirklich Liebenden! Oder? Ich kann es mir jedenfalls nicht vorstellen.

Zweifelsohne gibt es die Menschen, die Grund haben, ihre Zweisamkeit Tag für Tag neu zu erleben. Ganz ohne äusseren Anlass. Anlass allein ist nur ihre Beziehung und die spürbare Gegenwärtigkeit. Weil nun aber die Grenzen in einer Beziehung verwischt sein können, so dass man nicht, noch nicht oder nicht mehr weiss, ob es Liebe ist, was man empfindet, ist diese Frage schon Anlass genug für einen besonderen Abend an einem ganz gewöhnlichen Tag. Wie aufregend dann, das Gegenüber mit einem vielleicht nicht ganz so perfekten, aber um so verheissungsvolleren Risotto noch verliebter zu machen! Wie schön, einer Beziehung mit einem aufgeräumten Kopf und einem heiteren Essen neue Impulse zu verleihen! Und wie gut das tut, wenn die Sinne einen Abend lang purzeln dürfen! Nun wäre es aber müssig, mich nach den Kriterien zu fragen, womit die Sinne denn genau erreicht werden können. Ich hätte mit Sicherheit Mühe, darauf eine Antwort zu finden. Denn oft sind es kaum spürbare und kaum sichtbare Nuancen. Ich kenne jedenfalls kein Rezept. Ich weiss nur, dass Kochen eine zärtliche Handschrift besitzt, mit der sich vermehrte Aufmerksamkeit über die Sinne erzeugen lässt, und dass Kochen wie auch Essen aufgeschlossen, klug und heiter machen. Wer diese Erfahrung noch niemals erleben durfte, sollte nicht versäumen, sie möglichst schnell nachzuholen!

Wer mein Buch ‹Geliebte Küche› kennt, weiss, dass es eine Liebeserklärung an das faszinierende Handwerk Kochen ist. Auch dieses Buch ist eine Liebeserklärung, aber nicht im besonderen an das Handwerk, sondern vielmehr an die genau so faszinierende Symbiose von Küche und Liebe. So wie die Liebe nicht, oder nur sehr begrenzt, über den Verstand funktioniert, so setzt die Art des Kochens in diesem Buch auch keine grosse Auseinandersetzung mit dem Handwerk voraus. Wie bei der Liebe, oder dem Gefühl, das man dafür hält, vieles aus der Seele und aus dem Bauch kommt, soll auch das Kochen von Empfindungen und Einfällen geleitet werden. Aber so wie die Liebe viele Formen hat, hat auch die Küche ihre Vielschichtigkeit. So gibt es zweifelsohne Situationen, die grosses Wissen und langjährige Erfahrung voraussetzen. Doch wer das Kochen unter dem Aspekt der Zweisamkeit betreibt, braucht keine küchentechnische Schwierigkeiten zu überwinden und in der Küche keine Kür zu tanzen. Die Zweisamkeit ist dazu da, innere Ruhe zu vermitteln und da wären aufgeregte Situationen nur des Kochens wegen völlig fehl am Platz. Wichtig allein ist, dass man versteht, Rezepte zu lesen, so wie man in einem packenden Buch liest: mit Aufmerksamkeit und einer lustvollen Begeisterungsfähigkeit. Damit wäre der erste Schritt getan. Wenn dann erst noch auf arbeitsintensive und aufwendige Grundzubereitungen verzichtet werden kann, wird der Einstieg in dieses Buch und in seine Rezepte zu einem unbeschwerten Vergnügen für alle! Wer die ‹Geliebte Küche› besitzt und sich das Wesentliche zu Herzen genommen hat, weil er die Leidenschaftlichkeit und die nötige Zeit für das Kochen einsetzt, wird ohnehin nicht darauf verzichten, gewisse Basisrezepte nachzuvollziehen. Wem jedoch die ‹Prise Leidenschaft› genügt, der soll in keiner Weise mit erhobenem Finger — oder nur einmal, nur an dieser Stelle! — daran erinnert werden, wie ungleich besser selbstgemachte Nudeln oder eigens gemachter Fond schmecken als alles, was uns an Fertigprodukten angeboten wird. In diesem Buch jedoch soll man alles zur Hand nehmen dürfen, was gefällt und Spass macht. Eine ‹Prise Leidenschaft›, eine Spur von jenem und ein Hauch von diesem genügen vollauf, um ein Gericht verführerisch zu würzen. Spüren Sie, wie ganz langsam die Schwellenangst vor dem Kochen einer leisen Freude Platz macht, mit der der Alltag gar nicht mehr so alltäglich zu sein braucht?

Nun bedeutet aber Alltag auch Arbeit, wenigstens für die meisten Menschen. Alltag bedeutet aber auch Feierabend. Ein Abend zum Feiern? Gewiss doch! Denn Sie haben inzwischen erfahren, dass es dazu keinen äusseren Anlass braucht. Nur ein lebendiges Gegenüber und ein klein wenig Zeit, um mit den Produkten etwas behutsamer umzugehen. Nun wäre es völlig falsch zu glauben, wer tagsüber in seine vielfältigen Aufgaben gestellt ist, könnte abends die Ruhe für eine grosse Inszenierung aufbringen. Davon ist in diesem Buch überhaupt nicht die Rede. Die Rede ist von einer Küche, die für alle machbar ist. Besonders und einleuchtenderweise aber für Menschen, die Kochen und Essen als eine lustvolle Sache ansehen, und die schon immer mit Begeisterung gekocht haben, wenn auch vielleicht manchmal ein bisschen phantasielos. Die es aber selbst dann getan haben, wenn Kopf und Beine von einem langen Tag müde waren. Genau für solch Besessene sind meine Rezepte gedacht, die nicht nur zu Papier gebracht, sondern mit zündendem Feuer und mit der Uhr in der Hand gekocht wurden! Auf eine Zeitmessung dürfen Sie fortan verzichten, nicht verzichten allerdings können Sie auf die notwendigen Produkte, die logischerweise zur Hand sein müssen, wenn man kochen will. Doch nachdem ohnehin an jedem Tag eingekauft wird, kann dies gezielter und weniger chaotisch geschehen, wenn Anregungen Formen annehmen. Ein Stück Papier, etwas zum Schreiben und ein neugieriges Blättern am Vorabend sind wahrscheinlich die wichtigsten Voraussetzungen, um anderntags aktiv werden zu können. Doch selbst diese Aktivität hält sich in Grenzen, wenn man vom Einkauf und von den kleinen Selbstverständlichkeiten wie das Zurüsten von Salaten und Gemüsen absieht. Darüberhinaus glaube ich, dass die meisten Rezepte dem Anspruch auf eine bewusste Lebensweise entgegenkommen. Doch es geschieht nicht sektiererisch, nicht dogmatisch, sondern mit dem Zugeständnis an die kleinen Schleckereien, damit auch die Seele eine feine Schwingung erfährt!

Wo aber liegt nun das Geheimnis um die Machbarkeit der Rezepte? Wodurch werden sie so schnell hingezaubert? Wie ist es möglich, sie jeden Tag anzuwenden, selbst dann, wenn der Kopf und die Beine müde sind? Nun, gute Küche kann zwar durchaus verzaubern, mit Zauberei allerdings hat sie in keiner Art und Weise zu tun. Nach wie vor bin ich überzeugt, dass alles was gut gelingen soll, unseren Kopf und unsere Hände braucht. Doch es gibt Möglichkeiten, mit denen das Kochen etwas einfacher und unkomplizierter gemacht werden kann. Zunächst sind es die Methoden, und um diese zu verstehen, müssen Sie mit mir einen kleinen Umweg machen, der über Prinzipien führt, wie sie in der fernöstlichen Küche ihren Ursprung haben und seit tausenden von Jahren angewendet werden. Nicht, dass ich Sie jetzt etwa lehren möchte, fernöstliche Küche zu machen. Dazu geht mir erstens die Kompetenz ab und ausserdem hat das Buch nichts, aber auch gar nichts mit fernöstlichen Rezepten zu tun. Es hält sich lediglich an Methoden, wie sie in der modernen Küche auch angewendet werden und die wiederum nichts anderes sind als die kluge Adaption gewisser Grundsätze einer grossartigen Küche mit uralter Tradition. Nehmen wir zum Beispiel die Garmethoden, von denen jede einzelne das Prinzip des schonungsvollen Garens besitzt. Nehmen wir davon das Beispiel des sekundenschnellen Bratens (Sautierens) von kleinen Fleisch- oder Geflügelstücken, die durch die grosse Hitzezufuhr nicht nur saftig bleiben, sondern darüberhinaus zusätzliche Geschmacksnuancen entwickeln. Auch das Prinzip, ein Fischfilet in einen kochenden Sud zu legen, vom Feuer zu ziehen und bei absinkender Hitze schonungsvoll zu garen, ist eine Methode fernöstlichen Kochverständnisses. Dazu gehören sowohl das Leise-köcheln-lassen als auch das Dünsten von Gemüse im eigenen Saft, sowie das präzise Überbrühen (Blanchieren) von Produkten in kochendem Wasser, ohne dass dabei wertvolle Substanzen verlorengehen. Auf die Rezepte in diesem Buch übertragen, bedeutet dies nicht nur eine schonungsvolle Art des Kochens, sondern es handelt sich dabei vor allen Dingen um Methoden, die erlauben, Zeit zu sparen. Dies ist eine wesentliche Antwort auf die Frage nach der Machbarkeit dieser Küche. Zudem schien es mir wichtig, wenn auch nur andeutungsweise, auf Prinzipien einzugehen, die unweigerlich in ein Buch gehören, das für Menschen geschrieben wurde, denen zwar die Zeit für aufwendiges, aber nicht für sinnliches Kochen fehlt. Gerade da besteht ein weiterer, unübersehbarer Zusammenhang mit der fernöstlichen Küche, wo aller Ursprung für die liebevoll zugeschnittenen Produkte, der bildschönen Präsentationen und des gekonnten Zusammenfügens von verschiedenen Geschmackskomponenten zu suchen ist. Sie ist die Küche, welche die Sinne für gesteigerte Freuden benutzt, in Formen, Bewegungen und Strukturen denkt und Kontraste als Stilmittel anwendet. Haben diese Elemente nicht viel mit der Liebe gemeinsam? Ich glaube schon und deshalb ist sie für mich die sinnlichste Küche dieser Welt, zugleich aber auch die unkomplizierteste und faszinierendste.

Der kleine Umweg über diese bezaubernde Küche hätte nicht gemacht werden müssen, wenn mir der einfache Hinweis auf die Methoden, mit denen à la minute-Gerichte zubereitet werden, genügt hätte. Aber dies wäre nicht mehr als eine grobe Umschreibung einer Sache gewesen, die nicht so leicht erklärt werden kann. Vor allen Dingen hätte dieser Hinweis nichts darüber ausgesagt, wie wichtig die kleinen Details sind, die letztlich diese Art des Kochens von der lieblosen, auch unsorgfältigen und deshalb ungekonnten Küche unterscheidet. Wie einfach dann, das eigene Unvermögen und die Lustlosigkeit dadurch zu rechtfertigen, man betreibe aus Prinzip keine neue Küche und schon gar nicht eine elitäre! Da mag man sich fragen, was daran so neu und was so elitär sein könnte. Neu vielleicht die Einsicht, dass Geflügel- und Fischgerichte nicht nur sonntags, sondern auch an einem Montag, gar an jedem Tag köstlich schmecken? Elitär etwa, weil frische Produkte die wichtigste Grundlage für eine gute Küche sind? Ist eine Küche tatsächlich elitär, wenn sie mit Einfachheit und Natürlichkeit umgeht, dafür etwas mehr Zeit und Liebe beansprucht? Wer immer diese Einstellung zum Kochen hat, wird niemals begreifen, wie einfach es ist und wie gut es tut, sich selbst und anderen eine Freude zu bereiten. Wie schön, dass nicht alle Menschen stets alles in Frage stellen! Und wie gut, dass es immer wieder Menschen gibt, die alle Sinne für das Schöne wachhalten, auch für die kleinen Dinge im Alltag, und die immer auf dem Sprung sind, aus unvermuteten Dingen Freude zu schöpfen! Man nennt sie die Lebenskünstler. Kann es sein, dass Sie sich dazuzählen? Dann nämlich kann ich Sie an dieser Stelle fragen: Mögen Sie es auch? Mögen Sie auch den Duft der Kräuter und der wohlschmeckenden Saucen, die einlullenden Dämpfe des Brutzelns und Bratens, das ganze Zauberreich der Küche? Gelingt es Ihnen, die Augen zu schliessen und dabei an den betörenden Duft von Thymian, Salbei, schmurgelndem Fleisch, brutzelnden Vögeln, aufzischenden Fischen oder Apfeltörtchen zu denken? Wenn Ihnen bei dieser Vorstellung wohl wird, dann sind Sie für das Leben in der Küche geschaffen! An dieser Werkbank der Liebe sind schon die grössten Köstlichkeiten entstanden, die mehr verbunden haben als Eimer guter Worte. Damit auch Ihnen fortan solche Köstlichkeiten gelingen, und weil ich mir denken kann, dass Sie ein bisschen neugierig sind zu erfahren, was es ausser der Sinnlichkeit und den Garmethoden noch braucht, um die Rezepte in diesem Buch nachkochen zu können, müssen Sie mir noch eine ganz kurze Weile folgen.

Sie haben inzwischen verstanden, dass, wer kochen will, die notwendigen Produkte zur Hand haben muss. Der Einstieg in die Rezepte sollte deshalb über die Vorratsliste auf S. 314 geschehen, damit Sie sich beim täglichen Einkauf nur noch auf die frischen Produkte konzentrieren müssen. Die Liste enthält alle weiteren Zutaten, die klugerweise stets im Haus sein müssen, wenn man sorglos am Herd stehen will. Am Anfang eines jeden Rezeptes steht über der schmalen Spalte der alles umfassende, alles aussagende, aber fast nicht übersetzbare Begriff ‹Mise en place›. Damit fängt das Kochen überhaupt erst an! Und deshalb ist es wichtig, dass Sie diese linke Spalte genau studieren, damit Ihnen die Arbeit leichter von der Hand geht und das Kochen auch wirklich Spass macht. Nur wenn alle Zutaten auf dem Arbeitstisch bereitstehen, und die entsprechenden Produkte zugerüstet und gewaschen sind, kann unnötige Nervosität vermieden werden. Somit sei Ihnen dieses Prinzip **ganz gross** ins Buch geschrieben. Nachdem Sie sich also lustvoll für ein Rezept entschieden haben, ist es wohl auch sinnvoll, dieses zwei- oder gar dreimal zu lesen, damit der logische Ablauf über den Kopf bis in die Fingerspitzen geht. In der rechten Kolumne führt der Weg nämlich — von oben nach unten gelesen —, über den ersten Handgriff hin bis zum endgültigen Resultat. Sie brauchen demnach nichts anderes zu tun, als erstens die Zutaten bereitzustellen, dann dem chronologischen Ablauf zu folgen, um alsbald das Gericht im Nu zubereitet zu haben. So einfach ist das. Hin und wieder sind in den Rezepten gewisse Begriffe und Tätigkeiten durch Händchen hervorgehoben, die Sie als kleine Inseln betrachten müssen, auf denen Sie für einen kurzen Augenblick verweilen sollten, damit die Bedeutung unter die Haut geht. Vielleicht sind es nur Details, die allerdings von einer möglichen Auswirkung auf das Resultat nicht unterschätzt werden dürfen. Wenn Sie die Rezepte genau durchlesen, werden Sie auch immer wieder den gleichen Formulierungen begegnen. Wie oft beispielsweise kommt die Aufforderung vor, Gemüse in kleinste Würfelchen zu schneiden! Ich weiss, kleiner geht es wirklich nicht mehr, aber wie soll ich auf diese Verkleinerung der Sprache verzichten, wenn die Sprache zwar nicht die einzige, jedoch eine schöne Form ist, sich zu verständigen? Diese allerkleinsten Würfelchen also haben einen ganz bestimmten Zweck zu erfüllen, den ich Ihnen augenblicklich erklären will: Für einen Koch, der durch seine Ernsthaftigkeit erfolgreich ist, ist es selbstverständlich, für den Aufbau seiner Saucen einen Fond oder Jus zu verwenden, der aus ausgelösten Knochen oder Gräten sowie stets mit Gemüse und Gewürzen zubereitet wurde. Es versteht sich von selbst, dass dadurch eine Sauce an Gehalt kaum zu überbieten ist. Das ist das offene Geheimnis, was grosse Küche ausmacht. Sie jedoch wollen keine grosse, sondern eine liebevolle Küche machen und auf arbeitsintensive Grundzubereitungen verzichten dürfen. Somit gehe ich also davon aus, dass Sie nicht immer Fond oder Jus im Vorrat haben, sondern auf Hilfsmittel ausweichen, wie sie in Vielzahl angeboten werden. Wenn es sich dabei um das allerbeste Produkt handelt, das auf dem Markt zu finden ist, ist dagegen nichts einzuwenden. Nun gibt es aber ein paar unkomplizierte Möglichkeiten, den Gehalt solcher Produkte aufzuwerten. Dazu gehören beispielsweise diese Gemüsewürfelchen, die meistens aus Lauch, Karotten und Sellerie bestehen und zum Aufbau einer Sauce verwendet werden. Ist das Gemüse klein genug geschnitten, gibt es logischerweise mehr Aroma ab und hat den Vorteil, dass es in der Sauce belassen werden kann.

Manche Saucen enthalten Doppelrahm und Butter. Beide Produkte dienen als Aromaträger und geben der Sauce gleichzeitig jene Konsistenz, die wir in der sorgfältigen Küche grosser Köche immer wieder bewundern können. Nur denken Sie dabei bitte niemals an diese schrecklichen Kalorien, die tagsüber leicht eingespart werden können! Ohne Rahm und Butter ist eine sinnliche und verführerische Küche nicht möglich, abgesehen davon, dass eine alte Geschichte besagt, Butter sei der Liebe zuträglich. Und wer wollte schon auf dieses strategisch wichtige Liebesmittel verzichten, solange nicht zur Übertreibung aufgefordert wird! Falls Ihnen kein Doppelrahm zur Verfügung steht, kann ohne weiteres normaler Rahm verwendet werden, nur braucht es dann von der Menge her etwas mehr und die Sauce muss ein bisschen länger kochen, damit sie die gewünschte Konsistenz erreicht. Saucen müssen auch immer gewürzt werden: vorsichtig mit Salz, einem Hauch Cayenne, oftmals mit einer Spur Curry und wenig weissem Pfeffer aus der Mühle. Das Salz, vorsichtig angewendet, ist dazu da, gewisse wichtige chemische Reaktionen auszulösen; der Hauch Cayenne dient dazu, ein Aroma behutsam zu unterstützen, und die Spur Curry ist ein fabelhaftes Gewürz, einer Sauce das gewisse Etwas zu verleihen, ohne sie zu betonen. Der weisse Pfeffer schliesslich hat frisch gemahlen ein köstliches Aroma, sofern er einem Gericht immer erst zum Schluss zugefügt wird. Das eigentliche Aroma einer Sauce wird allerdings fast immer durch das Zufügen eines entsprechenden Alkohols beeinflusst, wie beispielsweise trockener Vermouth, Wein, Porto oder Sherry. Die verwendete Qualität sollte deshalb vorzüglich sein, damit Ihr Bemühen nicht umsonst gewesen ist.

Die Erfahrung hat mich gelehrt, dass es nicht immer sinnvoll sein kann, Rezepte zu schreiben und gleichzeitig darauf zu vertrauen, dass diese spontan und aus eigenem Antrieb variiert werden. Das ist mit ein Grund, weshalb ich in diesem Buch auf das Spiel im Anschluss an ein Rezept verzichtet habe. Es erscheinen deshalb viele Variationen als eigenständige Rezepte, damit all jene, die trotz Unerfahrenheit in der Küche, meine Rezepte benützen können. Die angewandten Methoden andererseits legitimieren die zahlreichen Sautégerichte (von Sautieren), die ohne grossen Zeitaufwand nachzuvollziehen sind und zudem viele weitere Möglichkeiten aufzeigen. Was Sie nun mit den Rezepten beginnen, ob Sie diese zu einem Menu zusammenfügen oder einzeln zubereiten, ob eine Suppe Herz und Magen erwärmen soll, ob ein Salat an einem heissen Sommertag als Abendessen gedacht ist, ob ein Gemüse einen köstlichen Fisch begleiten soll oder ob ein hinreissender Risotto genügt, das Gegenüber noch verliebter zu machen: die Entscheidung darüber ist alleine Ihnen überlassen. Machbar sind alle Rezepte und die meisten auch in kurzer Zeit zubereitet, abgesehen vielleicht von den Desserts, die ein bisschen mehr Zeit beanspruchen, dafür aber wunderbar geeignet sind, ein schönes Essen abzurunden und einen noch viel schöneren Abend einzuleiten.

Wer aus meiner bisherigen Aussage das Wesentliche herausgespürt hat, wird auch gespürt und verstanden haben, dass die Jahreszeiten für die Liebe und für das Kochen grossen Spielraum lassen, und dass es demnach faszinierend sein muss, mit den Jahreszeiten bewusst zu leben. Denken wir an den Herbst. Wie schön, in dieser Zeit Musse zu haben, und die bunten Tage zu geniessen. Oder durch den Nebel zu wandern, mit jedem Schritt die fallenden Blätter vor sich hinschiebend und ihrem Rascheln wie einer Musik zu lauschen. Der Herbst ist aber auch die Zeit des ersten Feuers im Kamin und der grossen Zärtlichkeit. Da genügen oft die einfachsten Genüsse dieser Welt. Der Winter ist die Zeit der kurzen Tage und der langen Nächte, wo man sich zusammenkuschelt und eine unbändige Lust, auch auf Wärmendes, verspürt. Wintergerichte sind meist auch deftige Gerichte, die allerdings nichts von der Leichtigkeit einzubüssen haben, wenn sie mit leichter Hand zubereitet werden. Auf die Winterszeit folgt der Frühling und da kommt wohl alles etwas leichtfüssiger daher: die Liebe, das Essen und die Freude, mit zarten Farben vergängliche Bilder auf den Teller zu zaubern. Der Sommer mit seiner Heiterkeit bringt eine unvergleichliche Fülle von köstlichen Produkten, aus denen sich ebenso heitere wie köstliche Gerichte zubereiten lassen. Der Sommer ist aber auch die Zeit, in der wir uns von allem Ballast befreien und nicht viel mehr brauchen als das Sonnenlicht und die Nähe des geliebten Menschen. Welch ein Vergnügen, im Zyklus der Jahreszeiten zu leben, zu lieben, zu kochen und zu essen! Liebend zu kochen — kochend zu lieben. Wenn wir dafür sensibel genug sind, weil wir auch das Zwitschern eines Vogels nicht überhören, dann könnte es durchaus sein, dass wir wieder zur Lebensfreude zurückfinden!

PS Wenn Bücher nur dickere Briefe an Freunde sind, wie Jean Paul sagte, so ist dieses Buch ein langer, lieber Brief an alle, die mit derselben ‹Prise Leidenschaft› kochen wie ich. Und weil in einem Brief oftmals im Nachsatz die Essenz steht, ist ein Postskriptum auch in diesem Buch angebracht, mal als spielerisches, mal als sachlich ergänzendes Element anzuwenden. Weil Gedanken aber auch purzeln können und im Nachsatz nicht immer untergebracht werden konnten, erscheinen sie hin und wieder in gereimter Form. Illustriert von René Fehr.

Wenn Mädchen gern und lustvoll kochen,
gleich viele Herzen lauter pochen,
denn wo die Lust ist, ist die Liebe —
das Öl im seelischen Getriebe.

Und diese Seele funktioniert,
wenn man völlig couragiert,
sich an den Herd stellt und beginnt
zu spüren, dass man viel gewinnt:

Ein leises Lächeln, als Kompliment,
ein stilles Schmunzeln, als Fragment
und Gruss der innren Heiterkeit. —
Ich glaub, wer kocht, ist sehr gescheit.

Gemüsesalat an Nussölvinaigrette (Seite 108)

Milkenröschen auf Frühlingslauch (Seite 118)

Geflügelleber und Steinpilze auf Friséesalat (Seite 119)

Wachtelsalat (Seite 113)

Geflügelsalat mit Orangen und Pistazien (Seite 115)

Seeteufelbäckchen auf Kohlrabisalat (Seite 130)

Spargelsalat mit Räucherlachs (Seite 124)

Jakobsmuscheln auf Karottensalat (Seite 132)

Zanderfilet auf Grünkohlgemüse (Seite 144)

Lachsragout mit Kohlrabi an Schnittlauchsauce (Seite 150)

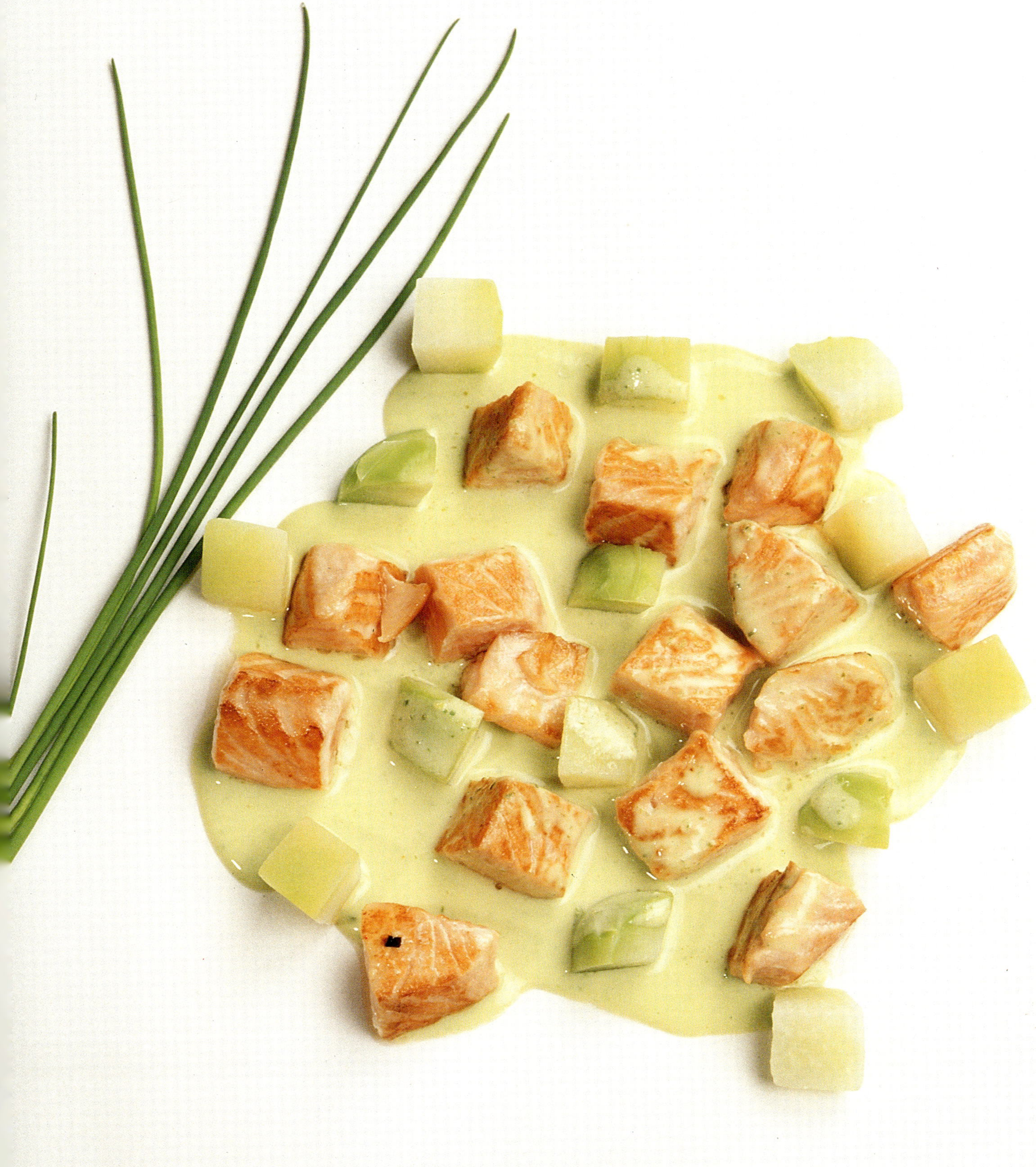

Forellenfilet auf Lauch und Kartoffeln (Seite 142)

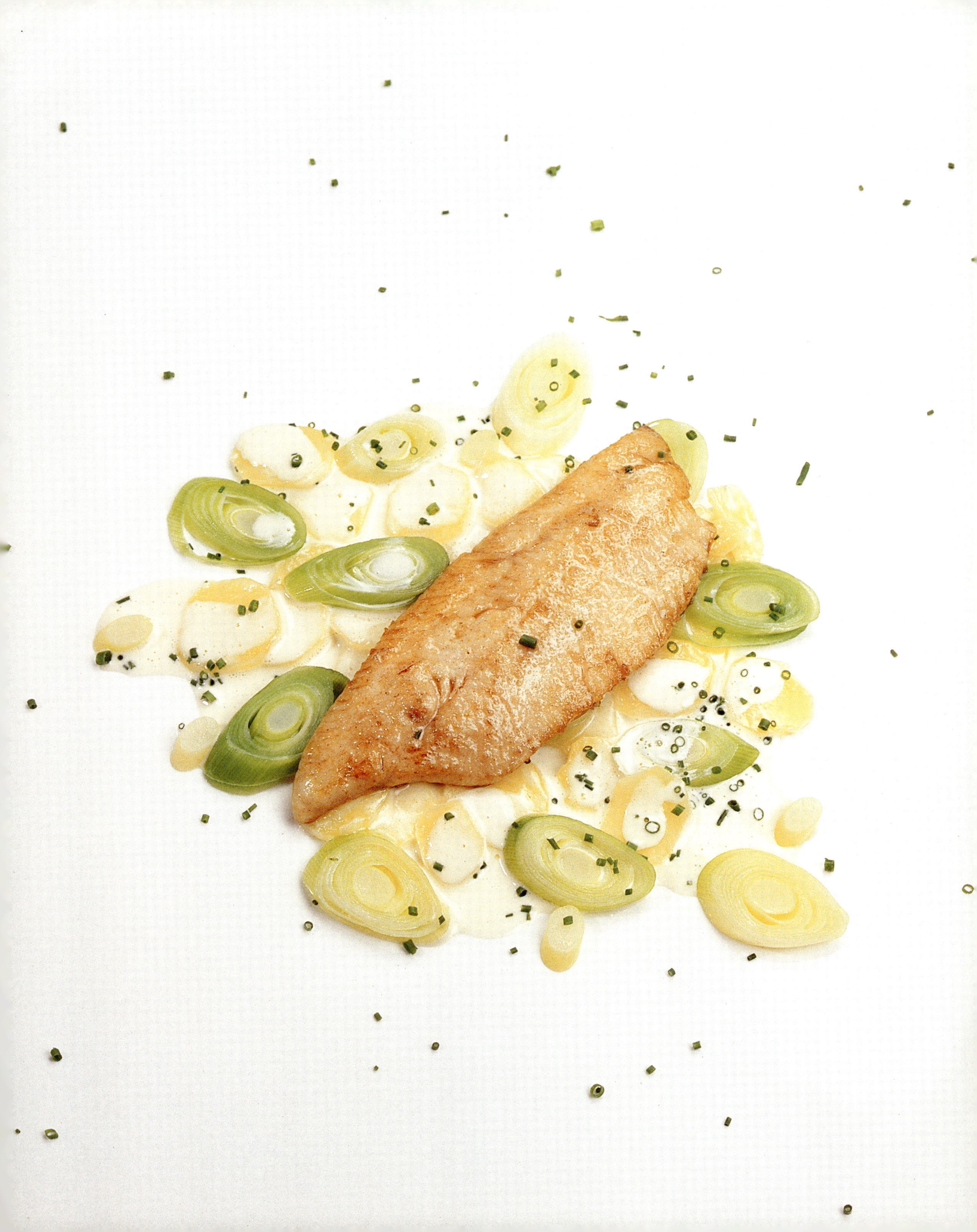

Steinbuttfilet mit Gemüse und Estragon (Seite 147)

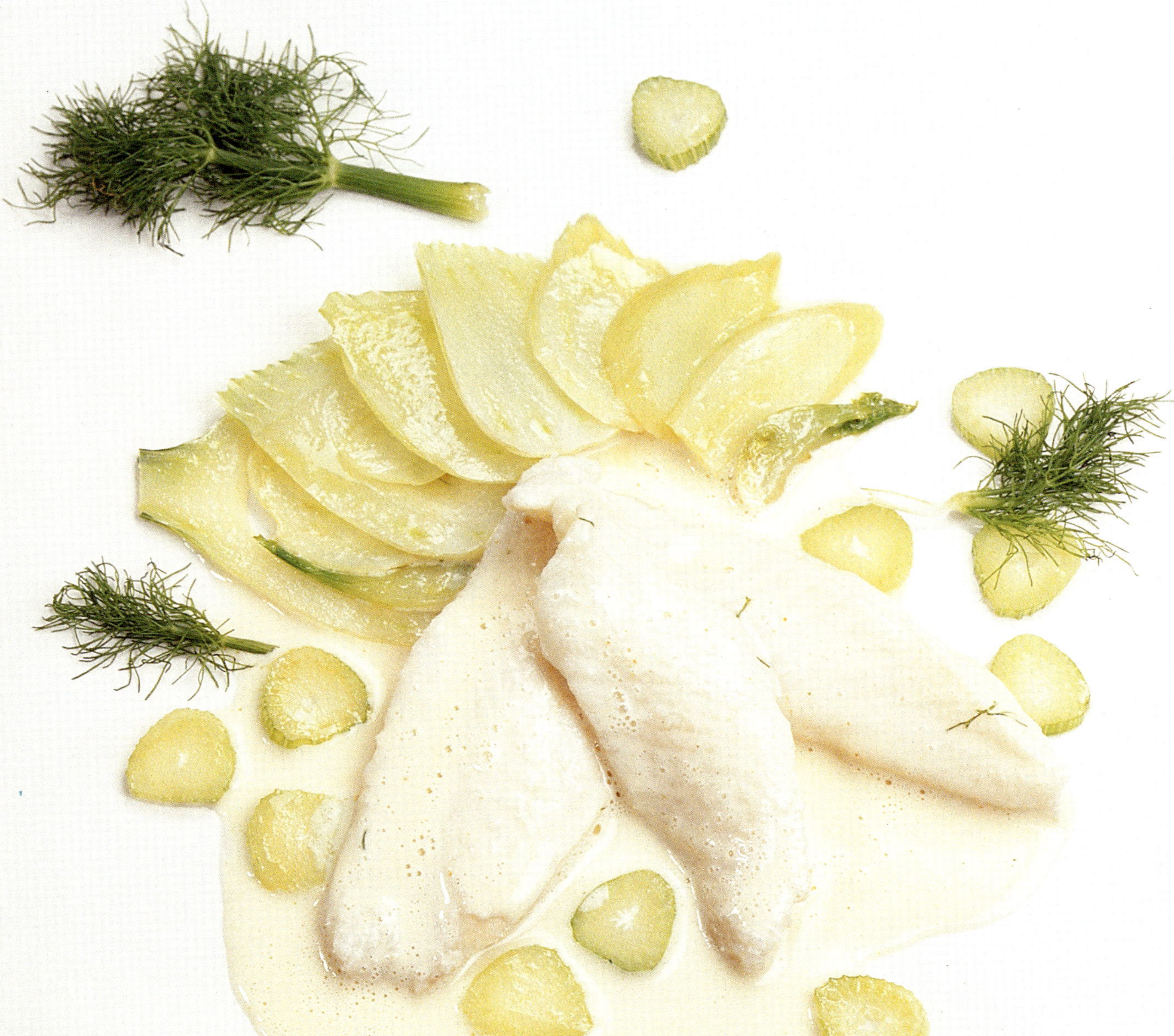

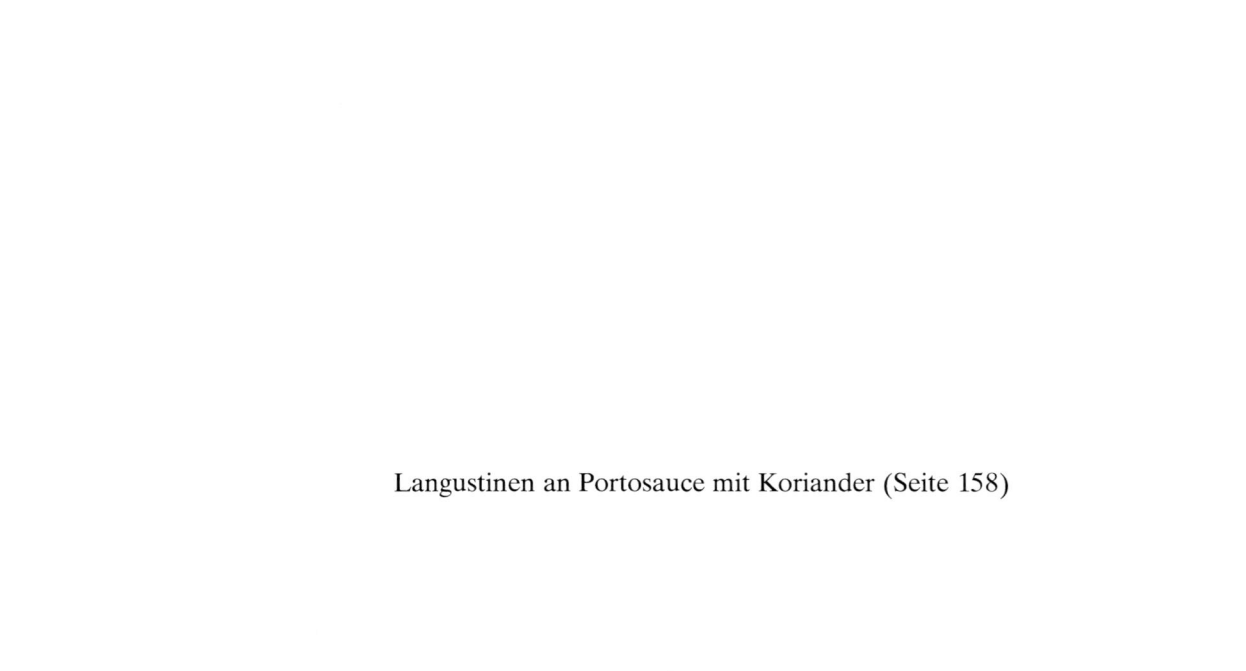

Langustinen an Portosauce mit Koriander (Seite 158)

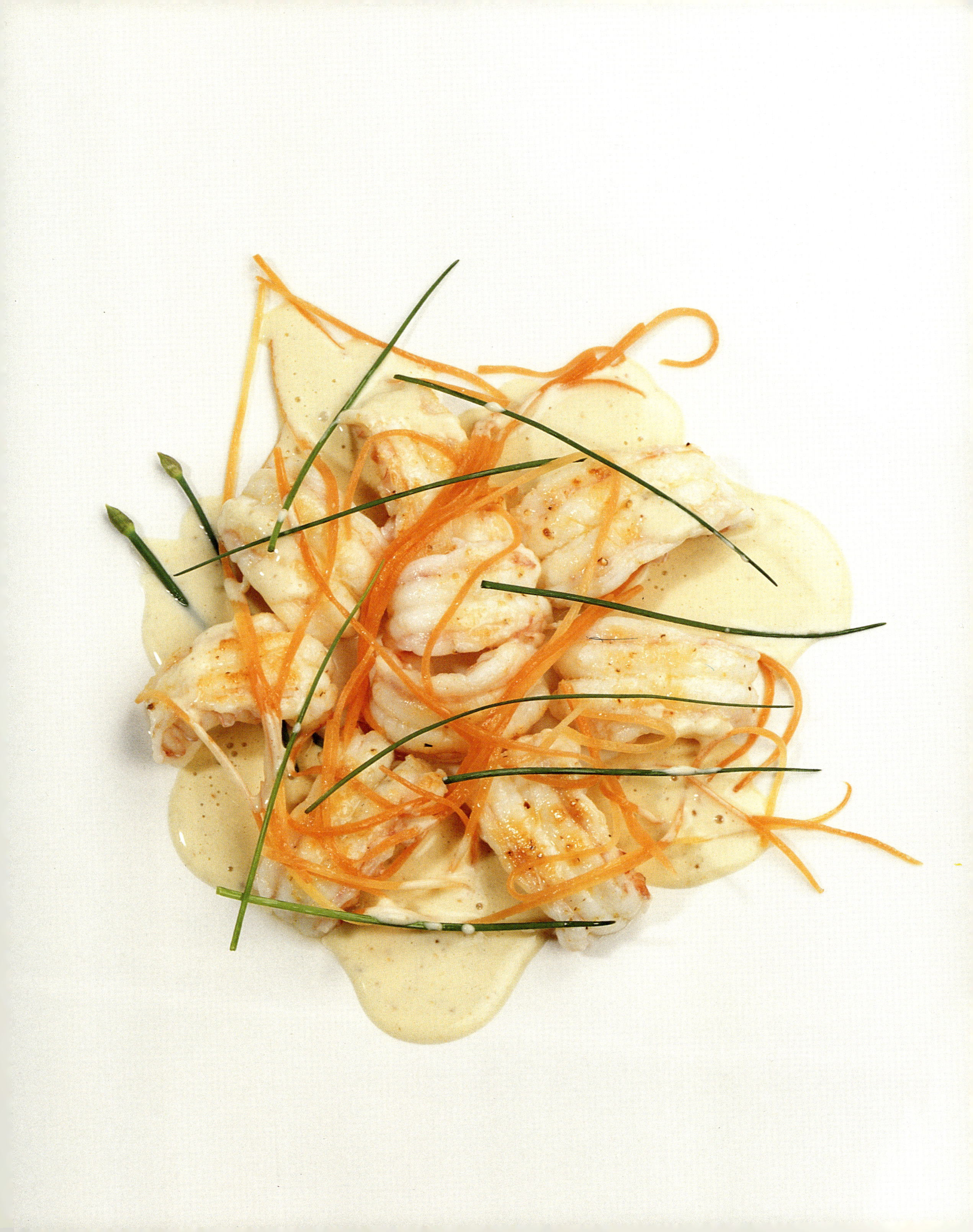

Geflügelsauté an Basilikumsauce (Seite 169)

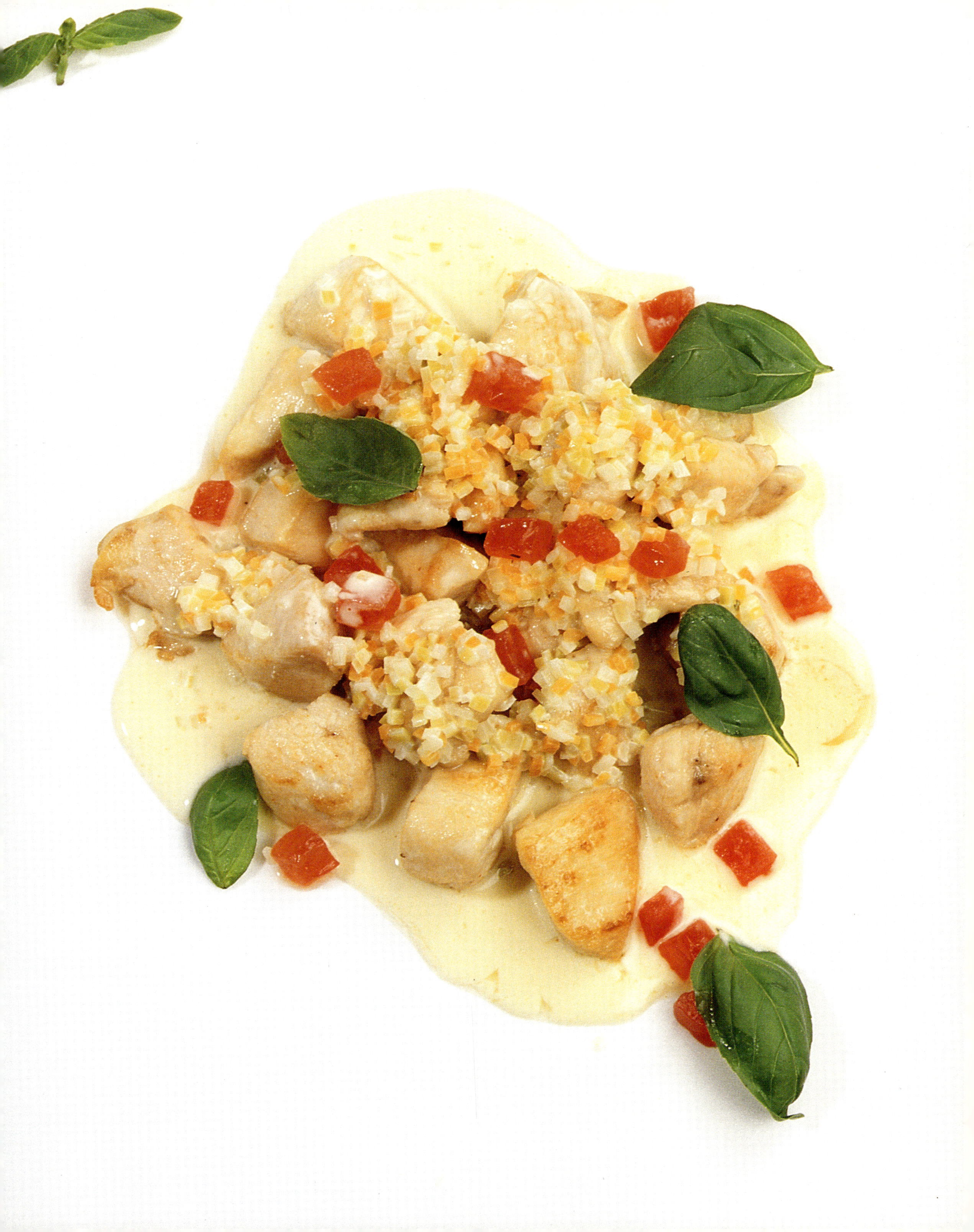

Entenbrüstchen mit Sultaninen an Portosauce (Seite 180)

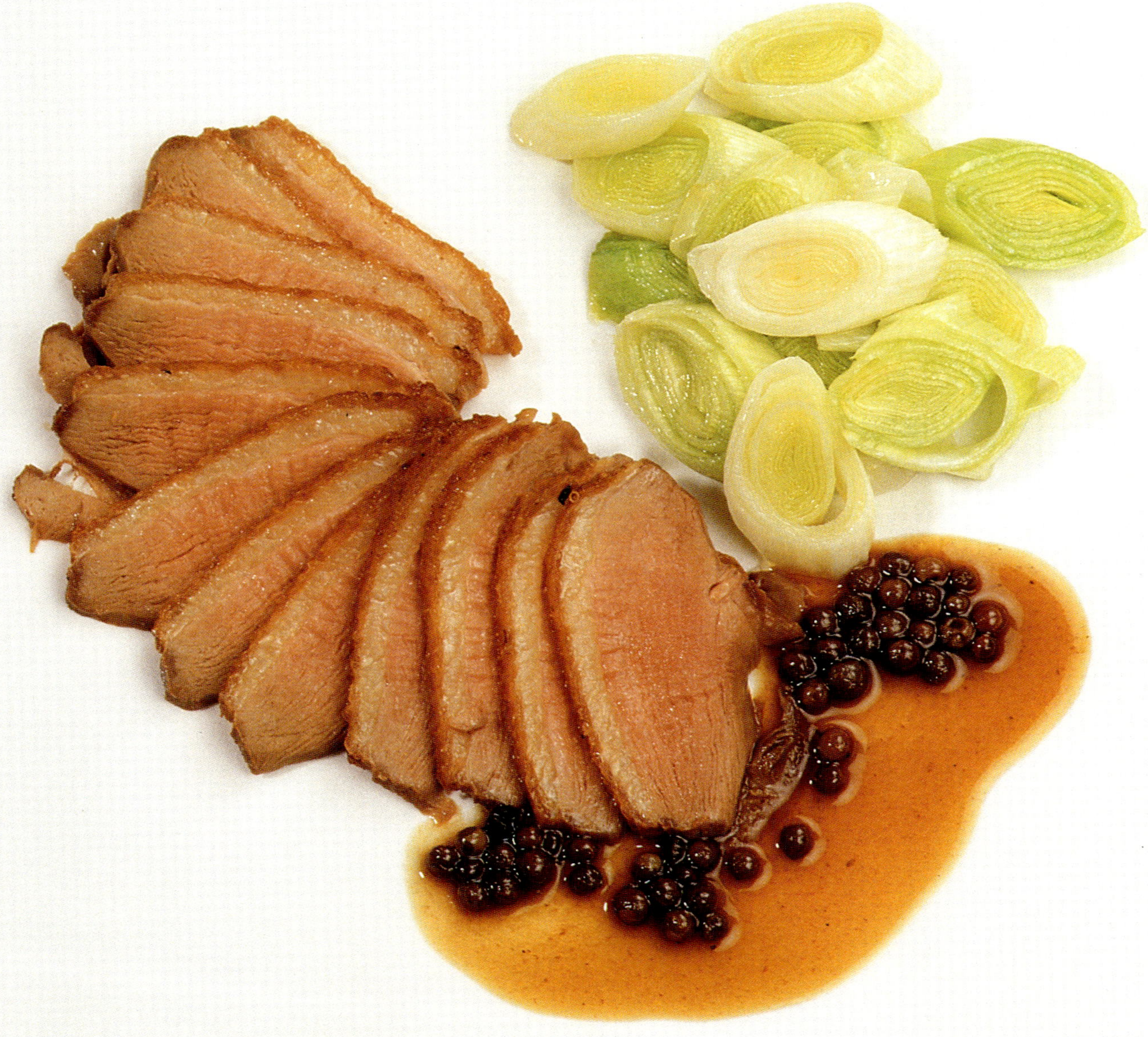

Geflügelstreifen mit Honig (Seite 167)

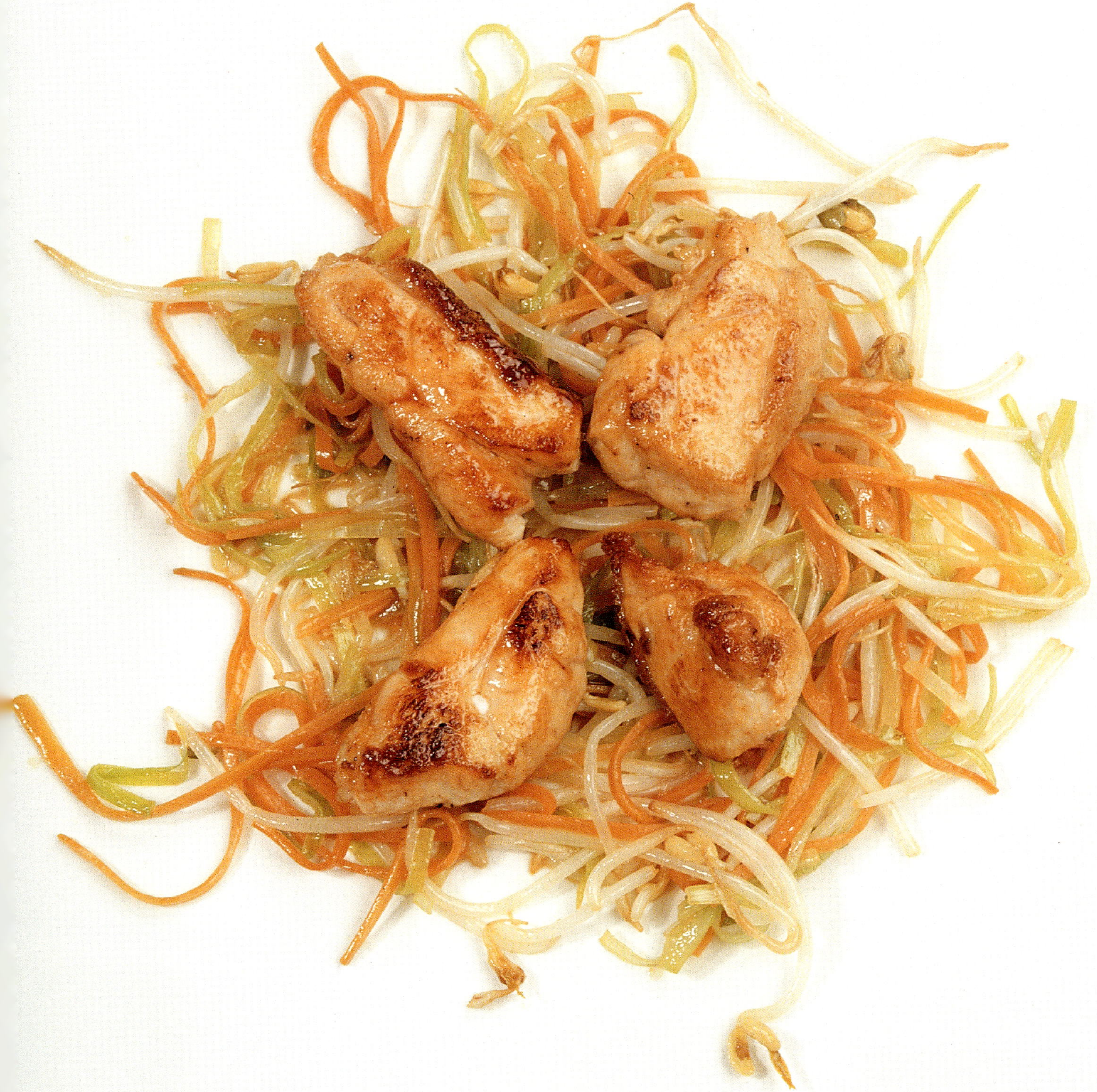

Geflügelbrüstchen mit Kräutern und Frühlingszwiebeln (Seite 164)

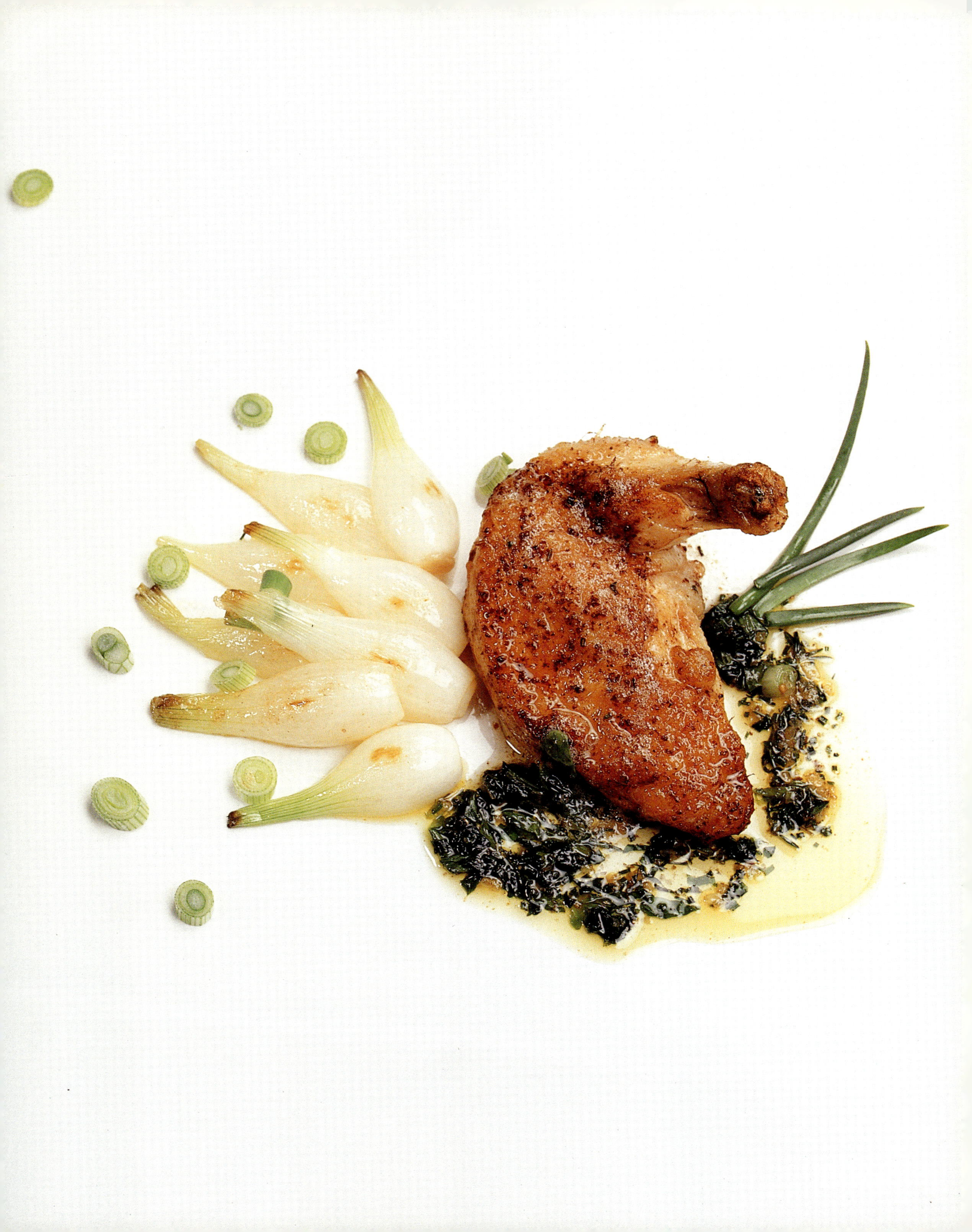

Perlhuhnbrüstchen auf Sauerkraut (Seite 182)

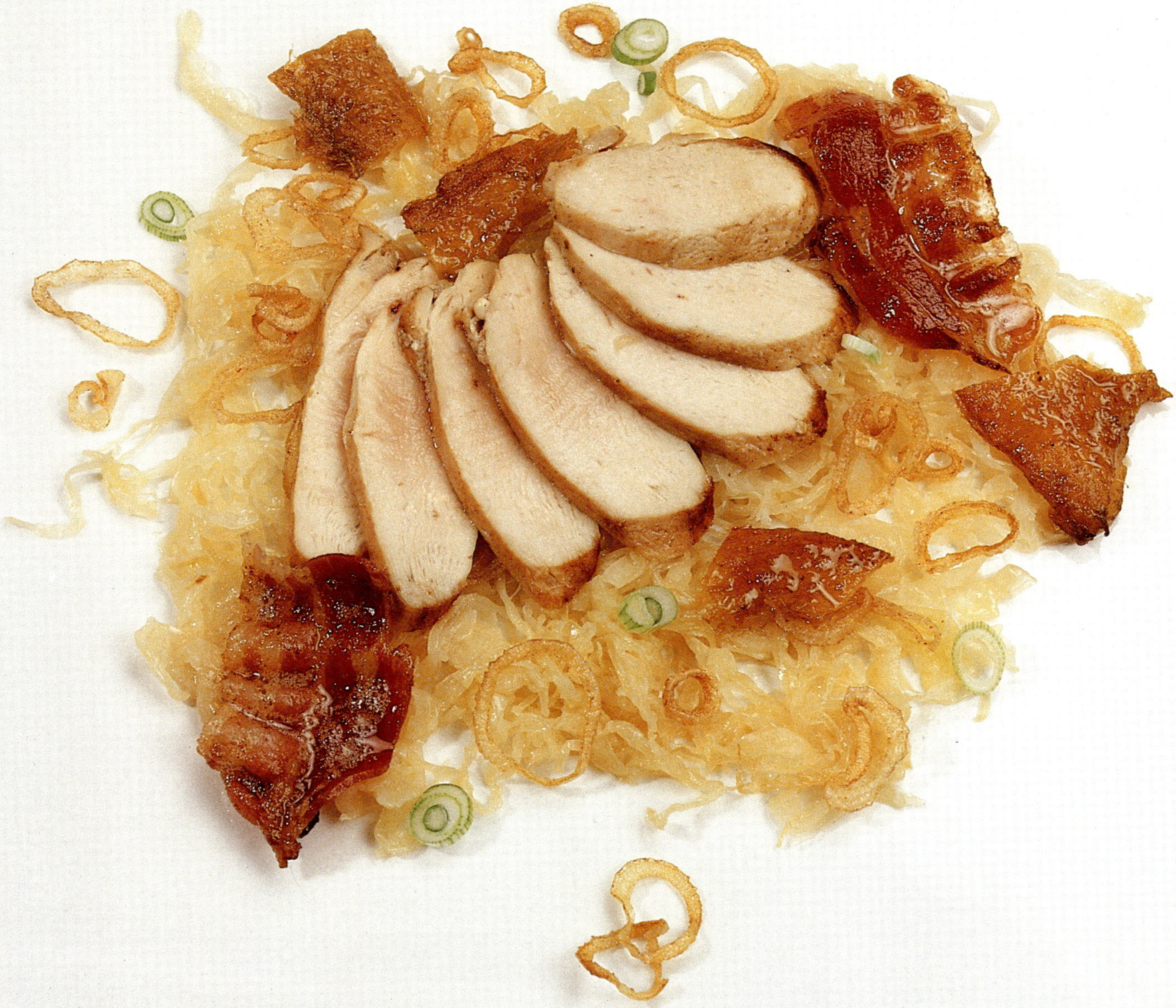

Lammcôtelettes an Rosmarinsauce (Seite 216)

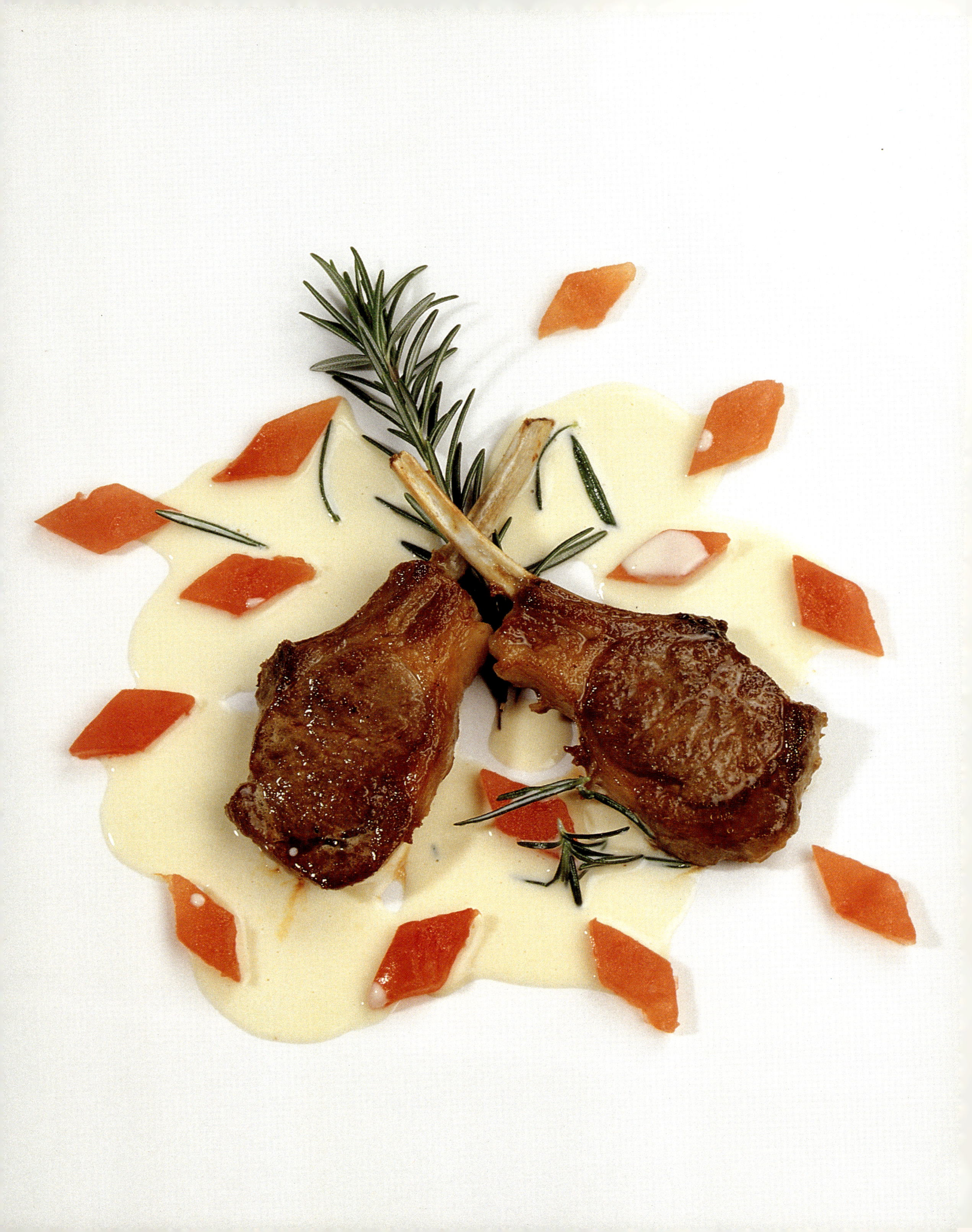

Kalbssteak mit frischem Salbei (Seite 195)

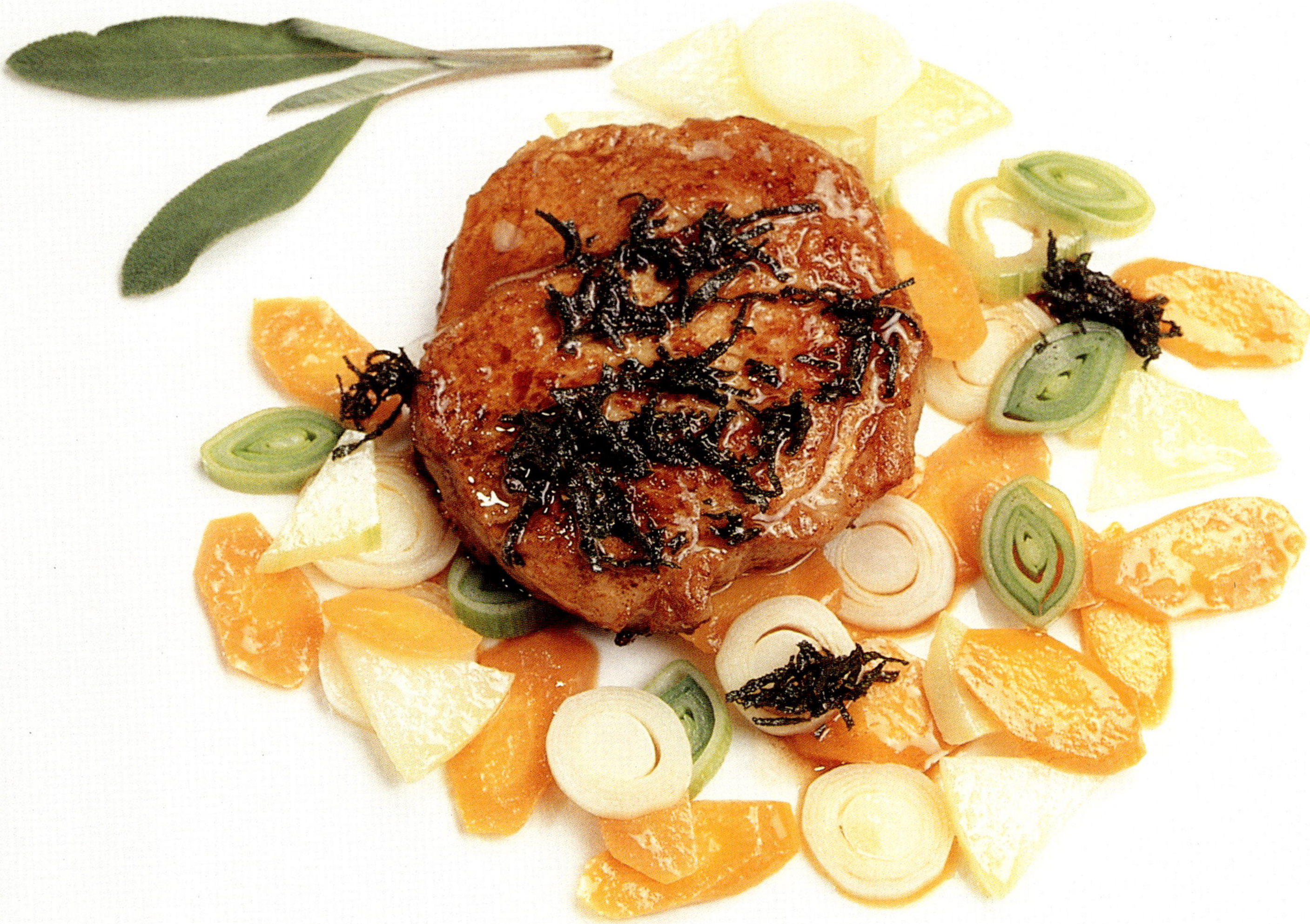

Kaninchenrückenfilet mit Kanincheninnereien (Seite 221)

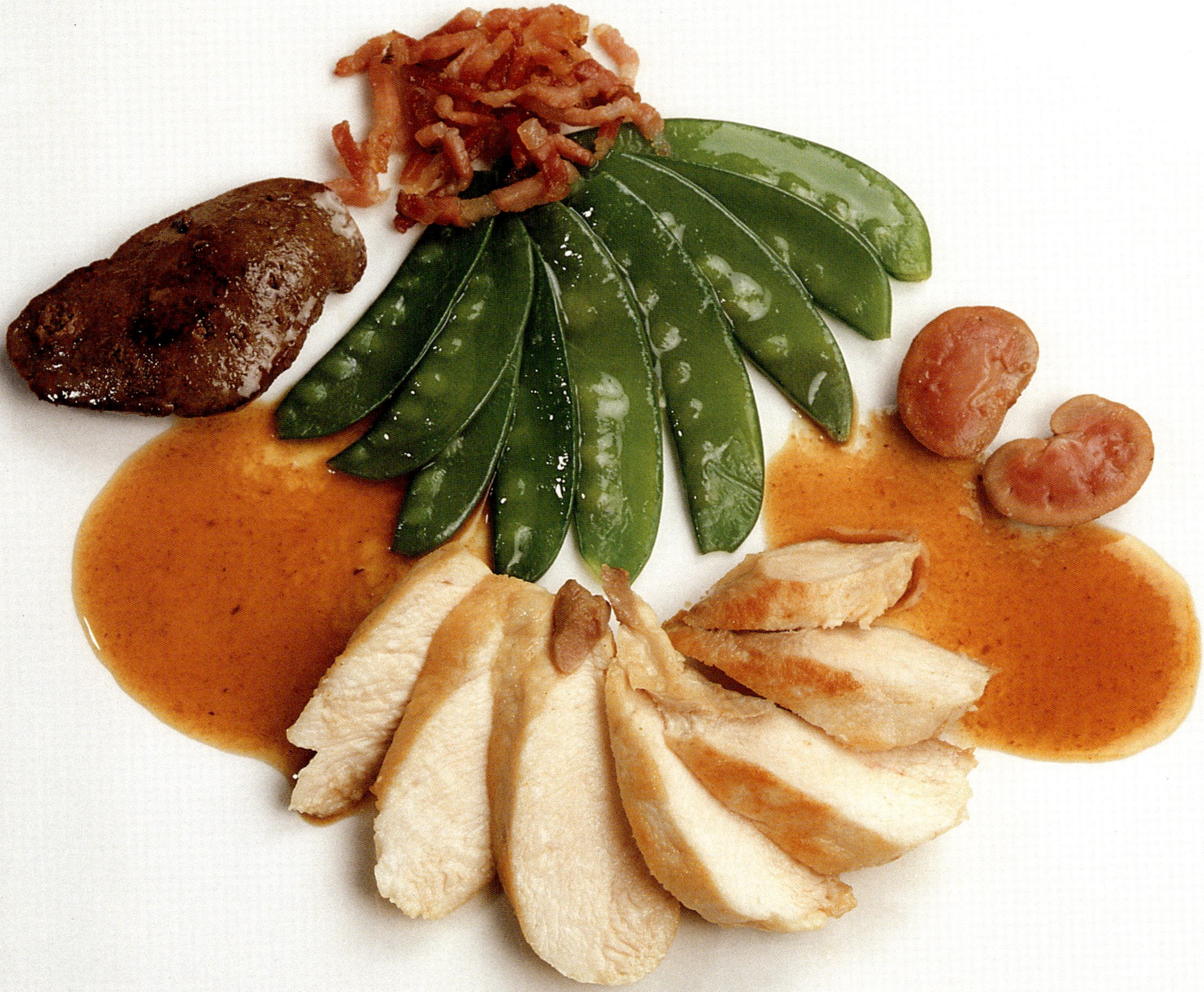

Kaninchensauté mit Balsamico und Thymian (Seite 219)

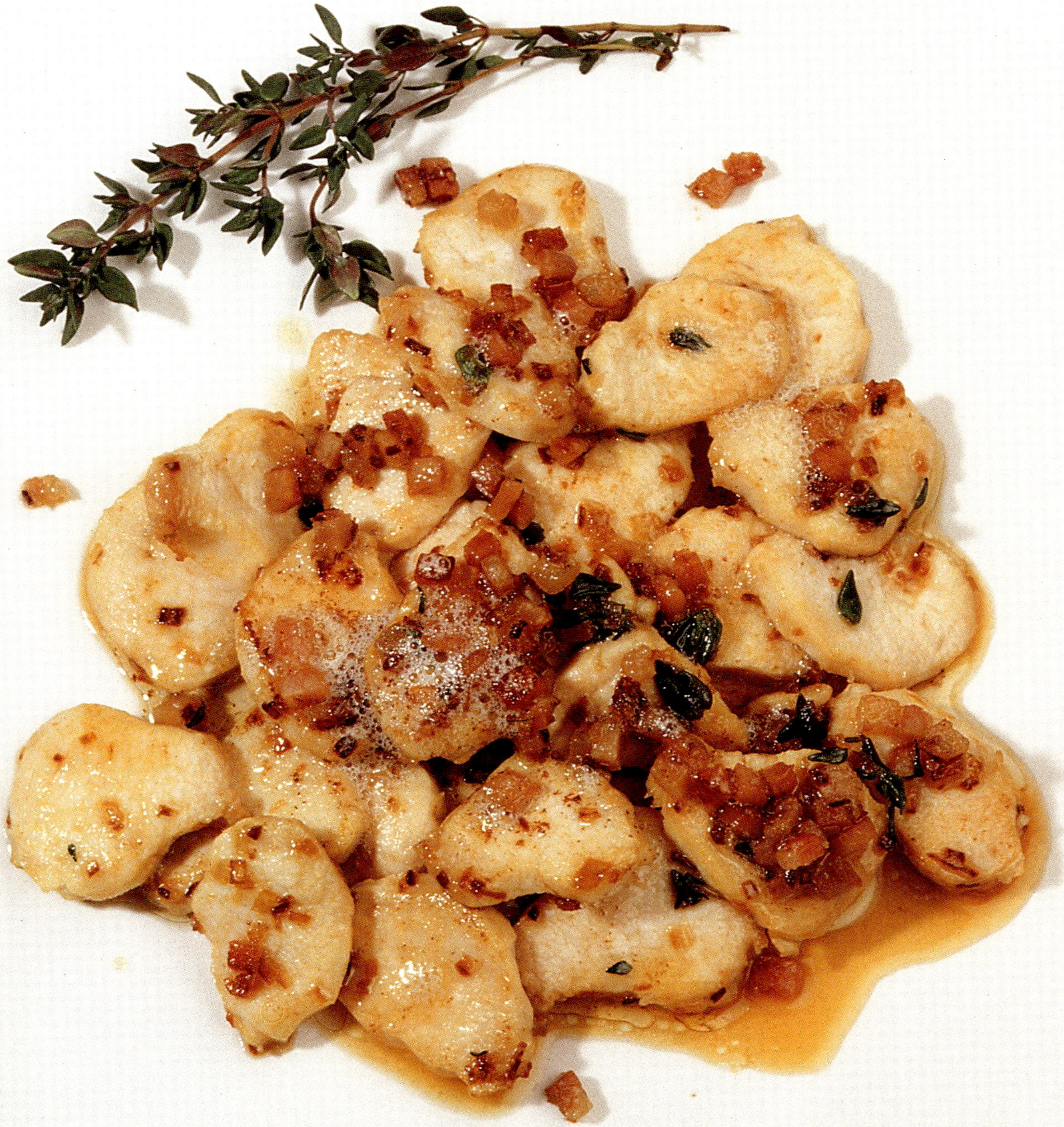

Schweinsfiletmédaillons an Orangensauce (Seite 200)

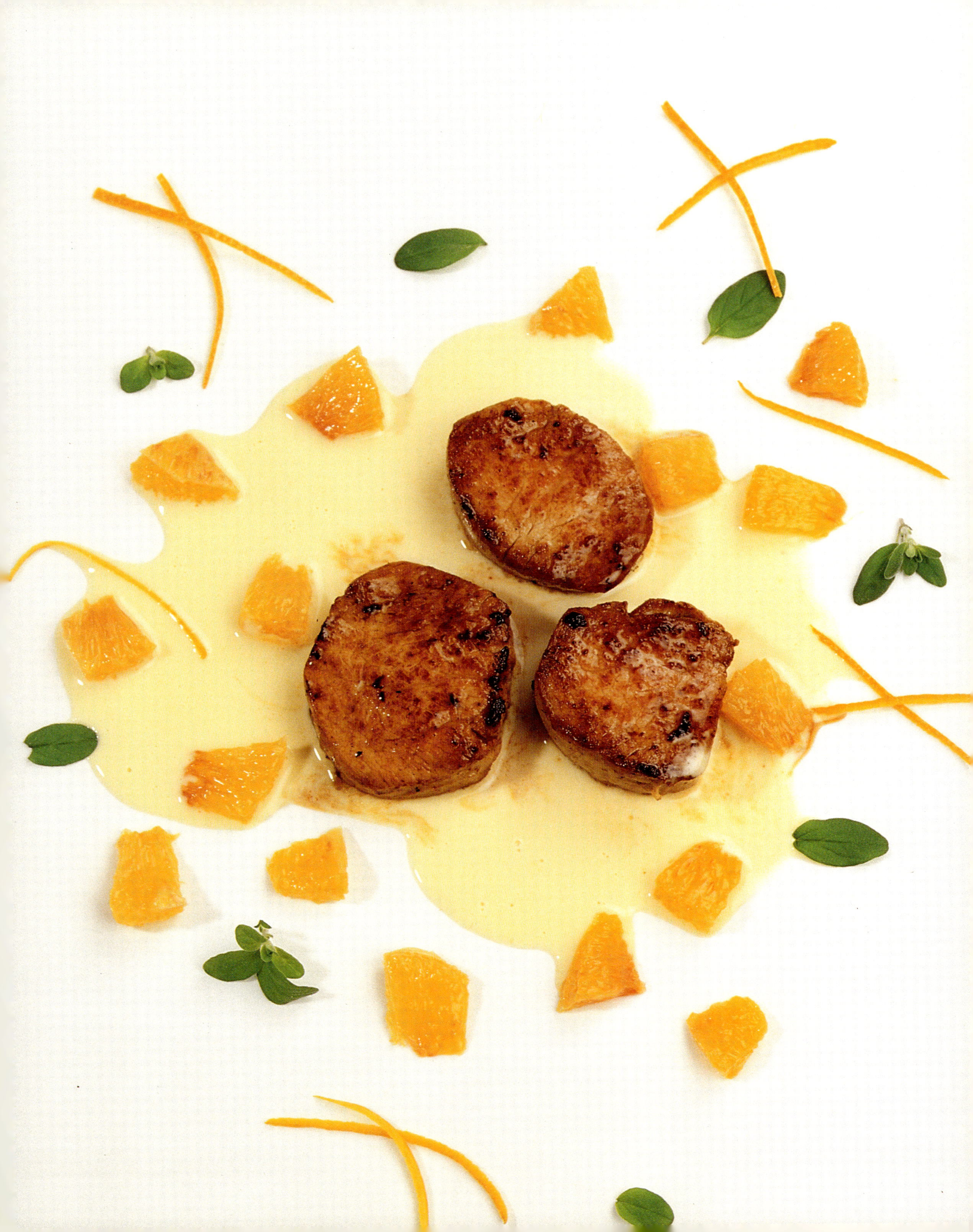

Nudeln mit Gemüsestreifen (Seite 259)

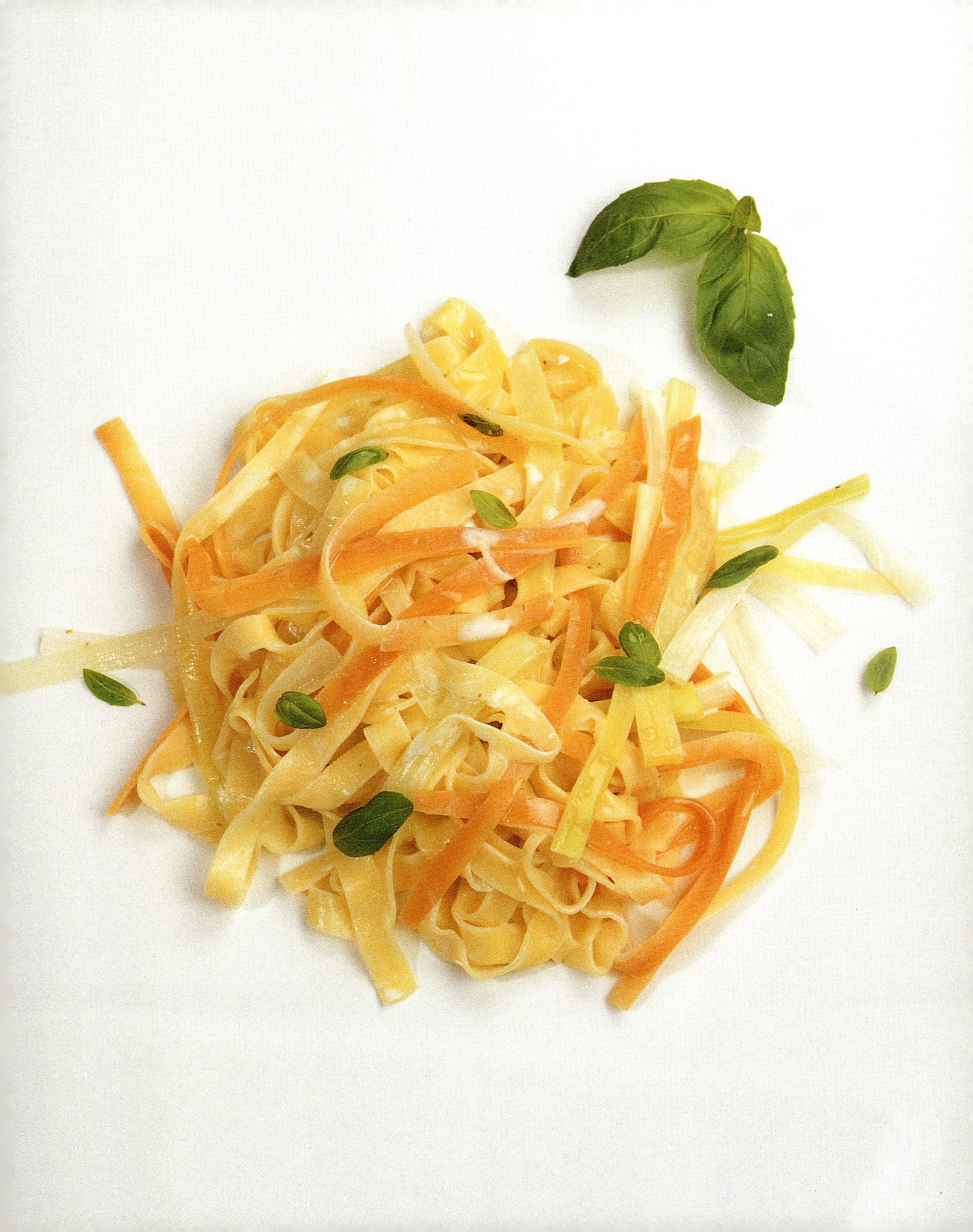

Blätterteigpastetchen mit Morcheln (Seite 271)

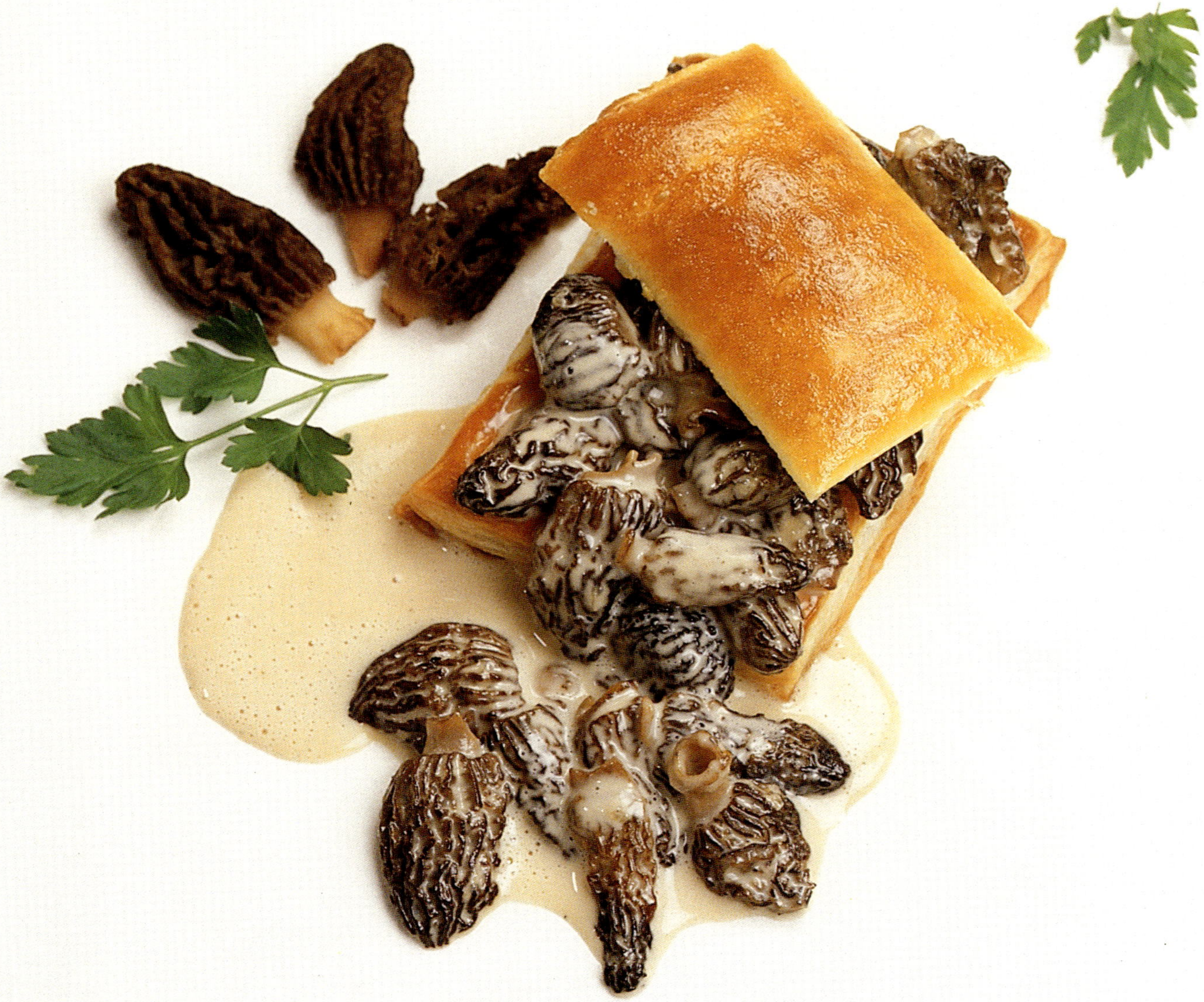

Frühlingsgemüse an Kerbelsauce (Seite 241)

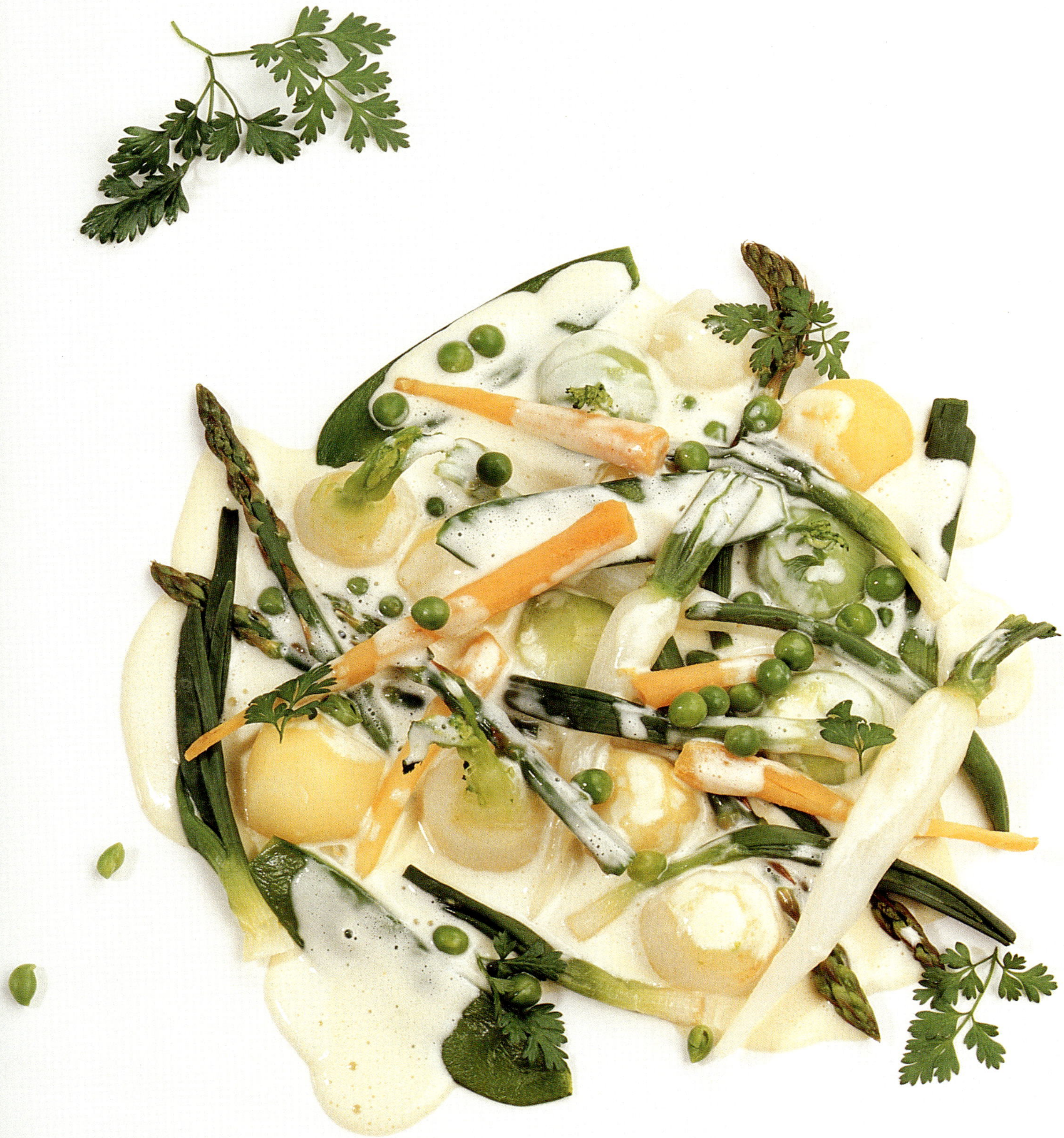

Rösti aus rohen Kartoffeln (Seite 248)

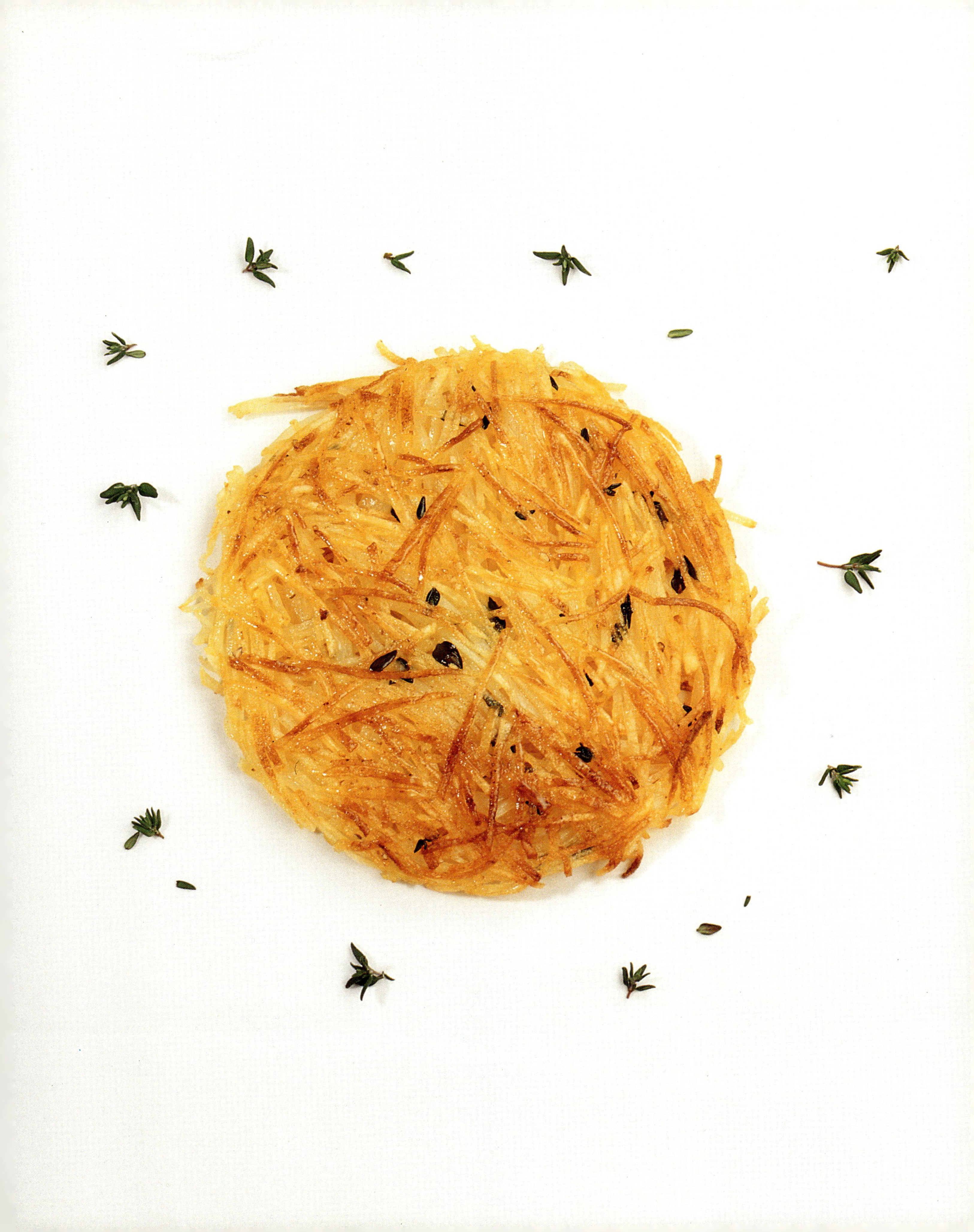

Bohnengemüse (Seite 239)

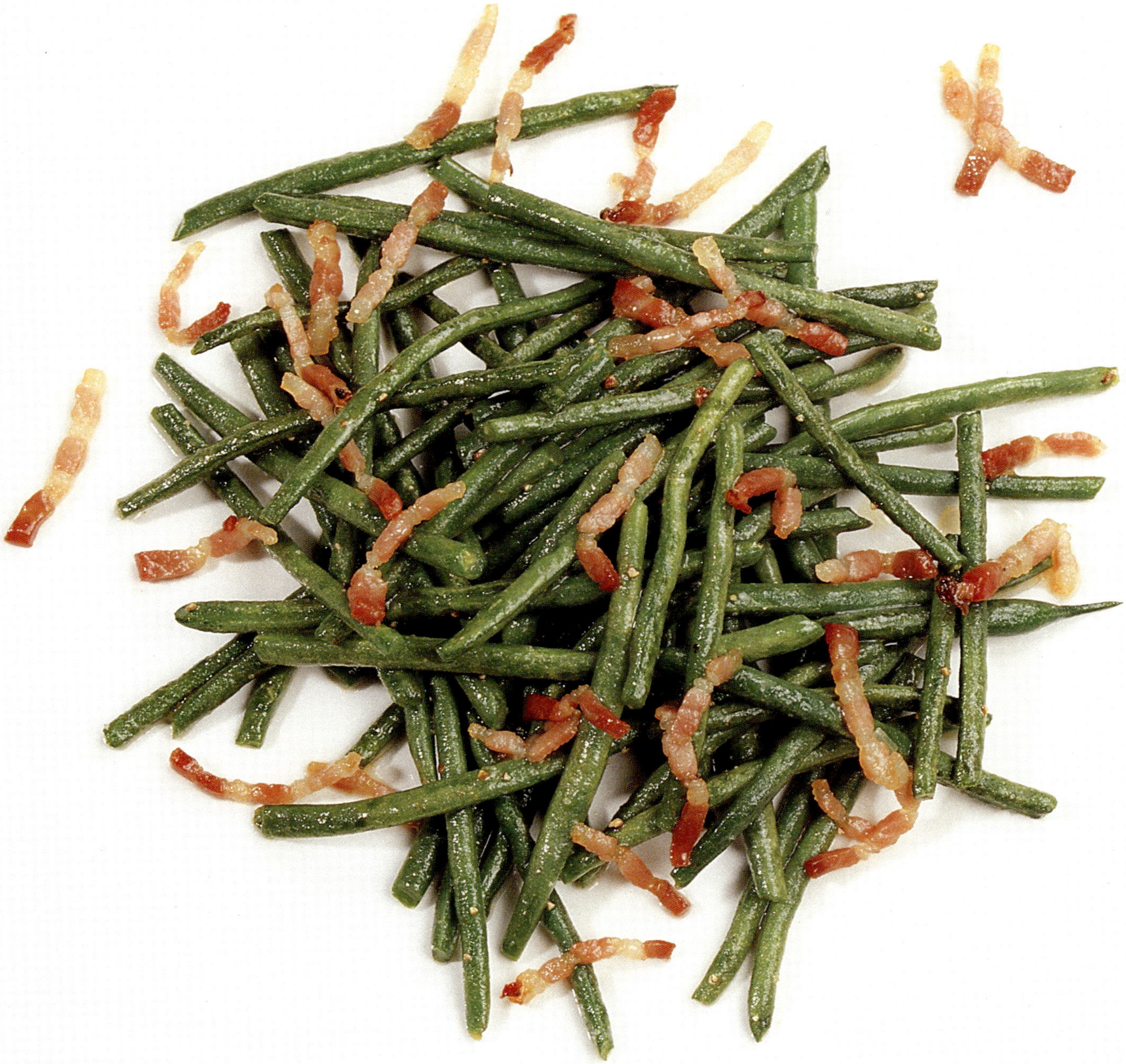

Spätzli mit Steinpilzen (Seite 262)

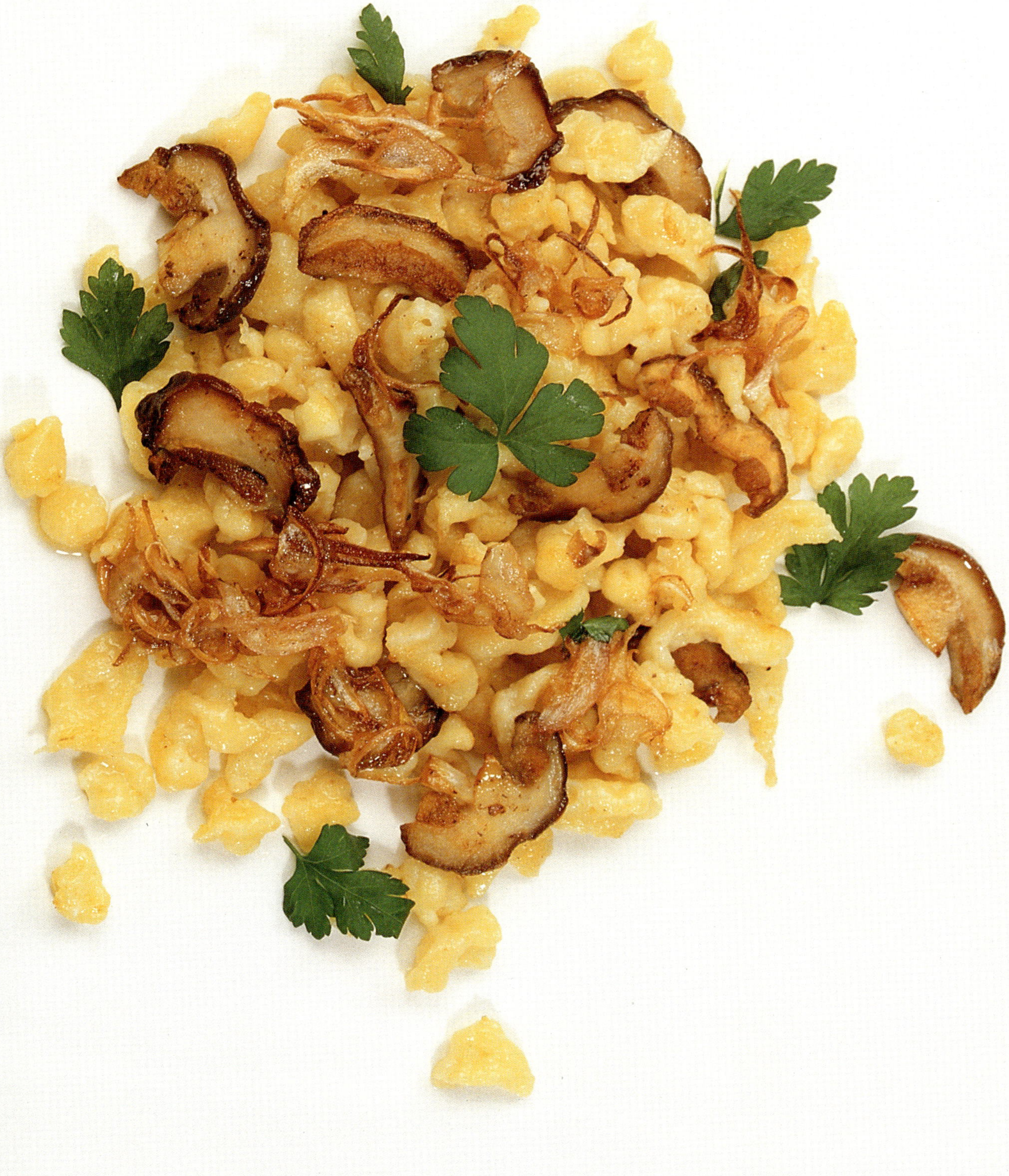

Kirschentarte (Seite 295)

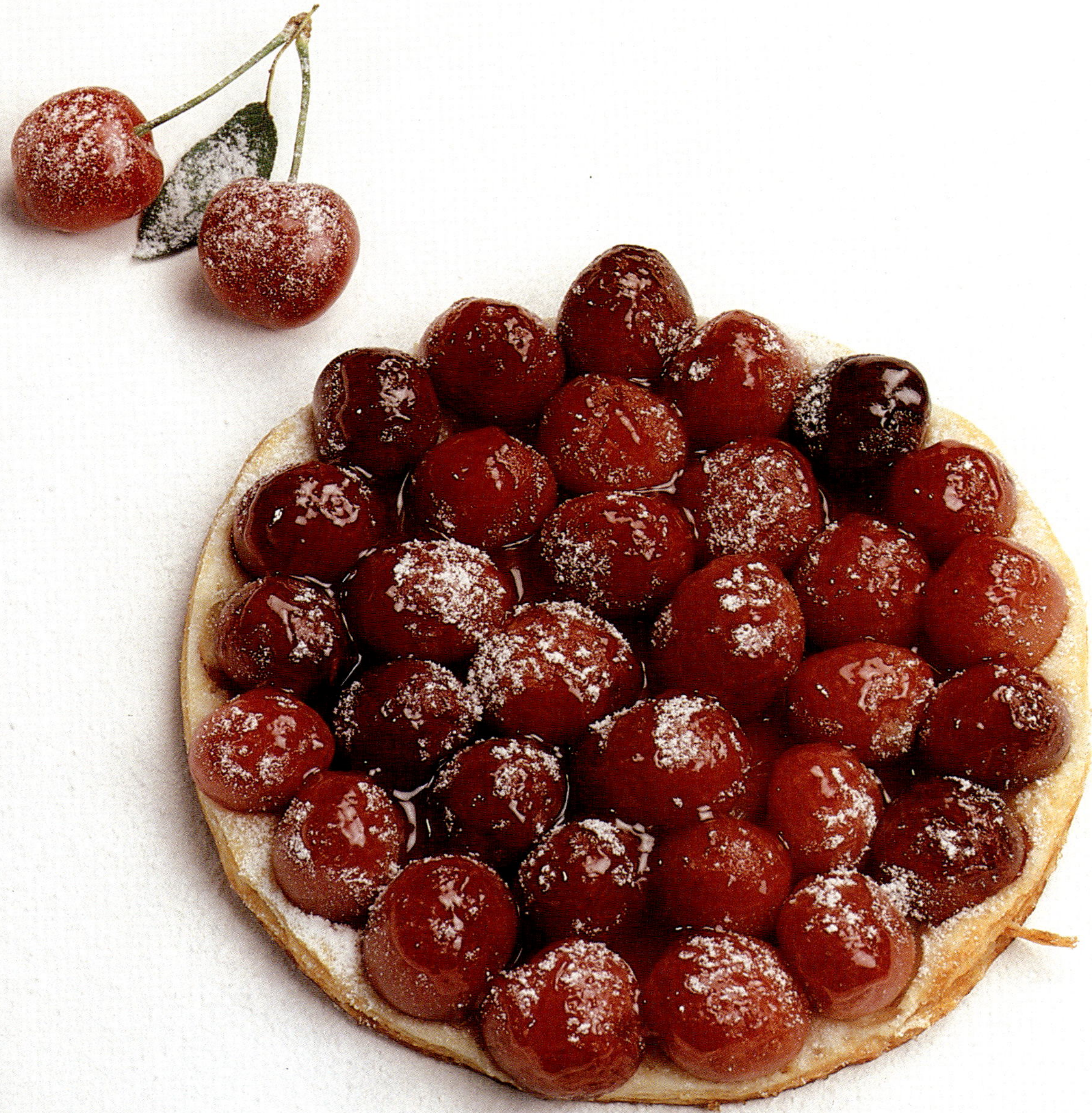

Quarksoufflé mit Mangosauce (Seite 300)

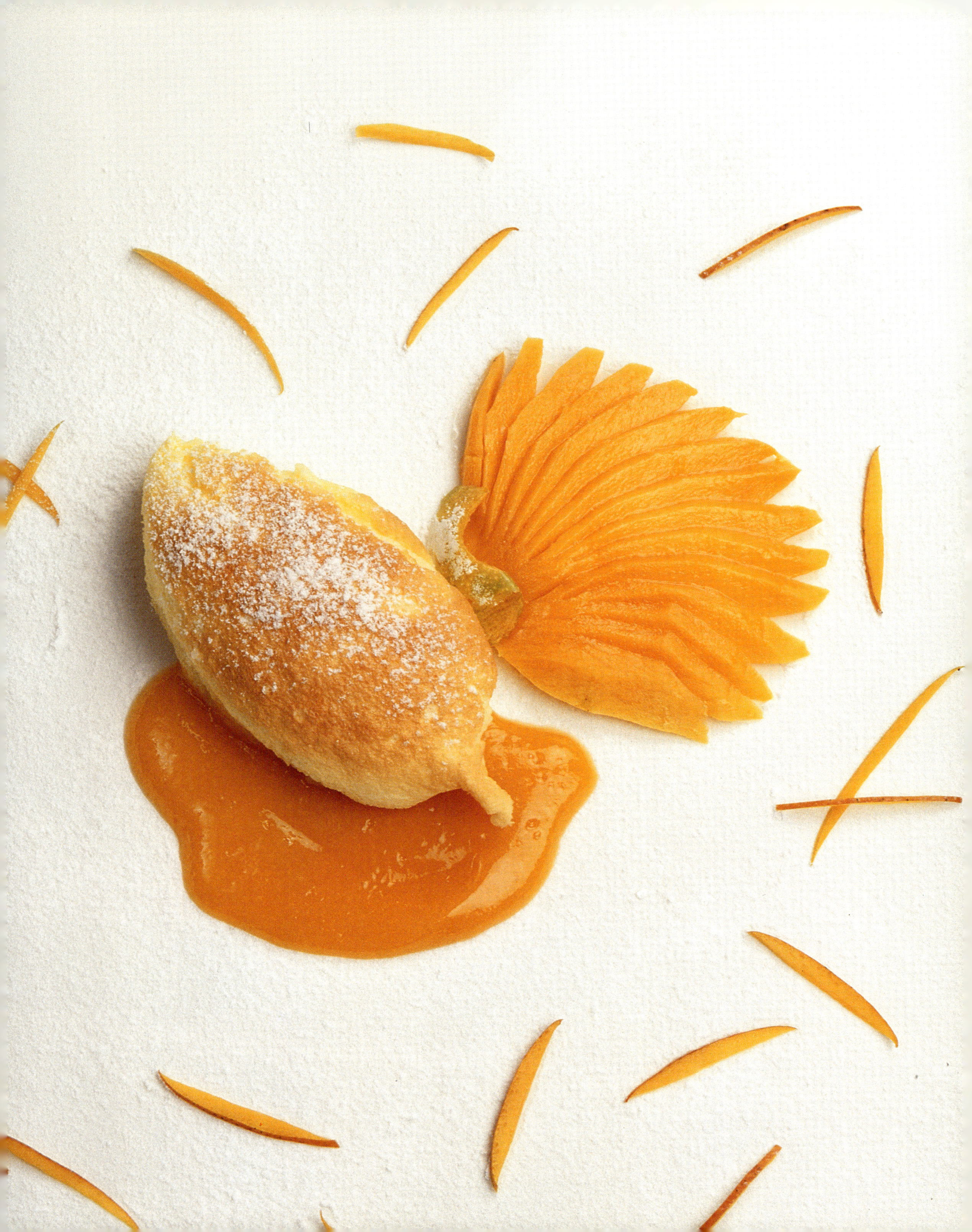

Erdbeereisgugelhupf auf Rhabarbersauce (Seite 281)

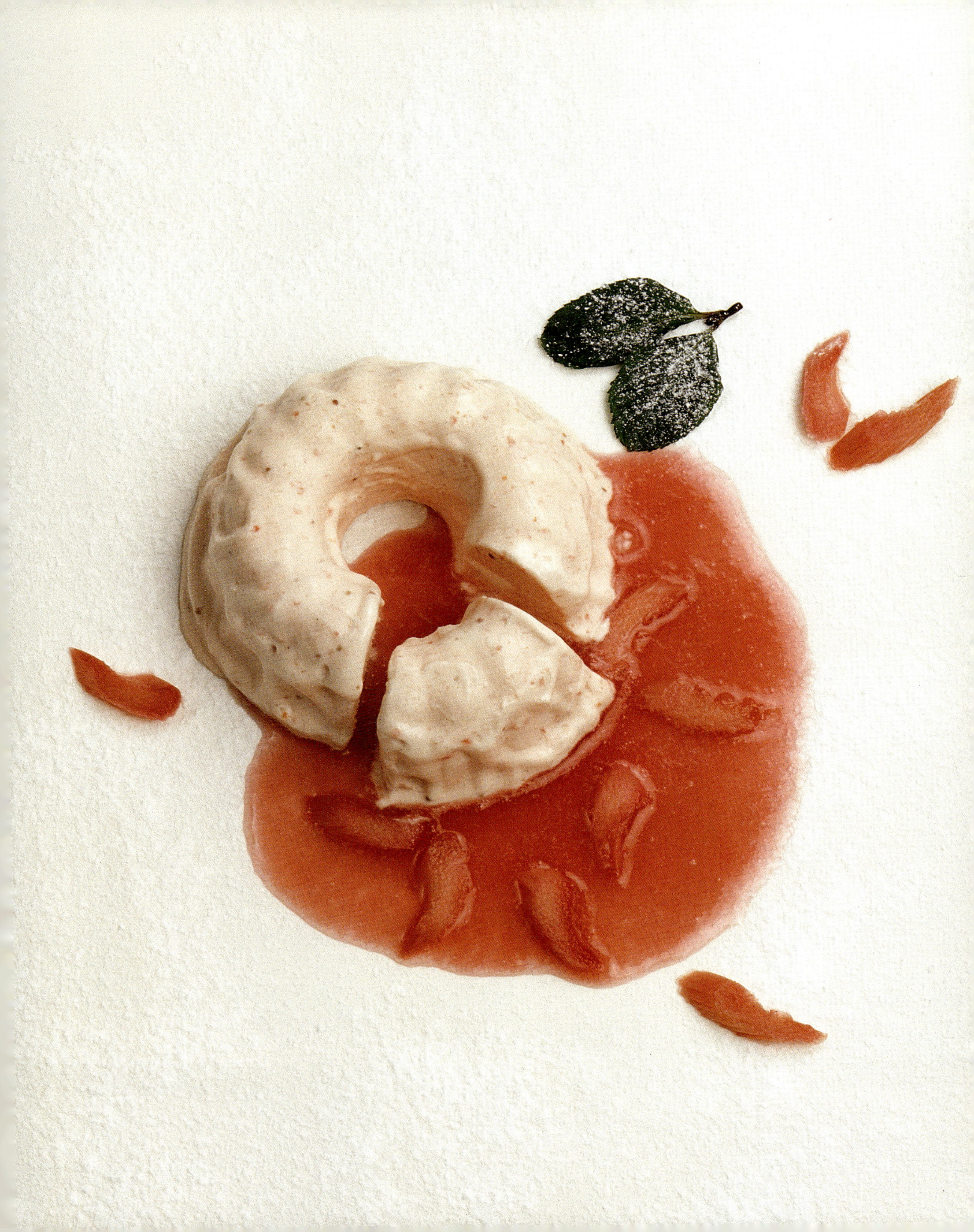

Gestürzte Ananascrème (Seite 289)

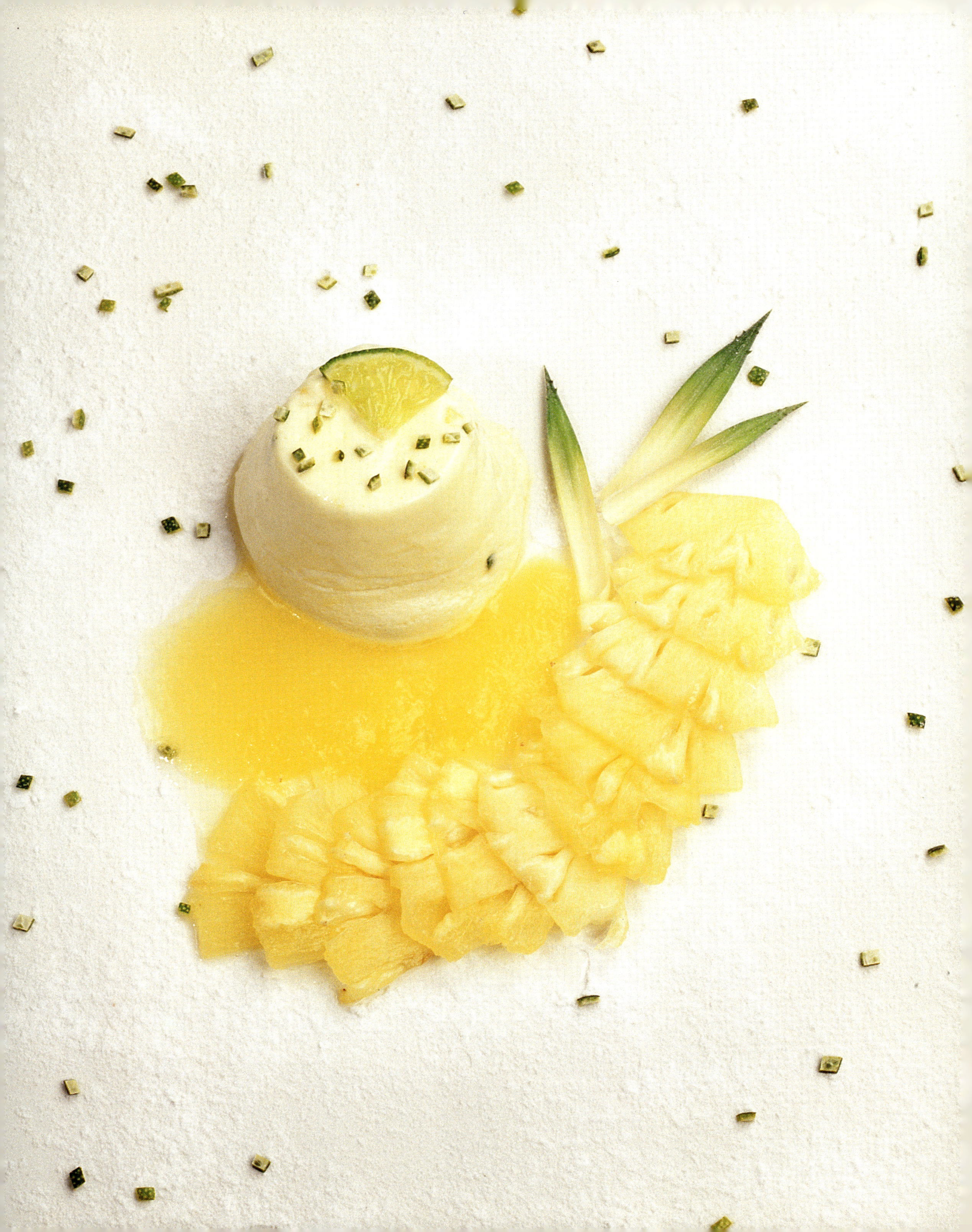

Crêpes mit Erdbeeren auf Vanillesauce (Seite 303)

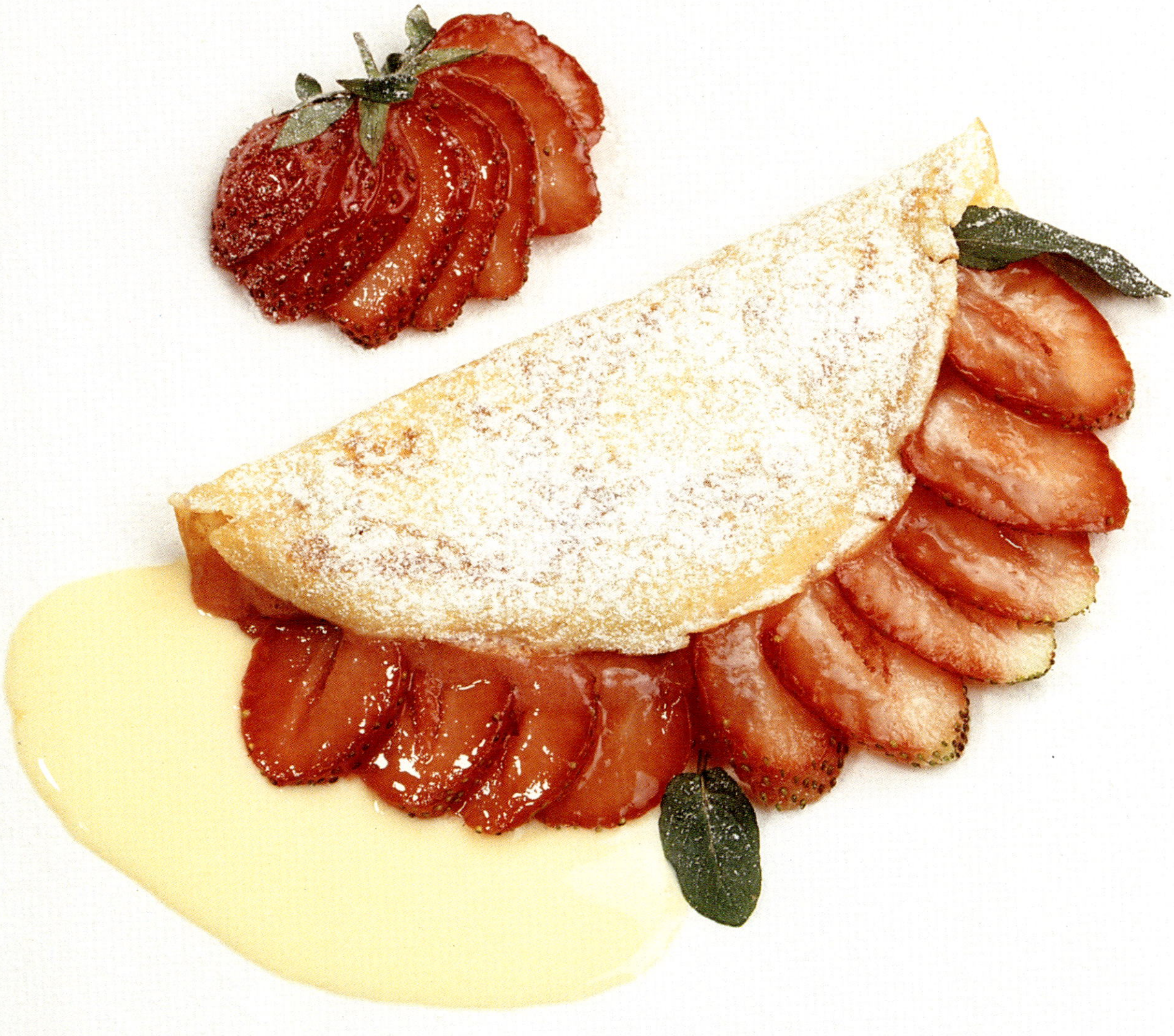

Knusperparfait auf Schokoladensauce (Seite 279)

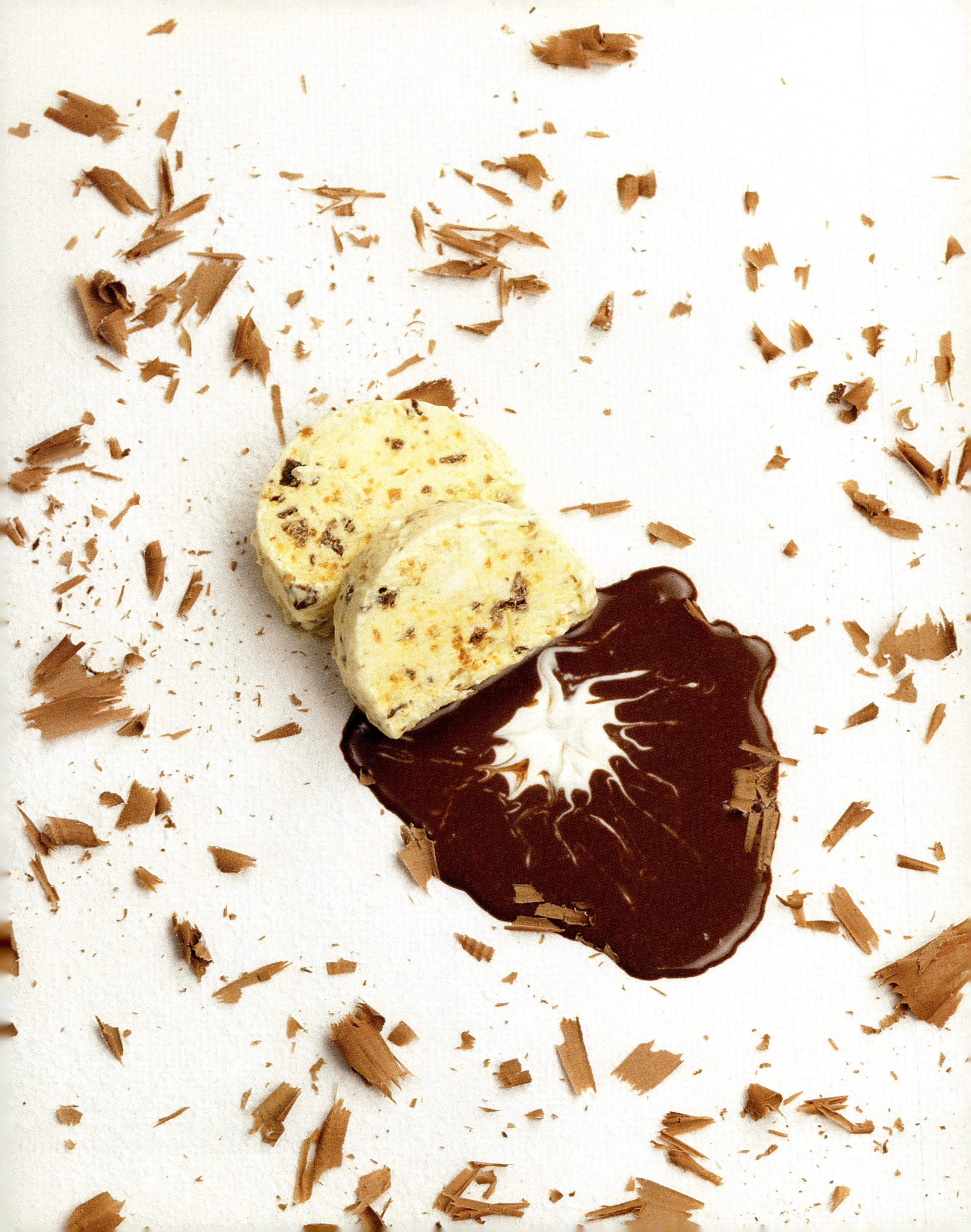

Lebt einer ohne ein Rezept,
und ohne richtiges Konzept,
dann führt er meistens gottergeben –
ein glücklich-heitres Lotterleben!

Crème d'asperges au cerfeuil

Mise en place		Grüne Spargelsuppe
300 g	grüne Spargeln (Spargel)	Den weniger zarten Teil wegschneiden und Spargeln notfalls mit dem Sparschäler wenig abschälen. Wenn es sich um junges Gemüse handelt, ist dies nicht nötig, weil die Suppe ohnehin durch ein feines Sieb gestrichen wird. Spargeln kleinschneiden.
1	Kerbelzweiglein	Vom Kerbel die Blättchen zupfen.
1 CL	Butter	Spargeln in der aufschäumenden Butter kurz anziehen und mit ☛ **nur soviel** ☚ Bouillon auffüllen, bis das Gemüse knapp bedeckt ist, dann kurz aufkochen lassen und ☛ **zugedeckt auf kleinem Feuer** ☚ weichgaren. Dieser Vorgang dauert bei frischem, jungem Gemüse nur ein paar Minuten.
3 dl	Bouillon	
		Die Suppe anschliessend mit dem Mixstab oder im Mixer feinpürieren, durch ein feines Drahtsieb streichen und mit der restlichen Bouillon zur gewünschten sämigen Konsistenz verlängern.
2 EL	Rahm	Rahm zufügen, alles kurz aufkochen lassen und vorsichtig mit Salz, einem Hauch Cayenne, einer Spur Curry, einer Spur Zucker und ein paar Tropfen Zitronensaft würzen.
	Salz	
	Cayenne	
	Curry	
	Zucker	Suppe in heisse Tassen oder Teller füllen und mit den gezupften Kerbelblättchen bestreuen.
	Zitronensaft	

PS Beim Zubereiten der Spargeln darf jeder in's Träumen geraten. Sie sind die dionysischen Boten des Frühlings! Schön ist in jedem Fall, wenn Sie die Spargelspitzen beim Zurüsten abtrennen, kurz in kochendem Salzwasser blanchieren und zum Schluss als ganz delikate Einlage unter die Suppe mischen. Übrigens: in der Schweiz nennt man das herrlich zarte Gemüse Spargeln, bei unseren nördlichen Nachbarn ist es schlicht und einfach der Spargel.

Crème de petites pois

Mise en place		Erbsensuppe

200 g	ausgelöste Erbsen	Erbsen auf einem Sieb kurz unter fliessendem Wasser abspülen.
30 g	Frühstücksspeck	Speck in feinste Streifen schneiden, in einer trockenen beschichteten Pfanne knusprig braten und auf ein kleines Drahtsieb schütten, damit überflüssiges Fett ablaufen kann. Vom Majoran die Blättchen zupfen und die Schalotte feinwürfeln.
1	Majoranzweiglein	
½	Schalotte	
1 CL	Butter	Die Schalotte in der aufschäumenden Butter goldgelb anziehen, die Erbsen zufügen und mit einer Spur Zucker bestreuen, kurz durchschwenken und dann mit ☛ **nur soviel** ☚ Bouillon auffüllen, bis das Gemüse knapp bedeckt ist. Die Erbsen während ca. 15 Minuten ☛ **zugedeckt auf kleinem Feuer** ☚ leise köcheln lassen.
5 dl	Bouillon	
	Zucker	
		Erbsen anschliessend im Mixer oder mit dem Mixstab feinpürieren und durch ein feines Drahtsieb streichen, was am besten mit der Rundung eines kleinen Schöpflöffels geschieht. Zurück im Sieb bleiben dann die feinen, störenden Häutchen.
2 EL	Rahm	Die Suppe mit der restlichen Bouillon zur gewünschten sämigen Konsistenz verlängern, Rahm zufügen, kurz aufkochen lassen und vorsichtig mit Salz und einem Hauch Cayenne würzen.
	Salz	
	Cayenne	
		Die Suppe in heisse Tassen oder tiefe Teller füllen, mit den gerösteten Speckstreifen und den Majoranblättchen bestreuen.

PS Sollten Sie die Suppe wirklich — und wer wollte schon daran zweifeln — mit frischen Erbsen zubereiten, die im Frühjahr, wenn sie noch ganz jung sind, köstlich schmecken, dann brauchen Sie für dieses Rezept 400 Gramm Erbsen in den Hülsen (Schoten). Nach dem Auslösen bleibt so die notwendige Menge von 200 Gramm übrig.

Crème aux fines herbes

Mise en place		Kräutersuppe

Mise en place

1	kleine Karotte
1	kleiner Lauch
1	kleiner Sellerie
1	kleine Kartoffel
½	Schalotte
	gemischte Kräuter
1 CL	Butter
½	Knoblauchzehe
3 dl	Bouillon
1	Eigelb
1 dl	Rahm
	Salz
	Cayenne
	Curry
	Zitronensaft

Kräutersuppe

Karotte, Lauch, Sellerie und Kartoffel zurüsten und in allerfeinste Würfelchen (Brunoise) schneiden. Sie benötigen davon insgesamt etwa 60 g.

Ebenso fein soll die Schalotte geschnitten werden. Von gemischten Kräutern, wie beispielsweise Petersilie, Kerbel, Schnittlauch, Majoran, Basilikum und Thymian, die Blättchen zupfen beziehungsweise kleinschneiden. Sie brauchen davon ca. eine halbe Tasse.

Die feingeschnittene Schalotte in der aufschäumenden Butter goldgelb anziehen. Gemüse- und Kartoffelbrunoise zufügen und kurz mitdünsten. Die Knoblauchzehe dazupressen, mit Bouillon auffüllen und alles während ungefähr 5 Minuten ☛ **zugedeckt auf kleinem Feuer** ☚ leise köcheln lassen.

Eigelb und Rahm in einer Tasse gut vermischen, zur kochenden Suppe geben, mit dem Schneebesen aufschwingen, dann aber den Topf ☛ **sofort** ☚ vom Herd ziehen, damit das Eigelb nicht ausflockt. Zum Schluss die Kräuter zufügen.

Die Suppe vorsichtig mit Salz, einem Hauch Cayenne, einer Spur Curry und ein paar Tropfen Zitronensaft würzen und in heisse tiefe Teller füllen.

PS Kochen Sie grün. Das ist in der schönsten Jahreszeit immer aktuell! Frische, intensiv duftende Kräuter sind eine herrliche Sache und dazu da, den Eigengeschmack eines Produktes zu betonen oder diesen wirkungsvoll zu unterstreichen. Kräuter können aber auch hin und wieder durchaus die Hauptrolle spielen, wie beispielsweise in dieser Suppe. Leider werden Kräuter sehr oft lieblos behandelt. Wussten Sie, dass sie niemals gehackt, sondern immer geschnitten oder in Blättchen gezupft werden? Vor allen Dingen sollten Sie Kräuter einem Gericht immer erst zum Schluss zufügen, damit sie ihre schöne grüne Farbe und das köstliche Aroma besser behalten.

Crème d'épinards

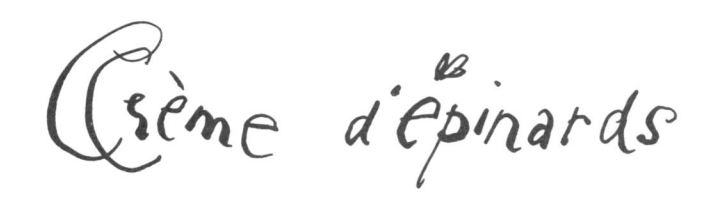

Mise en place		Spinatsuppe
200 g	Spinat	Spinat verlesen, waschen und gut trockenschleudern. Ist der Spinat nicht mehr ganz so jung, sind die Blätter gross und die Stiele lang, dann sollten die Blätter in feine Streifen geschnitten und die Stiele entfernt werden.
½	Schalotte	Schalotte sehr fein würfeln.
2 1	Scheiben Weissbrot ungeschälte Knoblauchzehe	Vom Brot die Rinde entfernen. Brot in kleine Würfel von ungefähr 1×1 cm schneiden und zusammen mit der ungeschälten Knoblauchzehe in einer trokkenen beschichteten Bratpfanne goldgelb rösten.
1 CL 2 dl	Butter Bouillon	Die feingewürfelte Schalotte in der aufschäumenden Butter goldgelb anziehen, Spinat zufügen und so lange mitdünsten, bis er zusammenfällt und alle Flüssigkeit verdampft ist. Jetzt mit der Bouillon auffüllen und kurz aufkochen lassen.
1 1 dl	Eigelb Rahm	Eigelb und Rahm in einer Tasse gut verrühren, in die kochende Suppe geben, kurz mit dem Schneebesen aufschwingen, dann aber den Topf ☞ **sofort** ☜ vom Herd ziehen, damit das Ei nicht ausflockt.
	Salz Cayenne Curry Muskatnuss	Die Suppe vorsichtig mit Salz, einem Hauch Cayenne, einer Spur Curry und frisch geriebener Muskatnuss würzen.
		Nun werden zwei Drittel im Mixer oder mit dem Mixstab feinpüriert und mit dem restlichen Drittel vermischt.
		Die Suppe in heisse tiefe Teller füllen und mit den gerösteten Brotcroûtons bestreuen.

PS Unsere Ansichten und Empfindungen verändern sich ständig. Der Mensch hat glücklicherweise die ausserordentliche Fähigkeit zu lernen. Darum lege ich hier auch so grossen Wert auf die Sorgfalt und Pflege der kleinen Details. Niemand kann Sie beispielsweise daran hindern, auf das Mixen der Suppe zu verzichten, doch ist es beinahe selbstverständlich, dass dann das Resultat nicht optimal sein wird. Wo wir doch immer nur das Beste wollen. Oder? Also geben wir es!

Crème de chou-fleur

Mise en place		**Blumenkohlsuppe**

1	kleiner Blumenkohl	Den Blumenkohl in Röschen und den Blütenstiel in Scheiben schneiden. Sie brauchen davon die ungefähre Menge von 300 g insgesamt. Das Gemüse waschen und auf einem Sieb gut abtropfen lassen.
1 CL	Butter	Blumenkohlröschen und Blütenstiele in der aufschäumenden Butter kurz anziehen, dann mit ☛ **nur soviel** ☚ Bouillon auffüllen, bis das Gemüse knapp bedeckt ist und anschliessend ☛ **zugedeckt auf kleinem Feuer** ☚ leise köcheln lassen. Ist das Gemüse gar, was nach kurzer Zeit geschehen ist, wird es im Mixer oder mit dem Handmixer feinpüriert und mit restlicher Bouillon zur gewünschten sämigen Konsistenz verlängert.
5 dl	Bouillon	
	Schnittlauch	Vom Schnittlauch feine Röllchen zum Bestreuen der Suppe schneiden.
2 EL	Rahm Salz Cayenne	Zum Schluss den Rahm zufügen, alles kurz aufkochen lassen und vorsichtig mit Salz und einem Hauch Cayenne würzen. Die Suppe in heisse Tassen oder Teller füllen und mit den Schnittlauchröllchen bestreuen.

PS Auf diese einfache, unkomplizierte Weise lässt sich mancherlei Gemüse verarbeiten. Besonders köstlich schmeckt beispielsweise die Suppe mit Sellerie, dem überdies ganz spezielle Kräfte zugesprochen werden! Eine ausserordentlich interessante Ansicht zu Suppen vertrat Karl Ludwig August Heino von Münchhausen (1759-1836): «Das Geschlecht der Suppen ist unter den Speisen, was die Philister unter den Menschen sind: dünn, langweilig und überall voran, doch sind Suppen besser als Philister, weil sie warm und nahrhaft sind.»

Crème de fenouil au Pernod

Mise en place | **Fenchelsuppe mit Pernod**

300 g Fenchel

Fenchel zurüsten und in Scheiben schneiden. Das Fenchelkraut feinzupfen.

1 CL Butter
5 dl Bouillon

Fenchelscheiben in der aufschäumenden Butter kurz anziehen lassen. Dann mit ☛ **nur soviel** ☚ Bouillon auffüllen, bis das Gemüse knapp bedeckt ist. Das Fenchelgemüse auf ☛ **kleinem Feuer** ☚ weichgaren.

Ist dies geschehen, wird alles mit dem Mixstab oder im Mixer feinpüriert, durch ein feines Drahtsieb gestrichen, was am besten mit der Rundung eines kleinen Schöpflöffels geschieht, und mit der restlichen Bouillon zur gewünschten Konsistenz verlängert.

2 EL Rahm
Pernod
Salz
Cayenne

Die Suppe nochmals kurz aufkochen lassen, Rahm zufügen, vorsichtig mit Salz und einem Hauch Cayenne würzen. Zum Schluss den sehr typischen Anisgeschmack des Gemüses mit ein paar Tropfen Pernod unterstreichen.

Die Suppe in heisse Tassen füllen und mit dem gezupften Fenchelkraut bestreuen.

PS Bei allen pürierten Suppen ist eine wesentliche Sache zu beachten: lassen Sie die Konsistenz nie zu dünn werden, denn das köstliche Aroma könnte dabei verlorengehen. Und deshalb ist Achtsamkeit geboten, wenn mit restlicher Bouillon verlängert wird. Suppen werden zudem immer luftiger, wenn zum Schluss ein wenig geschlagener Rahm untergezogen wird. Wann immer sich die Gelegenheit dazu bietet, sollten Sie auf diese Nuance nicht verzichten. Gerade auf diese Spur Raffinesse kommt es an. Auch beim Kochen!

Crème de légumes à la marjolaine

Mise en place | **Gemüsesuppe mit Majoran**

1	kleine Karotte
1	kleiner Sellerie
1	kleiner Lauch

Karotte, Sellerie und Lauch zurüsten und kleinschneiden. Sie brauchen davon insgesamt 200 g.

1	kleine Kartoffel
½	Schalotte
1	Majoranzweiglein

Kartoffel schälen, waschen und in feine Scheiben schneiden. Die Schalotte kleinwürfeln und vom Majoran die Blättchen zupfen.

1 CL	Butter
1	ungeschälte Knoblauchzehe
5 dl	Bouillon

Die feingeschnittenen Gemüse, Kartoffel und Schalotte in der aufschäumenden Butter kurz anziehen lassen, die ungeschälte Knoblauchzehe zufügen und mit ☛ **nur soviel** ☚ Bouillon auffüllen, bis das Gemüse knapp bedeckt ist. Das Gemüse ☛ **zugedeckt auf kleinem Feuer** ☚ weichgaren.

Knoblauchzehe entfernen, das Gemüse im Mixer oder mit dem Mixstab feinpürieren und mit der restlichen Bouillon zur gewünschten Konsistenz verlängern.

2 EL	Rahm
	Salz
	Cayenne
	Muskatnuss

Rahm zufügen, kurz aufkochen lassen und vorsichtig mit Salz, einem Hauch Cayenne und einer Spur frisch geriebener Muskatnuss würzen.

Die Suppe in heisse Teller oder Tassen füllen und mit den gezupften Majoranblättchen bestreuen.

PS Sie begegnen, wenn Sie die Suppenrezepte durchlesen, immer wieder dem Begriff ‹mit nur soviel Bouillon auffüllen, bis das Gemüse knapp bedeckt ist›. Dass dies nicht als Zeilenfüller gedacht ist, können Sie sich mit Sicherheit vorstellen. Der Grund liegt im unterschiedlichen Wassergehalt des Gemüses, der vor allem vom Alter und der Sorte abhängig ist. Würden Sie also die angegebene Flüssigkeitsmenge schon zu Beginn zur Suppe geben, könnte diese viel zu dünn geraten und jeglicher Spass an der köstlichen Suppe wäre dahin. Es ist deshalb sehr vernünftig, die Suppe erst nach dem Mixen mit restlicher Bouillon zur gewünschten Konsistenz zu verlängern. Und die soll immer sämig sein, weil dadurch das Aroma schöner zum Tragen kommt. Sie sehen, selbst ein einfaches Suppenrezept braucht unseren Kopf zum Mitdenken und das macht wohl den Reiz des Kochens überhaupt aus: Köpfchen mit Sinn für Geschmack.

Potage de pommes de terre aux tomates

Kartoffelsuppe mit Tomaten

Mise en place

200 g	Tomaten
200 g	Kartoffeln
½	Schalotte
½	Knoblauchzehe
1	Basilikumzweiglein
1 CL	Butter
3 dl	Bouillon
2 EL	Rahm
	Salz
	Cayenne
	Muskatnuss

Tomaten während ca. 15 Sekunden in kochendes Wasser tauchen, Haut abziehen, entkernen und das Tomatenfleisch kleinschneiden.

Kartoffeln schälen, waschen und in Scheiben schneiden.

Schalotte und Knoblauch feinwürfeln, vom Basilikum die Blättchen zupfen und je nach Grösse in Streifen schneiden.

Schalotte und Knoblauch in der aufschäumenden Butter kurz anziehen, Tomaten zufügen und mitdünsten. Die Kartoffeln beifügen und mit Bouillon auffüllen, bis das Gemüse bedeckt ist, dann alles ☛ **zugedeckt bei kleinem Feuer** ☚ weichgaren.

Die Suppe im Mixer oder mit dem Mixstab feinpürieren und mit der restlichen Bouillon zur gewünschten Konsistenz verlängern.

Es kann durchaus sein, dass Sie nicht alle Bouillon aufbrauchen oder gar, dass die angegebene Flüssigkeit nicht ausreicht, was von der eingekauften Kartoffelsorte beeinflusst wird.

Zum Schluss den Rahm zufügen, alles nochmals kurz aufkochen lassen, vorsichtig mit Salz, einem Hauch Cayenne und frisch geriebener Muskatnuss würzen.

Die Suppe in heisse Tassen füllen und mit den gezupften oder geschnittenen Basilikumblättchen bestreuen.

PS Ich darf Sie doch an dieser Stelle darauf hinweisen, wie wichtig es ist, das Gemüse auch für eine Suppe kleinzuschneiden, die anschliessend püriert wird. Denn dadurch werden Suppen im Zeitraum eines Augenblicks hingezaubert, weil kleingeschnittenes Gemüse logischerweise viel schneller gar ist, ganz abgesehen davon, dass die Geschmacksentfaltung dadurch noch intensiver wird. Wie schön, wenn Ihnen diese Feststellung einleuchten würde, denn dann könnten selbstgemachte Suppen so selbstverständlich in Ihren Alltag einziehen, als gäbe es überhaupt keine Alternativen.

Crème de poivrons

Mise en place **Peperonisuppe**

1	grüne Peperoni	
1	rote Peperoni	
1	gelbe Peperoni	

Peperoni (Paprika) mit dem Kartoffelschäler schälen, weisse Häutchen und Kerne auslösen und das Gemüse kleinschneiden. Sie brauchen davon insgesamt 300 g.

½ Schalotte
½ Knoblauchzehe

Schalotte und Knoblauchzehe ebenfalls kleinschneiden.

1 CL feinstes Olivenöl
3 dl Bouillon

Schalotte und Knoblauch im ☛ **mässig heissen** ☛ Öl goldgelb anziehen. Peperoni zufügen und ☛ **zugedeckt bei kleinstem Feuer** ☛ im eigenen Saft weichdünsten.

Ist dies geschehen, fügen Sie wenig Bouillon dazu und mixen das Gemüse im Mixer oder mit dem Mixstab sehr fein. Anschliessend die Suppe mit der restlichen Bouillon zur gewünschten sämigen Konsistenz verlängern.

2 EL Rahm
Salz
Cayenne
Curry
Zitronensaft

Rahm zufügen, kurz aufkochen lassen, vorsichtig mit Salz, einem Hauch Cayenne, einer Spur Curry und ein paar Tropfen Zitronensaft würzen.

Die Suppe in heisse Tassen füllen und gut gelaunt servieren!

PS Es gibt ein Sprichwort, das besagt: «Mit dem Herzen gewinnt man die Männer, mit dem Magen hält man sie fest.» Unterstreichen Sie deshalb immer wieder Ihre Liebe zum Detail. Geben Sie beispielsweise dieser Suppe etwas Biss, indem von jeder Peperoni zusätzlich allerkleinste Würfelchen (Brunoise) geschnitten werden, die Sie kurz in ein paar Tropfen Olivenöl dünsten und zum Schluss unter die Suppe mischen.

Soupe de tomate au basilic

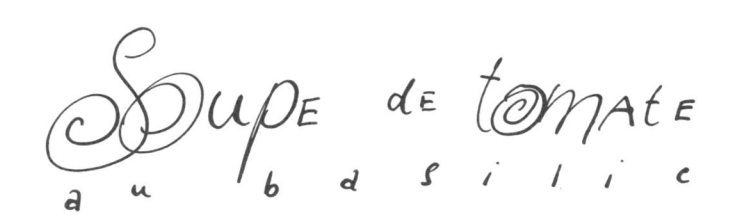

Mise en place		**Tomatensuppe mit Basilikum**

400 g Tomaten
1 Schalotte
½ Knoblauchzehe
1 Basilikumzweiglein

Möglichst fleischige Tomaten waschen und kleinschneiden. Schalotte und Knoblauch feinwürfeln und vom Basilikum die Blättchen zupfen; sind sie zu gross, werden sie in feine Streifen geschnitten.

1 CL Butter
1 CL Tomatenpurée
½ Lorbeerblatt
    Selleriekraut

Schalotten und Knoblauch in der aufschäumenden Butter goldgelb anziehen, Tomatenpurée zufügen und mitdünsten. Die feingeschnittenen Tomaten, das Lorbeerblatt und das Selleriekraut — besonders delikat schmeckt das Kraut von englischem Sellerie — beigeben und alles ☛ **zugedeckt auf kleinem Feuer** ☚ während ca. 10 Minuten leise köcheln lassen.

Lorbeerblatt entfernen und die Tomaten durch ein feines Sieb streichen, was am besten mit der Rundung eines kleinen Schöpflöffels geschieht.

1 dl Bouillon
1 dl Rahm
    Salz
    Pfeffermühle
    Zucker

Die Suppe mit ☛ **nur soviel** ☚ Bouillon verlängern, dass die Konsistenz sämig bleibt. Rahm zufügen, kurz aufkochen lassen, vorsichtig mit Salz, weissem Pfeffer aus der Mühle und einer kleinen Spur Zucker würzen.

Suppe in heisse Tassen oder tiefe Teller füllen und mit dem Basilikum bestreuen.

PS Besonders herzhaft schmeckt diese Suppe, wenn Sie sie zum Schluss mit gerösteten Brotwürfelchen bestreuen, die für eine kurze Weile neben einer ungeschälten Knoblauchzehe liegen durften. Dafür wird von zwei Scheiben Weissbrot die Rinde entfernt, das Brot kleingewürfelt und mit einer ungeschälten Knoblauchzehe in einer beschichteten Bratpfanne goldgelb geröstet.

Potage au parfum d'été

Mise en place		Eisgekühlte Sommersuppe
1	Tomate	

Tomate während ca. 15 Sekunden in kochendes Wasser tauchen, Haut abziehen, entkernen und das Tomatenfleisch würfeln.

1	rote Peperoni	
1	gelbe Peperoni	
1	grüne Peperoni	
1	Zucchini	

Die Peperoni (Paprika) mit dem Kartoffelschäler schälen, die weissen Häutchen entfernen und Kerne auslösen. Zucchini waschen. Peperoni und Zucchini kleinschneiden, Sie brauchen davon insgesamt etwa 250 g. Das restliche Gemüse kann anderntags, beispielsweise als Salat, weiterverwendet werden.

1	Schalotte	
1	Thymianzweiglein	

Schalotte kleinschneiden und vom Thymian die Blättchen zupfen.

	Salz
	Cayenne
	Curry
	Pfeffermühle
1 EL	Balsamicoessig
2 EL	Sauerrahm
	Bouillon

Tomate, Peperoni, Zucchini und Schalotte im Mixer oder mit dem Handmixer feinpürieren, dann vorsichtig mit Salz, einem Hauch Cayenne, einer Spur Curry sowie wenig weissem Pfeffer aus der Mühle würzen. Balsamicoessig und Sauerrahm zufügen, alles nochmals gut durchmixen, die Suppe zum Schluss durch ein feines Sieb passieren und mit Bouillon zur gewünschten Konsistenz verlängern.

Erst wenn sie in einem Eiswasserbad gut durchgekühlt ist, wird die Suppe in ebenso kalte Tassen gefüllt und mit den Thymianblättchen bestreut.

PS Es gibt verschiedene Methoden, nach denen Peperoni geschält werden können. Alle sind ein bisschen kompliziert, was mich auf die Idee gebracht hat, es mit dem Kartoffelschäler zu versuchen. Und es funktioniert! Nur müssen Sie die Peperoni aufschneiden und ein bisschen flachdrücken. Welche Methode Ihnen auch zusagen mag, es ist in jedem Fall vernünftig, die Haut von den Peperoni abzuziehen, weil sie so leichter verdaulich werden und überdies feiner schmecken.

Parmantière froide

Mise en place		Eisgekühlte Kartoffelsuppe
1	kleiner Lauch	Lauch rüsten, der Länge nach halbieren und unter fliessendem Wasser waschen, dann vom weissen Teil feine Streifen schneiden. Sie brauchen davon ungefähr 100 g.
100 g	Kartoffeln Schnittlauch	Kartoffeln schälen, waschen und kleinwürfeln. Vom Schnittlauch Röllchen schneiden. (Ich glaube, es erübrigt sich, Ihnen davon die Menge anzugeben, die Sie ohnehin im Gefühl haben, wenn es darum geht, eine Sache mit Schnittlauch zu bestreuen.)
3 dl	Geflügelbouillon	Lauchstreifen und Kartoffeln mit wenig Bouillon bedecken, kurz aufkochen lassen und ☛ **zugedeckt auf kleinem Feuer** ☚ weichgaren. Ist dies geschehen, kommt alles in den Mixer oder wird mit dem Mixstab feinpüriert. Dieses Purée mit der restlichen Bouillon zur gewünschten sämigen Konsistenz verlängern.
½ dl	Rahm Salz Cayenne Curry	Die Suppe kurz aufkochen, Rahm zufügen und vorsichtig mit Salz, einem Hauch Cayenne und einer Spur Curry würzen, erst abkühlen und dann im Eiswasserbad gut durchkühlen lassen.
2 CL	Sauerrahm	Diese eiskalte Köstlichkeit in kalte Tassen oder tiefe Teller füllen, Sauerrahm auf die Suppe setzen und alles mit den Schnittlauchröllchen bestreuen.

PS Bei einer ganz besonderen, schönen Gelegenheit könnten Sie zu dieser Suppe Kaviar oder in Streifen geschnittener Räucherlachs servieren! Quel luxe! Das Eiswasserbad ist übrigens nichts anderes als eine grosse, mit kaltem Wasser und Eiswürfeln gefüllte Schüssel, in welche Sie ein kleineres Gefäss (hier gefüllt mit Suppe) hineinstellen können.

Crème aux Champignons des bois

Mise en place		**Steinpilzsuppe**

| 200 g | Steinpilze |

Von möglichst kleinen, festen Steinpilzen die erdigen Teile wegschneiden, mit einem Küchenpapier sauberreiben und nur notfalls unter sanft fliessendem Wasser abspülen. Die Pilze in Scheiben schneiden.

½	Schalotte
½	Knoblauchzehe
1	Petersilienzweiglein

Schalotte, Knoblauchzehe und Petersilie feinschneiden. Sollten Sie zufälligerweise auf Ihrem Balkon flache Petersilie ziehen, dann schmeckt diese in der Steinpilzsuppe besonders köstlich.

1 CL	Butter
½ dl	Weisswein
3 dl	Bouillon

Schalotte und Knoblauch in der aufschäumenden Butter goldgelb anziehen, Pilze zufügen und bei ☞ **grosser Hitze** ☜ so lange mitdünsten, bis alle Flüssigkeit verdampft ist.

Mit Weisswein ablöschen und mit Bouillon auffüllen, bis die Pilze ☞ **knapp** ☜ bedeckt sind. Alles kurz aufkochen lassen, im Mixer oder mit dem Mixstab sehr fein pürieren und mit der restlichen Bouillon zur gewünschten sämigen Konsistenz verlängern.

1 dl	Rahm
	Salz
	Pfeffermühle
	Zitronensaft

Rahm zufügen, kurz aufkochen lassen und vorsichtig mit Salz, weissem Pfeffer aus der Mühle und ein paar Tropfen Zitronensaft würzen.

Die Suppe in heisse Tassen füllen und mit der feingeschnittenen Petersilie bestreuen.

PS Es ist beinahe selbstverständlich, dass diese Suppe mit anderen Pilzarten genauso köstlich schmeckt. Lassen Sie sich auch hier vom Marktangebot zu feinen Varianten verführen. Übrigens: Kennen Sie den Komponisten Johann Schobert (geboren um 1740)? Nein? Dann kennen Sie auch nicht die Geschichte seines Todes. Er starb nämlich früh in Paris, weil er selbstgesammelte Pilze kochte...

Potages pour les jeunes mariés

Mise en place | **Hochzeitssuppe**

1	kleine Karotte	Karotte, Lauch und Sellerie zurüsten und in feinste Würfelchen (Brunoise) schneiden. Sie benötigen davon etwa 30 g insgesamt.
1	kleiner Lauch	
1	kleiner Sellerie	
½	Schalotte	Schalotte und Speck ebenso feinwürfeln und vom Schnittlauch Röllchen zum Bestreuen der Suppe schneiden.
30 g	Frühstücksspeck	
	Schnittlauch	
1 CL	Butter	Die feingeschnittene Schalotte in der aufschäumenden Butter goldgelb anziehen, Gemüse- und Speckbrunoise zufügen und mitdünsten, mit der Bouillon auffüllen und alles kurz aufkochen lassen. Anschliessend während ca. 5 Minuten ☛ **zugedeckt auf kleinem Feuer** ☚ leise köcheln lassen.
2,5 dl	Bouillon	
1	Eigelb	Eigelb und Rahm in einer Tasse gut vermischen, zur kochenden Suppe geben, mit dem Schneebesen kurz durchschwingen, dann aber den Topf ☛ **sofort** ☚ vom Feuer ziehen, damit das Ei nicht ausflocken kann. Die Suppe vorsichtig mit Salz und einem Hauch Cayenne würzen, in heisse Tassen füllen und mit den Schnittlauchröllchen bestreuen.
1 dl	Rahm	
	Salz	
	Cayenne	

PS Wer kennt die Geschichte von der Prättigauer Hochzeitssuppe? Ich jedenfalls habe noch nie darüber gelesen und so sagt mir meine Phantasie, dass irgendwo und irgendwann einmal eine sehr verliebte Bündnerin gelebt haben muss, die es darauf abgesehen hatte, ihrem Bräutigam Gutes zu tun. Die echte Bündnersuppe schien ihr für diesen speziellen Anlass zu schwer verdaulich, aber kräftigend musste der Auftakt zum Hochzeitsmahl dennoch sein. Was lag da näher als die Idee, die Gerste durch ein Ei zu ersetzen und dabei zu hoffen, bald vom Baum der Erkenntnis essen zu können?

Soupe à l'oignon

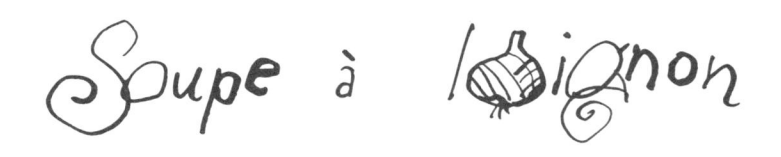

Mise en place — **Zwiebelsuppe**

200 g	Zwiebeln	Zwiebeln schälen und in kleine Würfel von ca. ½ cm Seitenlänge schneiden.
1	kleine Karotte	Karotte, Lauch und Sellerie zurüsten und in feinste Würfelchen (Brunoise)
1	kleiner Lauch	schneiden, insgesamt benötigen Sie etwa 30 g.
1	kleiner Sellerie	
1	Tomate	Tomate während 15 Sekunden in kochendes Wasser tauchen, Haut abziehen, entkernen und das Tomatenfleisch sehr fein würfeln.
	Schnittlauch	Vom Schnittlauch Röllchen zum Bestreuen der Suppe schneiden.
2	Scheiben Weissbrot	Vom Brot die Rinde entfernen und das Brot in kleine Würfel von ungefähr
1	ungeschälte Knoblauchzehe	1×1 cm schneiden und mit der ungeschälten Knoblauchzehe in einer trockenen beschichteten Bratpfanne goldgelb rösten.
1 EL	Butter	Zwiebeln in der aufschäumenden Butter unter ständigem Wenden goldgelb
½ CL	Tomatenpurée	anziehen. Gemüsebrunoise, die feingewürfelte Tomate sowie das Tomatenpurée (Tomatenmark) zufügen und gut mitdünsten.
½ dl	Weisswein	Mit Weisswein ablöschen, mit Bouillon auffüllen, Lorbeerblatt und Thymian
5 dl	Bouillon	zufügen und zugedeckt auf kleinem Feuer während ca. 40 Minuten leise
½	Lorbeerblatt	köcheln lassen.
1	Thymianzweiglein	
	Salz	Danach Lorbeerblatt und Thymian entfernen, vorsichtig mit Salz und weissem
	Pfeffermühle	Pfeffer aus der Mühle würzen.
1 EL	geriebener Parmesan (Reggiano)	Die Suppe in heisse tiefe Teller füllen, mit den Brotcroûtons, mit frisch geriebenem Parmesan sowie mit den Schnittlauchröllchen bestreuen.

PS Sollten Sie beim Zwiebelschneiden weinen müssen, dann freuen Sie sich an den Tränen ohne Kummer. Damit Sie aber überhaupt nicht weinen müssen, rate ich Ihnen: schneiden Sie Zwiebeln oder Schalotten so nahe wie nur möglich am Herdrand, lassen Sie in einem kleinen Topf Wasser kochen, und der dabei entstehende Dampf wird Ihre Augen beruhigen. Oder noch besser: lassen Sie Ihren Gast die Zwiebeln schneiden! Daran können Sie seinen Ernst erkennen und in den Augen den Glanz seiner Seele sehen, wenn er für Sie Tränen opfert!

Potage de lentilles au Balsamico

Mise en place | | **Linsensuppe**

1	kleine Karotte	
1	kleiner Lauch	
1	kleiner Sellerie	
1	kleine Kartoffel	
½	Schalotte	
20 g	Frühstücksspeck	
1 CL	Butter	
50 g	Linsen	
1 EL	Balsamicoessig	
5 dl	Bouillon	
½	Lorbeerblatt	
1	Thymianzweiglein	
	Salz	
	Pfeffermühle	

Karotte, Lauch, Sellerie und Kartoffel zurüsten und in Würfelchen (Brunoise) schneiden, von denen Sie insgesamt etwa 50 g brauchen. (Erinnern Sie sich, was unter dem Begriff ‹Zurüsten› zu verstehen ist? Es sind die kleinen Selbstverständlichkeiten wie Putzen und Waschen.)

Schalotte und Frühstücksspeck ebenfalls in Würfelchen schneiden.

Schalotten- und Speckwürfelchen in der aufschäumenden Butter goldgelb anziehen. Gemüse- und Kartoffelbrunoise sowie die Linsen zufügen und kurz mitdünsten.

Mit dem Balsamicoessig ablöschen und diesen ☛ **völlig** ☛ reduzieren, damit nur sein wundervolles Aroma zurückbleibt. Erst dann ca. 3 dl Bouillon zufügen, Lorbeerblatt und Thymianzweiglein hinzugeben und die Linsen ☛ **zugedeckt auf kleinem Feuer** ☛ weichgaren.

Zum Schluss die Suppe vorsichtig mit Salz und weissem Pfeffer aus der Mühle würzen und mit restlicher Bouillon verlängern.

Lorbeerblatt und Thymian entfernen und die Suppe in tiefen heissen Tellern anrichten.

PS Hat der Spaziergang im stürmischen Herbstwind Lust auf Wärmendes gemacht? Dann ist diese Suppe wunderbar geeignet, durchfrorene Hände zu erwärmen, die sonst ein leises Schaudern auslösen könnten! Verzichten Sie nicht auf dieses Rezept, weil Ihnen vielleicht der Balsamicoessig nicht zur Verfügung steht, denn ein paar Tropfen von einem guten Rotweinessig können ebenso gut das gewünschte säuerliche Aroma in die Suppe bringen, das allerdings nie aufdringlich sein darf.

Mag die schöne Liselotte
den Salat nur mit Schalotte,
und nur, weil sie wichtig tut
und meint, er schmecke dann nur gut:
Lass sie gehn und nimm ganz schnell
die noch viel schönre Annabelle!

Les légumes en salade au vinaigre de Xérès

Mise en place		**Gemüsesalat an Nussölvinaigrette**
250 g	grüne Spargeln (Spargel)	Die Spargeln zurüsten und kurz unter fliessendem Wasser abspülen, in eine weite Pfanne legen (wobei es durchaus eine Bratpfanne sein kann), mit wenig Salz und einer Spur Zucker bestreuen, Butter und Wasser zufügen und **zugedeckt bei mittlerer Hitze** während ca. 10-15 Minuten, je nach Dicke, auf den Punkt garen. Ist dies geschehen, Spargeln aus dem Kochfond heben und auf einem Küchentuch abtropfen lassen.
½ CL	Butter	
1 dl	Wasser	
	Salz	
	Zucker	
1	Broccoli	Vom Broccoli die Röschen abtrennen, den Blütenstiel fein abschälen und in Scheiben schneiden, dann kurz in kochendem Salzwasser blanchieren.
100 g	grüne, feine Bohnen	Von den Bohnen und Kefen eventuell vorhandene Fäden abziehen, waschen und in Salzwasser auf den Punkt blanchieren, wobei Sie das Gemüse getrennt kochen müssen, weil die Garzeiten verschieden sein können.
100 g	Kefen (Zuckererbsen)	
½	Schalotte	Schalotte in kleinste Würfelchen (Brunoise) und vom Schnittlauch Röllchen schneiden.
	Schnittlauch	
1 EL	Sherryessig	Für das Honigwasser eine Messerspitze Honig in einem Esslöffel Wasser auflösen und mit Essig, Nussöl sowie der Bouillon zu einer Sauce rühren, vorsichtig mit Salz und einem Hauch Cayenne würzen. Schalotte und Schnittlauch unter die Sauce mischen.
2 EL	Nussöl	
1 EL	Bouillon	
1 EL	Honigwasser	
	Salz	
	Cayenne	Spargeln, Bohnen, Broccoli und Kefen getrennt durch die Vinaigrette ziehen und dekorativ auf Teller legen.
1	Avocado	Avocado schälen, das Fleisch vom Stein lösen und die Frucht in feine Scheiben schneiden, durch die restliche Vinaigrette ziehen und zum übrigen Salat legen. Es ist wichtig, dass Sie die Avocado erst zum Schluss aufschneiden, weil sie sich sonst dunkel verfärbt.

PS Für die Sonate in Grün braucht es kein Musik- und auch kein anderes Verständnis. Alles was es dazu braucht, ist ein Vitaminhunger und die Freude, mit jungem Gemüse lust- und liebevoll umzugehen.

Salade aux nouilles
à l'huile d'olive

Mise en place		**Nudelsalat mit Gemüse**
2	Tomaten	Tomaten während ca. 15 Sekunden in kochendes Wasser tauchen, Haut abziehen, entkernen und das Tomatenfleisch in Würfel von ca. 1×1 cm schneiden.
100 g	ausgelöste Erbsen	Erbsen in wenig Salzwasser auf den Punkt blanchieren – je kleiner sie sind, desto kürzer ist die Garzeit. Erbsen auf ein Sieb schütten und gut abtropfen lassen.
100 g	junge Karotten	Am köstlichsten würden sehr kleine, junge Karotten schmecken, doch ist solches Junggemüse zu haben? Wenn nicht, dann werden normal grosse Karotten in kleine Würfel geschnitten und kurz in Salzwasser auf den Punkt blanchiert.
200 g	frische Nudeln	Nudeln in viel kochendem Salzwasser al dente kochen, wobei Sie nicht versäumen sollten, den Garpunkt hin und wieder zu kontrollieren. Nudeln auf ein Sieb schütten, kurz mit warmem Wasser abspülen und gut abtropfen lassen.
	Schnittlauch	Vom Schnittlauch Röllchen schneiden.
1 EL	Zitronensaft	Zitronensaft, Olivenöl, Bouillon und Rahm zu einer sämigen Sauce rühren und vorsichtig mit Salz, einem Hauch Cayenne, wenig weissem Pfeffer aus der Mühle sowie einer Messerspitze Dijonsenf würzen.
2 EL	feinstes Olivenöl	
1 EL	Bouillon	
2 EL	Rahm	
	Salz	Die noch warmen Nudeln, Erbsen, Karotten und die gewürfelten Tomaten mit der Sauce sorgfältig vermischen, auf grossen Tellern verteilen und abschliessend mit den Schnittlauchröllchen bestreuen.
	Cayenne	
	Pfeffermühle	
	Dijonsenf	

PS An einem heissen Sommertag schmeckt dieser Salat köstlich. Aber nehmen Sie sich jederzeit die Freiheit, mit dem Gemüse zu spielen und das einzukaufen, was der Markt gerade anbietet und worauf Sie besonders Lust haben. Erbsen und Karotten beispielsweise können gut durch bunt gemischte Peperoni (Paprika) ersetzt werden, die nur kurz in wenig Olivenöl gedünstet wurden. Auch Eierschwämmchen (Pfifferlinge) oder andere Pilze, kurz gedünstet, eignen sich vorzüglich für diesen Salat und bringen ein völlig neues Geschmackserlebnis.

Salade d'automne à l'huile de noix

Mise en place		Herbstsalat mit Broccoli und Eierschwämmchen
100 g	Eierschwämmchen (Pfifferlinge)	Erdige Teile von den Pilzen wegschneiden, mit einem Küchenpapier sauberreiben und nur notfalls unter sanft fliessendem Wasser abspülen. Kleine Pilze ganz lassen, ansonsten können sie geviertelt oder in Scheiben geschnitten werden.
250 g	Broccoli	Vom Broccoli kleine Röschen abtrennen, Blütenstiel abschälen und in Scheiben schneiden, in wenig kochendem Salzwasser auf den Punkt blanchieren und auf einem Sieb gut abtropfen lassen.
1	Friséesalat (krause Endivie)	Vom Salat die schönen Herzblättchen auslösen, waschen und gut trockenschleudern.
½	Schalotte Schnittlauch	Die Schalotte in feinste Würfelchen und vom Schnittlauch Röllchen zum Bestreuen schneiden.
1 EL 2 EL 1 EL 1 EL	Sherryessig Nussöl Honigwasser Bouillon Salz Pfeffermühle	Für das Honigwasser eine Messerspitze Honig in einem Esslöffel Wasser auflösen, mit Essig, Nussöl und Bouillon zu einer Sauce rühren, mit Salz und wenig weissem Pfeffer aus der Mühle würzen.
		Salat auf grossen Tellern ausbreiten und mit Salatsauce beträufeln. Broccoliröschen und -scheiben durch die Sauce ziehen und auf dem Salat verteilen.
½ CL	Butter Traubenkernöl Salz Pfeffermühle	In einer weiten beschichteten Bratpfanne ein paar Tropfen Traubenkernöl erhitzen, die Pilze zufügen, bei ☞ **grosser Hitze** ☜ solange sautieren, bis alle Flüssigkeit verdampft ist und die Pilze Farbe annehmen. Dann Butter und die feingeschnittene Schalotte zufügen und kurz mitdünsten, vorsichtig mit Salz und wenig weissem Pfeffer aus der Mühle würzen.
		Die Pilze zwischen den Salat legen, mit der restlichen Salatsauce beträufeln und mit den Schnittlauchröllchen bestreuen.

PS Kann es sein, dass Ihnen schon beim Lesen dieses Rezeptes der feine, unwiderstehliche Duft von frischen Waldpilzen in die Nase steigt? Dann ist es auch denkbar, dass Sie wissen, wie gut es tut, an einem Spätsommertag durch die Wälder zu streifen und dabei die unbeschreibliche Freude zu erleben, ganz unvermittelt auf ein Nest Eierschwämmchen zu stossen, das nur darauf wartet, geschnitten zu werden! Dass man Waldpilze nicht einfach aus der Erde reisst, sondern mit einem kleinen Messer abschneidet, das wissen Sie sicher ohnehin schon längst.

Filet de boeuf mariné à l'huile d'olive

Mise en place		**Mariniertes Rindsfilet mit Olivenöl und Balsamicoessig**
250 g	Rindsfilet am Stück	In diesem Rezept wird das Fleisch roh verwendet, und daher rate ich Ihnen, es vom Metzger in hauchdünne Scheiben schneiden zu lassen. Oder Sie haben eine Aufschnittmaschine zu Hause, mit der sich das Fleisch wunschgemäss dünn aufschneiden lässt. (Damit dies problemlos geschehen kann, sollten Sie das Fleisch während mindestens 1 Stunde ins Tiefkühlfach legen.)
	Salz Pfeffermühle feinstes Olivenöl Balsamicoessig	Fleisch auf dem Spiegel von möglichst grossen Tellern dünn auslegen, vorsichtig mit Salz und weissem Pfeffer aus der Mühle würzen und mit Olivenöl und Balsamicoessig beträufeln. (Der Spiegel ist die Fläche innerhalb des Tellerrandes.)
1	Tomate	Tomate während ca. 15 Sekunden in kochendes Wasser tauchen, Haut abziehen, entkernen und das Tomatenfleisch sehr fein würfeln.
1	Basilikumzweiglein	Vom Basilikum die Blättchen zupfen und in feine Streifen schneiden.
1	Stück Parmesan (Reggiano)	Tomatenwürfelchen und Basilikumstreifen auf dem Fleisch verteilen, den Käse mit einem scharfen Messer in feine Scheiben schneiden und auf das Fleisch fallen lassen. Sie brauchen davon ca. 30 g.

Die Teller mit einer Klarsichtfolie verschliessen und während einer Stunde im Kühlschrank durchziehen lassen.

An einem warmen Sommerabend braucht es dazu nicht viel mehr als ein schönes Glas Wein und ein Stück Bauernbrot.

PS Balsamicoessig kommt aus Italien, genauer gesagt: aus Modena. Wer ihn jemals auf der Zunge gespürt hat, denkt zunächst an alten, kostbaren Wein. Hinter der dunklen Farbe und dem sanften, köstlichen Aroma verbirgt sich das Geheimnis um ein traditionsreiches Herstellungsverfahren und eine jahrelange Lagerung in Eichen- und Kastanienfässern. Dass der Balsamicoessig teuer ist, versteht sich fast von selbst. Er ist aber auch wunderbar ergiebig, und ein paar Tropfen davon genügen völlig, um einem Salat oder einer Sauce ein unvergleichliches Aroma zu geben.

Salade aux Œufs de Caille

Mise en place		Salat mit Wachtelei und Avocado
1	Friséesalat (krause Endivie)	Vom Salat die Herzblättchen auslösen, waschen und gut trockenschleudern.
1	Schalotte Schnittlauch	Schalotte feinwürfeln und vom Schnittlauch Röllchen zum Bestreuen schneiden.
6	Wachteleier	Wachteleier während 3 Minuten in leise köchelndem Wasser kochen, kurz unter kaltem Wasser abspülen, die Schale vorsichtig ablösen und die Eier der Länge nach halbieren.
1 EL	Sherryessig	Für das Honigwasser eine Messerspitze Honig in einem Esslöffel Wasser auflösen und mit dem Essig, Nussöl und der Bouillon zu einer Sauce rühren, vorsichtig mit Salz und einem Hauch Cayenne würzen.
2 EL	Nussöl	
1 EL	Honigwasser	
1 EL	Bouillon Salz Cayenne	Friséesalat durch diese Sauce ziehen und in die Mitte von grossen Tellern verteilen. Die Eierhälften auf den Salat legen.
1	Avocado	Von der Avocado die Haut abschälen, das Fruchtfleisch vom Stein lösen und in feine Scheiben schneiden, die durch die restliche Salatsauce gezogen und zwischen den Salat gelegt werden.
		Den Salat zum Schluss mit der feingeschnittenen Schalotte und den Schnittlauchröllchen bestreuen.

PS Dies ist mit Sicherheit kein aufregendes Rezept, das in kulinarische Höhen entführt, doch eine aparte Idee, die auch dann köstlich schmeckt, wenn Sie normale Hühnereier wachsweich kochen. Beim Einkauf der vitaminreichen Avocado ist vor allem auf den Reifegrad zu achten: die Frucht sollte auf leisen Fingerdruck nachgeben.

Salade de caille à l'huile de noix

Mise en place		Wachtelsalat

Mise en place

Wachtelsalat

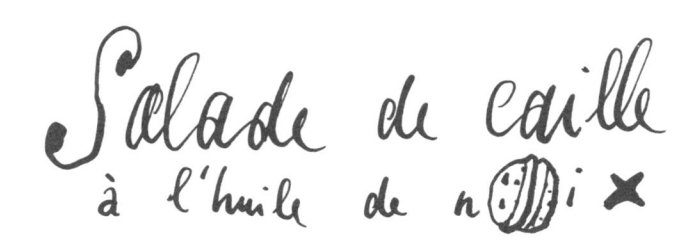

100 g	Nüsslisalat (Feldsalat)	
1	kleiner Kopfsalat	

Nüsslisalat verlesen und vom Kopfsalat die schönen Herzblättchen auslösen. Salat waschen und gut trockenschleudern.

4	Wachteleier	

Wachteleier in leise köchelndem Wasser während ca. 3 Minuten kochen, unter kaltem Wasser abspülen und vorsichtig schälen.

1 EL	Sherryessig	
2 EL	Nussöl	
1 EL	Bouillon	
1 EL	Honigwasser	
	Salz	
	Cayenne	

Für das Honigwasser eine Messerspitze Honig in einem Esslöffel Wasser auflösen, zusammen mit Essig, Öl und Bouillon zu einer Sauce rühren, vorsichtig mit Salz und einem Hauch Cayenne würzen. Das Nussöl ist bei diesem Salat schon deshalb angezeigt, weil dafür auch gehackte Baumnüsse verwendet werden.

2 EL	ausgelöste Baumnusskerne (Walnüsse)	
	Schnittlauch	

Die Baumnusskerne nicht zu fein hacken und vom Schnittlauch Röllchen zum Bestreuen schneiden.

2	Wachteln	

Vielleicht kennen Sie Ihren Händler gut genug, um ihn zu bitten, die Wachteln auszulösen, damit Sie Brüstchen und Schenkel bratfertig nach Hause nehmen können.

1 CL	Butter	
1 CL	Traubenkernöl	
	Gewürzmischung	

Wachtelbrüstchen und Schenkel mit der Gewürzmischung würzen und in der ▸ **mässig heissen** ▸ Butter-Öl-Mischung allseits goldbraun und auf den Punkt braten, dann ▸ **zugedeckt** ▸ am Herdrand während ungefähr 5 Minuten durchziehen lassen.

In der Zwischenzeit den Salat durch die Vinaigrette ziehen, dekorativ auf grossen Tellern anrichten. Brüstchen, Schenkel und die halbierten Wachteleier auf den Salat setzen, mit der restlichen Salatsauce beträufeln und abschliessend mit den gehackten Nüssen sowie den Schnittlauchröllchen bestreuen.

PS Anthelme Brillat-Savarin (1755-1826), französischer Schriftsteller und berühmt geworden durch seine «Physiologie du goût», hat einmal sehr weise geschrieben: «Zwei der Feinschmeckerei ergebene Ehegatten haben mindestens einmal am Tage die angenehme Veranlassung, sich zu vereinen, denn selbst wenn sie getrennt schlafen, so essen sie doch wenigstens an demselben Tisch.» Honi soit qui mal y pense!

Salade de volaille aux asperges

Mise en place		Geflügelbrüstchen auf Kopfsalat mit Spargeln
1	Kopfsalat	Vom Salat die schönen Herzblättchen auslösen, waschen und gut trockenschleudern.
500 g ½ CL 1,5 dl	Spargeln (Spargel) Butter Wasser Salz Zucker	Spargeln grosszügig abschälen, weniger zartes Ende wegschneiden und kurz unter fliessendem Wasser waschen. Die Spargeln in eine weite Pfanne (es darf durchaus eine Bratpfanne sein) legen, mit wenig Salz und einer Prise Zucker bestreuen, Butter und Wasser zufügen und ☛ zugedeckt bei mittlerer Hitze ☚ während ca. 10-15 Minuten (je nach Dicke) auf den Punkt garen. Ist dies geschehen, Spargeln aus dem Sud heben und auf einem Küchentuch abtropfen lassen.
½	Schalotte Schnittlauch	Schalotte in feinste Würfelchen und vom Schnittlauch Röllchen zum Bestreuen schneiden.
2 1 CL	Geflügelbrüstchen à ca. 120 g Butter Gewürzmischung	Die Geflügelbrüstchen auf der Hautseite mit der Gewürzmischung würzen und in einer Bratpfanne in der aufschäumenden Butter auf der ☛ Hautseite bei mittlerer Hitze ☚ während ca. 5 Minuten braten, dabei immer wieder mit der Bratbutter übergiessen. Die Brüstchen anschliessend auf einem Teller am Herdrand ☛ zugedeckt ☚ warmstellen.
1 EL 2 EL 1 EL 1 EL	Sherryessig Nussöl Bouillon Honigwasser Salz Cayenne	Für das Honigwasser eine Messerspitze Honig in einem Esslöffel Wasser auflösen und mit dem Essig, Nussöl und der Bouillon zu einer Sauce rühren, vorsichtig mit Salz und einem Hauch Cayenne würzen. Feingeschnittene Schalotte untermischen.
		Die Salatblättchen durch die Vinaigrette ziehen und dekorativ auf grosse Teller legen. Spargeln in ca. 10 cm lange Stücke schneiden und zwischen den Salat legen. Von den Geflügelbrüstchen die Haut abziehen, das Fleisch in Scheiben schneiden und auf den Salat legen.
		Den Salat zum Schluss mit der restlichen Vinaigrette überziehen und mit den Schnittlauchröllchen bestreuen.

PS Beim Nussöl gilt besonders, dass der Preis viel über die Qualität aussagt. Doch es wird in so kleinen Mengen verwendet, dass sich der Preis wieder relativiert. Im übrigen ist bei feinem Nussöl der Kühlschrank ein idealer Aufbewahrungsort, wo es sich über längere Zeit ausgezeichnet hält. Und hat man schon einmal Nussöl eingekauft, ist es auch dazu da, die Kreativität anzuregen. Selbst ein einfacher Gemüsesalat gewinnt viel durch das feine Nussaroma.

Salade de volaille à l'orange et pistache

Mise en place | **Geflügelsalat mit Orangen und Pistazien**

1	Endiviensalat
2	Stangen Brüsseler Endivie

Aus dem Salat die schönen Herzblättchen auslösen, waschen und gut trockenschleudern. Vom Brüsseler die schönen Blätter abzupfen und mit einem Küchenpapier sauberreiben.

1	Orange
1 EL	Pistazien

Von der Orange mit einem scharfen Messer die Schalen wegschneiden und darauf achten, dass auch die weissen Häutchen mit abgelöst werden. Orangenfleisch in Würfel von ca. 1×1 cm schneiden und dabei den Saft auffangen. Die Pistazien grobhacken.

2	Geflügelbrüstchen à ca. 120 g
	Gewürzmischung
1 CL	Butter

Die Geflügelbrüstchen mit der Gewürzmischung würzen und in einer Bratpfanne in der aufschäumenden Butter auf der ☞ **Hautseite zugedeckt und bei mittlerer Hitze** ☜ während ca. 5 Minuten braten. Dabei die Brüstchen immer wieder mit Bratbutter übergiessen, dann ☞ zugedeckt ☜ auf einem Teller am Herdrand während etwa 5 Minuten ruhen lassen.

1 EL	Zitronensaft
2 EL	Orangensaft
2 EL	Erdnussöl
3 EL	Rahm
	Salz
	Cayenne
	Curry

In der Zwischenzeit können Sie die Salatsauce zubereiten. Dazu Zitronensaft, Orangensaft, Erdnussöl und Rahm zu einer sämigen Sauce rühren und vorsichtig mit Salz, einem Hauch Cayenne und einer Spur Curry würzen.

Die Salatblätter durch diese Sauce ziehen und dekorativ auf grosse Teller legen. Die Haut vom Geflügelbrüstchen abziehen, das Fleisch quer zur Brust in Scheiben schneiden, auf den Salat legen, mit Orangenwürfeln sowie den gehackten Pistazien bestreuen und die restliche Sauce über den Salat geben.

PS Hühnerfleisch galt lange Zeit als Nahrung des kleinen Mannes, während die grossen Männer nicht wussten, was sie verpassten. Inzwischen können sich's die einen immer noch leisten und die andern sind auf den Geschmack gekommen. Denn unbestritten ist, dass Geflügelfleisch nicht nur preisgünstig ist, sondern auf unzählige Arten zubereitet werden kann und gerade in der feinen Küche einen grossen Stellenwert besitzt. Im übrigen wissen Sie ja schon längst, dass Sie auf ein Produkt verzichten können, falls es nicht vorrätig ist. Ich denke in diesem Fall an die Pistazien, die dem Salat zwar eine aparte Note geben, aber nicht zwingend sind.

Salade de volaille aux pommes fruits et céleri

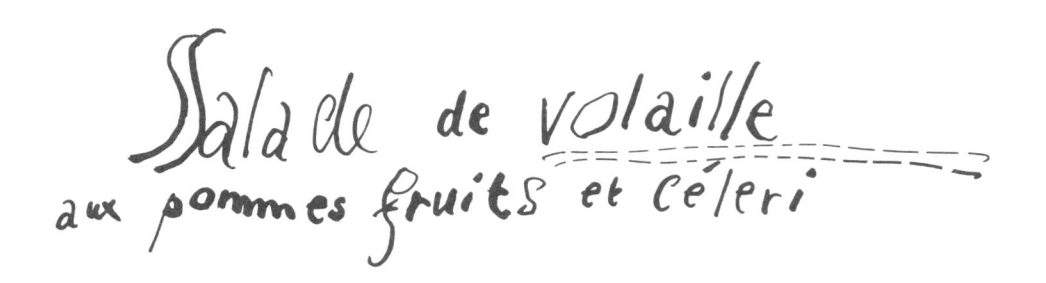

Mise en place **Geflügelbrüstchen auf Sellerie-Apfelsalat**

2 EL	Mayonnaise	
2 EL	Zitronensaft	
2 EL	Erdnussöl	
4 EL	Rahm	
½ CL	Madrascurry	
	Salz	
	Cayenne	
	Koriander	

Mit Mayonnaise, Zitronensaft, Erdnussöl und Rahm eine Sauce rühren, die herzhaft mit Curry, Salz, einem Hauch Cayenne und frisch gemahlenem Koriander gewürzt werden darf.

Im übrigen schmeckt eine selbstgemachte Mayonnaise köstlich. Und wenn sie nach dem Rezept auf Seite 312 zubereitet wird — was mit dem Mixstab im Nu geschehen ist —, wird sie besonders leicht, weil nicht nur das Eigelb, sondern das ganze Ei verwendet wird.

1	kleiner Sellerie
1	kleiner Apfel

Sellerie zurüsten. Apfel schälen, Stielansatz und Kernhaus entfernen. Sellerie und Apfel in feinste Streifen (Julienne) schneiden und sofort unter die Sauce mischen, um eine unansehnliche Verfärbung zu vermeiden.

2	Geflügelbrüstchen à ca. 120 g
1 CL	Butter
	Salz
	Curry

Geflügelbrüstchen mit Salz und Curry würzen und in einer Bratpfanne in der aufschäumenden Butter ☛ zugedeckt auf der Hautseite bei mittlerer Hitze ☚ während ca. 5 Minuten braten. Dabei hin und wieder mit der Bratbutter übergiessen, damit sich auch die hautlose Seite erwärmt. Anschliessend die Haut abziehen und die Brüstchen ☛ zugedeckt ☚ auf einem Teller am Herdrand während weiteren 5 Minuten ruhen lassen.

1 EL	Pinienkerne

Pinienkerne in der restlichen Bratbutter goldbraun rösten und auf einem Küchenpapier entfetten.

Geflügelbrüstchen in feine Streifen schneiden, unter den Salat mischen, auf schönen grossen Tellern anrichten und mit den gerösteten Pinienkernen bestreuen.

PS Ein Gericht, das durchaus zur Verführung taugt: der Apfel war schon zu Adams Zeiten ein wirkungsvolles Zaubermittel, dem Sellerie werden ganz bestimmte Kräfte zugeschrieben, und die Pinienkerne könnten Sie an eine wunderbare Zeit in verträumten Pinienwäldern erinnern. Wenn das nicht Gründe genug sind, diesen Salat zuzubereiten!

Magret de canard fumé
aux lentilles en salade

Mise en place		Geräucherte Entenbrust auf Linsensalat
100 g	grüne Linsen	Die Linsen (die Sie je nach Ernte über Nacht in Wasser einlegen müssen) in ca. 1 Liter Wasser aufsetzen, vorsichtig salzen, die mit Lorbeerblatt und Gewürznelke besteckte Zwiebel zufügen und ☛ **zugedeckt auf kleinem Feuer** ☚ weichgaren. Ist dies geschehen, die Linsen auf ein Sieb schütten und gut abtropfen lassen.
1	kleine Zwiebel	
½	Lorbeerblatt	
	Gewürznelke	
	Salz	
1	kleiner Weisskohl	Vom Kohl die harten Blattrippen ausschneiden, die Blätter kleinzupfen, von denen Sie ungefähr 150 g brauchen, und in kochendem Salzwasser blanchieren. Das Gemüse auf einem Sieb gut abtropfen lassen.
30 g	Frühstücksspeck	Frühstücksspeck in feinste Würfelchen (Brunoise) schneiden, in einer beschichteten Bratpfanne knusprig braten und auf einem kleinen Sieb überflüssiges Fett ablaufen lassen. Die Schalotte in feinste Würfelchen schneiden.
½	Schalotte	
1 EL	Balsamicoessig	Balsamicoessig, Erdnussöl und Bouillon zu einer Sauce rühren, mit Salz und wenig weissem Pfeffer aus der Mühle würzen und die feingeschnittene Schalotte untermischen.
2 EL	Erdnussöl	
1 EL	Bouillon	
	Salz	
	Pfeffermühle	Die Kohlblätter in der einen Hälfte der Sauce, die Linsen in der anderen Hälfte kurz marinieren. Kohl in die Mitte von grossen Tellern legen, Linsen daraufsetzen und mit der feingeschnittenen Schalotte und dem knusprig gebratenen Speck bestreuen.
200 g	geräucherte Entenbrust	Geräucherte Entenbrust erhalten Sie in guten Fachgeschäften, wo sie unter Umständen gar in feine Scheiben geschnitten wird, die dann zum Schluss zum Salat gelegt wird.

PS Der Begriff ‹Mise en place› ist Ihnen inzwischen bestimmt vertraut geworden, und Sie wissen auch, dass diese schmale Kolumne gleichzeitig als Einkaufsliste gedacht ist. Deshalb finden Sie dort häufig (vor allem beim Gemüse) Mengenangaben, die für einen kleinen Haushalt zu gross sind. In diesem Rezept steht beispielsweise ein kleiner Kohl, obwohl davon, wie im Text erwähnt, nur etwa 150 Gramm benötigt werden. Der Grund dafür ist einfach. Gemüse müssen Sie üblicherweise in bestimmten Einheiten einkaufen, eben eine Karotte, ein kleiner Lauch, ein kleiner Sellerie oder ein kleiner Weisskohl. Dass sich dabei Reste ergeben, versteht sich beinahe von selbst. Doch ich hoffe, Sie kommen damit zurecht, und das restliche Gemüse rege Ihre Phantasie an.

Salade de ris de veau aux poireaux du printemps

Mise en place		Milkenröschen auf Frühlingslauch
400 g	Herzmilken (Bries)	Milken während mindestens 6 Stunden in kaltem Wasser wässern, damit das Blut ausläuft. Das Wasser hin und wieder erneuern. Die Milken werden besonders schön weiss, wenn ein feiner Wasserstrahl ununterbrochen darüberläuft. Anschliessend werden alle harten Teile abgelöst und die Milkenröschen aus den Häutchen geschält, von denen sie zusammengehalten werden. Auf einem Sieb gut abtropfen lassen.
300 g	Frühlingslauch	Kennen Sie die kleinen Gemüsekinder, die im zarten Alter geerntet werden? Sie sind hin und wieder, besonders aber zur Frühjahrszeit, auf dem Markt erhältlich. Selbstverständlich darf der Lauch auch grösser gewachsen sein und braucht dann nur in Form geschnitten zu werden, beispielsweise in Ringe, kleine Quadrate oder in feine Streifen.
		Lauch unter fliessendem Wasser abspülen und in wenig kochendem Salzwasser kurz blanchieren. Dann auf ein Sieb schütten, gut abtropfen und in einem Küchentuch trocknen lassen.
	Schnittlauch	Vom Schnittlauch Röllchen zum Bestreuen schneiden.
1 EL	Zitronensaft	Aus Zitronensaft, Erdnussöl, Bouillon sowie Rahm eine Sauce rühren, vorsichtig mit Salz, wenig weissem Pfeffer aus der Mühle und einer Messerspitze Dijonsenf würzen.
2 EL	Erdnussöl	
1 EL	Bouillon	
3 EL	Rahm	
	Salz	Lauch durch die Sauce ziehen und in die Mitte von grossen Tellern legen, mit der restlichen Sauce beträufeln und mit den Schnittlauchröllchen bestreuen.
	Pfeffermühle	
	Dijonsenf	
1 CL	Butter	Milkenröschen mit der Gewürzmischung würzen und, damit sie schön knusprig gebraten werden können, durch wenig Mehl ziehen und überschüssiges Mehl abklopfen. Die Milkenröschen in einer beschichteten Bratpfanne in der ☛ mässig heissen Butter-Öl-Mischung bei mittlerer Hitze ☚ während ca. 6–8 Minuten knusprig braten.
1 EL	Traubenkernöl	
	Gewürzmischung	
	Mehl	
		Die Milkenröschen auf den Salat legen und mit der restlichen Salatsauce beträufeln.

PS Weil die Milken roh (und nicht blanchiert) verwendet werden, brauchen sie ein bisschen Zeit zum Garen. Vor allen Dingen brauchen Sie das nötige Fingerspitzengefühl für die Hitze! Diese darf nicht zu gross, aber auch nicht zu klein sein, damit die Röschen nicht nur knusprig, sondern auch wirklich gar werden können; sind sie perfekt gebraten, lässt sich eine feine Fleischgabel ohne jeden Widerstand einstechen. Im übrigen: achten Sie beim Einkauf auf kleine Herzmilken, die wesentlich delikater sind als die oft zum Verkauf angebotene längliche Halsmilke.

Salade aux foies de Volaille et cèpes

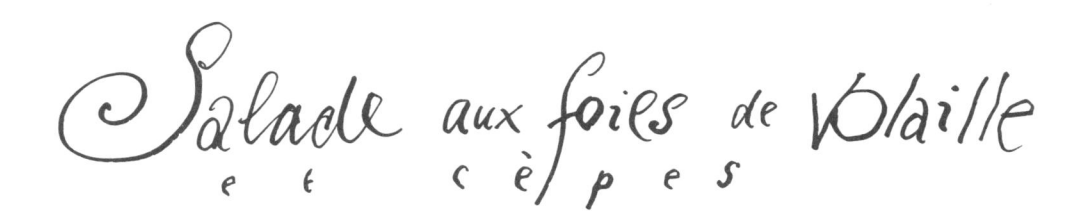

Mise en place		Geflügelleber und Steinpilze auf Friséesalat
1	Friséesalat (krause Endivie)	Vom Salat die schönen gelben Herzblättchen auslösen, waschen und gut trockenschleudern.
1	Sträusschen flache Petersilie	Von der Petersilie die Blättchen zum Bestreuen zupfen. Sollte Ihnen keine flache Petersilie zur Verfügung stehen, kann die krause Variante fein geschnitten werden.
1 EL 2 EL 1 EL	Weissweinessig Erdnussöl Bouillon Salz Pfeffermühle	Aus Weissweinessig, Erdnussöl und Bouillon eine Sauce rühren und vorsichtig mit Salz sowie weissem Pfeffer aus der Mühle würzen.
200 g	feste Steinpilze	Erdige Rückstände von den Pilzen wegschneiden, mit einem Küchenpapier sauberreiben und nur notfalls unter sanft fliessendem Wasser abspülen. Anschliessend die Pilze in nicht zu dünne Scheiben schneiden.
200 g 1 CL	Geflügelleber Gewürzmischung Butter	Die Leber von eventuell anhaftenden Gallenrückständen säubern, die Leberflügel trennen, vorsichtig mit der Gewürzmischung würzen und in der ⇁ **mässig heissen** ⇁ Butter steif und rosa braten. Leber auf einem Teller ⇁ **zugedeckt** ⇁ am Herdrand kurz durchziehen lassen.

Die Steinpilze mit wenig Salz und weissem Pfeffer aus der Mühle würzen und in der restlichen Bratbutter beidseitig goldgelb braten.

Friséesalat durch die Salatsauce ziehen und in die Mitte von grossen Tellern verteilen. Geflügelleber und Steinpilze zwischen die Salatblättchen legen. Den Salat abschliessend mit den gezupften Petersilienblättchen bestreuen und mit der restlichen Sauce beträufeln.

PS Rezepte haben stets dieselbe Funktion zu erfüllen: sie sollen dem, der mehr Übung hat, Anregung und dem weniger Geübten Hilfe sein. Niemals aber sollen sie zwingen, sondern immer die Möglichkeit offenlassen, mit den Produkten zu spielen. Kochen ist im Grunde nur ein Spiel, und je spielerischer man es betreibt, um so mehr Spass hat man. Auf dieses Rezept bezogen heisst das nichts anderes, als dass alle Arten von Pilzen, aber auch Kalbs- oder Kaninchenleber verwendet werden können. Es sei denn, jemand mag entweder keine Pilze oder keine Leber. Andernfalls meine ich, Sie sollten die Gelegenheit unbedingt beim Schopf packen und die Favoriten Ihres Gegenübers kombinieren — oder den Favoriten wechseln!

Salade de maïs aux foies blondes

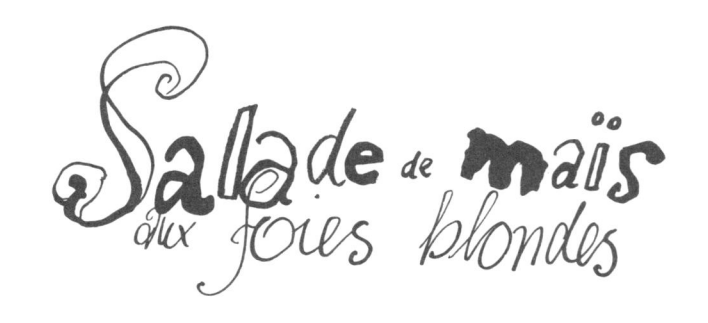

Mise en place | **Maissalat mit Geflügelleber**

1	Friséesalat (krause Endivie)	Vom Salat die schönen Herzblättchen auslösen, waschen und gut trockenschleudern.
½	Schalotte Schnittlauch	Die Schalotte in feinste Würfelchen (Brunoise) und vom Schnittlauch Röllchen schneiden.
1 EL 2 EL 1 EL	Weissweinessig Erdnussöl Bouillon Salz Pfeffermühle	Aus feinstem Weissweinessig, Erdnussöl und Bouillon eine Sauce rühren, vorsichtig mit Salz und wenig weissem Pfeffer aus der Mühle würzen. Abschliessend die feingeschnittene Schalotte und Schnittlauchröllchen untermischen.
200 g	gekochte Maiskörner	Die gut abgetropften Maiskörner in einem Teil der Salatsauce marinieren und in die Mitte von grossen Tellern setzen. Die Salatblätter durch die restliche Sauce ziehen und dekorativ um den Mais legen.
200 g 1 CL	Geflügelleber Butter Gewürzmischung	Eventuell vorhandene Gallenrückstände von der Leber auslösen, Leberflügel durchtrennen, mit der Gewürzmischung würzen und in einer beschichteten Bratpfanne in der ➤ **mässig heissen** ➤ Butter steif und rosa braten. Dieser Vorgang dauert, je nach Grösse der Leber, ungefähr 1-2 Minuten, wobei sie immer wieder mit der Bratbutter übergossen wird.

Leber auf den Mais legen und mit der restlichen Salatsauce beträufeln.

PS Durch Abwechslung im Alltag kann die Liebe (auch zur Küche) an Reichtum und Tiefe gewinnen. Dieses Rezept ist ein Beispiel dafür. Selbstverständlich muss man Leber mögen, und noch lange nicht alle Menschen sind auf den Geschmack gekommen. Deshalb ist es wohl ratsam, das Verhältnis Ihres Gastes zu Innereien abzuklären. Ist er allerdings ein Feinschmecker, wird er die delikate Geflügelleber im Zusammenhang mit dem süssen Mais als harmonische Verbindung genüsslich goutieren.

Foie de lapereau
...et chou rave en salade...

Mise en place		Kaninchenleber auf Kohlrabisalat

Mise en place

1 Kopfsalat

200 g Kohlrabi

1 EL Balsamicoessig
2 EL Erdnussöl
1 EL Bouillon
Salz
Pfeffermühle

200 g Kaninchenleber
1 CL Butter
Gewürzmischung

Kaninchenleber auf Kohlrabisalat

Vom Salat die schönen Herzblättchen auslösen, waschen und gut trockenschleudern.

Kohlrabi waschen und, weil Sie bestimmt nur zartes Gemüse eingekauft haben, nur fein abschälen. Die Kohlrabi in Form schneiden, wie beispielsweise in feine Scheiben, Stäbchen, Würfel oder Schnitze (Spalten), die dann wie Zitronenschnitze aussehen. Das Gemüse in kochendem Salzwasser auf den Punkt blanchieren, auf ein Sieb schütten und gut abtropfen lassen.

Aus Balsamicoessig, Erdnussöl und Bouillon eine Sauce rühren und vorsichtig mit Salz sowie weissem Pfeffer aus der Mühle würzen. Die Salatblätter durch die Sauce ziehen und in die Mitte von grossen Tellern legen. Die Kohlrabi kreisförmig um den Salat legen und mit der restlichen Sauce beträufeln.

Von der Leber die Unreinheiten wegschneiden und die Leberflügel trennen, vorsichtig mit der Gewürzmischung würzen und in einer beschichteten Bratpfanne in der ☛ mässig heissen ☚ Butter rosa braten, dabei immer wieder mit der Bratbutter übergiessen, damit die Garzeit abgekürzt werden kann und die Leber schön zart bleibt. Die Leber zum Schluss auf den Kopfsalat legen.

PS Freuen Sie sich wie zwei Kaninchen an diesem einfachen, aber köstlichen Gericht! Wissen Sie übrigens, dass für einen tadellos zubereiteten Salat eine Salatschleuder eine wichtige Voraussetzung ist? Denn nur wenn der Salat trocken ist, kann er die Sauce aufnehmen, die zu seiner Vollendung unerlässlich ist. Wurde Ihnen allerdings ein herrlich altmodischer Salatkorb vererbt, dann benützen Sie ihn, um vor der Haustüre die Gelenke zu lockern. Selbstverständlich können Sie den Salat auch in ein Geschirrtuch legen, ein Bündel machen und im Freien schleudern, wenn Sie genügend Platz haben, und der Nachbar nicht gerade über den Weg läuft.

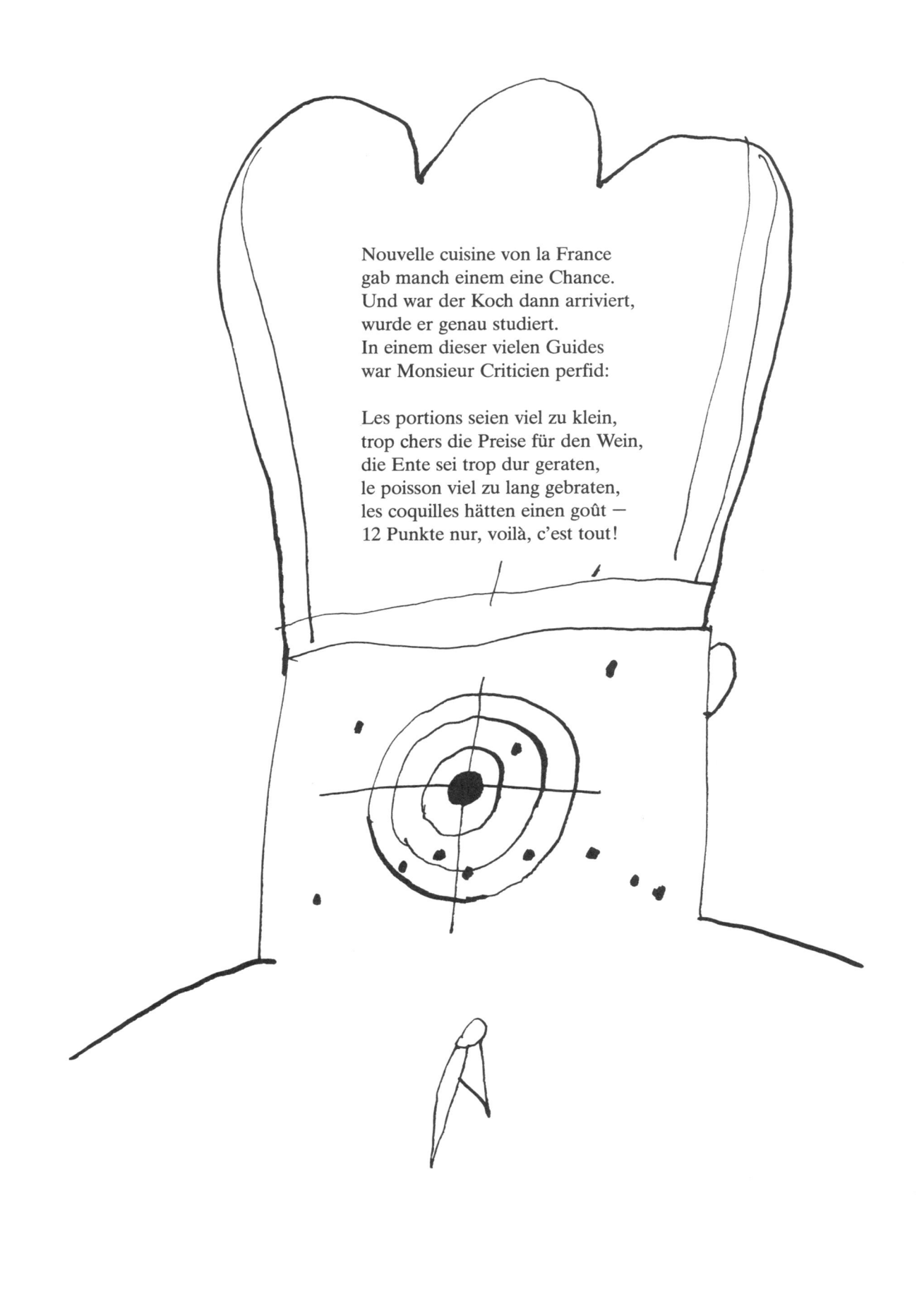

Nouvelle cuisine von la France
gab manch einem eine Chance.
Und war der Koch dann arriviert,
wurde er genau studiert.
In einem dieser vielen Guides
war Monsieur Criticien perfid:

Les portions seien viel zu klein,
trop chers die Preise für den Wein,
die Ente sei trop dur geraten,
le poisson viel zu lang gebraten,
les coquilles hätten einen goût –
12 Punkte nur, voilà, c'est tout!

Salade d'asperges au saumon fumé

Mise en place | **Spargelsalat mit Räucherlachs**

500 g	Spargeln (Spargel)	Möglichst frische Spargeln abschälen, das weniger zarte Ende wegschneiden und die Spargeln unter fliessendem Wasser waschen.
½ CL	Butter	Spargeln in eine weite Pfanne (es darf durchaus auch eine Bratpfanne sein) legen, mit Salz und einer Prise Zucker bestreuen, Butter und Wasser zufügen und — **zugedeckt bei mittlerer Hitze** — — je nach Dicke der Spargeln — während ca. 10-15 Minuten auf den Punkt kochen. Spargeln aus dem Sud heben und auf einem Küchentuch abtropfen lassen.
1 dl	Wasser	
	Salz	
	Zucker	
½	Schalotte	Schalotte sehr feinwürfeln und vom Schnittlauch Röllchen schneiden.
	Schnittlauch	
1 EL	Sherryessig	Für das Honigwasser eine Messerspitze Honig in einem Esslöffel Wasser auflösen, mit Bouillon, Essig und Nussöl zu einer Sauce rühren, mit Salz und einem Hauch Cayenne würzen.
2 EL	Nussöl	
1 EL	Bouillon	
1 EL	Honigwasser	Die feingeschnittene Schalotte und Schnittlauchröllchen unter die Vinaigrette mischen. Spargeln dekorativ auf grosse Teller legen und mit Hilfe eines kleinen Löffels mit der Vinaigrette überziehen.
	Salz	
	Cayenne	
200 g	Räucherlachs	Den feingeschnittenen Räucherlachs zu den Spargeln legen. Alles was es dazu braucht, ist ein knuspriges, herrlich duftendes Bauernbrot!

PS Es heisst, die Art, wie Ihr Gegenüber Spargeln isst, soll Einblick in seine Seele verschaffen... Leider eignet sich dieses Rezept nicht sehr gut dazu, denn ohne Messer und Gabel wird hier kaum jemand zurechtkommen, obschon der Gedanke fast unerträglich ist, Spargeln mit Messer und Gabel essen zu müssen! Wissen Sie überhaupt, dass ein echter Feinschmecker bis im Wonnemonat Mai Zurückhaltung übt und erst dann in das zarte Gemüse beisst? Wahrscheinlich weil er weiss, dass Spargeln und Liebe eine geheimnisvolle Symbiose bilden.

Salade de pommes de terre au saumon fumé

Mise en place		Kartoffelsalat mit Lachsrahm
150 g	Räucherlachs	Kaufen Sie den Räucherlachs am Stück, damit er in Würfel von ca. 1×1 cm geschnitten werden kann, mit Klarsichtfolie verschliessen und bis zum Gebrauch kaltstellen.
1	Kopfsalat	Vom Salat die Herzblättchen auslösen, waschen und gut trockenschleudern.
250 g	Salatkartoffeln	Möglichst kleine Kartoffeln unter fliessendem Wasser sauberbürsten und in der Schale weichkochen. (Für diesen Salat eignen sich die sogenannten Stella- oder Virgulekartoffeln, wie sie auch genannt werden, am besten, weil sie über ein kräftiges, festes Fleisch verfügen.) Dann die Haut von den Kartoffeln abziehen und in feine Scheiben schneiden.
1 EL	Weissweinessig	Weissweinessig, Erdnussöl und Bouillon zu einer Sauce rühren und vorsichtig mit Salz und wenig weissem Pfeffer würzen. Die noch warmen Kartoffeln in dieser Sauce während ca. 10 Minuten durchziehen lassen und anschliessend auf grossen Tellern verteilen.
2 EL	Erdnussöl	
1 EL	Bouillon	
	Salz	
	Pfeffermühle	
2 EL	Mayonnaise	Aus Mayonnaise und flüssigem Rahm eine Sauce von sämiger Konsistenz rühren, mit Salz, einem Hauch Cayenne, ein paar Tropfen Zitronensaft sowie frisch geriebenem Meerrettich würzen. Zum Schluss den geschlagenen Rahm und die Lachswürfel unter die Sauce heben.
2 EL	Rahm	
	Salz	
	Cayenne	
	Zitronensaft	
	Meerrettich	Die Salatblätter um den Kartoffelsalat legen und alles mit dem Lachsrahm überziehen.
2 EL	geschlagener Rahm	

PS Wieder einmal bestätigt sich ein geflügeltes Wort: Gegensätze ziehen sich an und können sogar noch wunderbar harmonieren. Die Idee, Kartoffeln und Lachs zu kombinieren, ist mit Sicherheit nicht in meinem Kopf entstanden, aber die Kombination ist so schön und apart, dass Sie sich diesen Schmaus nicht entgehen lassen sollten. Weniger aufwendig und dennoch köstlich schmecken neue, in der Schale gekochte Kartoffeln, die Sie mit Räucherlachs und Sauerrahm servieren.

Filet de dorade à la vinaigrette d'été

Mise en place | **Goldbuttfilets auf Ratatouillevinaigrette**

1 rote Peperoni 1 gelbe Peperoni 1 grüne Peperoni	Von den Peperoni (Paprika) die Haut mit einem Kartoffelschäler abziehen und weisse Häutchen sowie Kerne auslösen.
1 Tomate	Tomate während ca. 15 Sekunden in kochendes Wasser tauchen, Haut abziehen, entkernen und das Tomatenfleisch kleinwürfeln.
1 Zucchini 1 kleine Zwiebel	Zucchini waschen und die Zwiebel schälen. Die bunten Peperoni, Zucchini sowie die Zwiebel in kleine Quadrate von ca. 2×2 cm schneiden. Sie brauchen davon insgesamt die ungefähre Menge von 300 g.
1 EL feinstes Olivenöl ½ Knoblauchzehe Salz Pfeffermühle	Das Gemüse (Peperoni, Tomate, Zucchini und Zwiebel) in einer Sauteuse im ☛ **mässig heissen Olivenöl bei mittlerer Hitze** ☛ während ein paar Minuten anziehen. Das Gemüse darf durchaus etwas Biss behalten, weil es als Salat verwendet wird. Knoblauch dazupressen, vorsichtig mit Salz und wenig weissem Pfeffer aus der Mühle würzen und dann ☛ **zugedeckt** ☛ am Herdrand warmstellen.
1 kleine Aubergine 1 EL feinstes Olivenöl	Aubergine (Eierfrucht) waschen und in nicht zu dünne Scheiben schneiden, mit Salz und wenig weissem Pfeffer aus der Mühle würzen und in einer beschichteten Bratpfanne im ☛ **mässig heissen** ☛ Olivenöl goldgelb braten. Aubergine anschliessend auf einem Küchenpapier entfetten.
2 Goldbuttfilets à ca. 150 g 2 EL feinstes Olivenöl 2 Thymianzweiglein Salz Pfeffermühle	Goldbuttfilets mit Salz und weissem Pfeffer aus der Mühle würzen und in einer beschichteten Bratpfanne im ☛ **mässig heissen Olivenöl bei mittlerer Hitze** ☛ beidseitig goldgelb braten. Gleichzeitig die beiden Thymianzweiglein mitbraten.
Balsamicoessig feinstes Olivenöl	Die Aubergine auf grossen Tellern rosettenförmig anordnen, das noch warme bunte Gemüse in die Mitte verteilen, mit dem Rücken eines Esslöffels ein Bettchen formen und alles mit Balsamicoessig und Olivenöl beträufeln.
	Die Fischfilets auf das Gemüsebett legen und die gebratenen Thymianzweiglein dazulegen.

PS Verwenden Sie auch bei diesem Gericht das kaltgepresste, jungfräuliche Olivenöl mit dem köstlichen Aroma, das den südlichen Charakter der übrigen Produkte harmonisch unterstützt. Und verzichten sollten Sie schon gar nicht auf den Thymian, der nicht nur einen lieblichen Duft in das Gericht bringt, sondern darüberhinaus altbekannte, schon in der Antike beliebte Kräfte enthält.

Filet de turbot à la vinaigrette de légumes

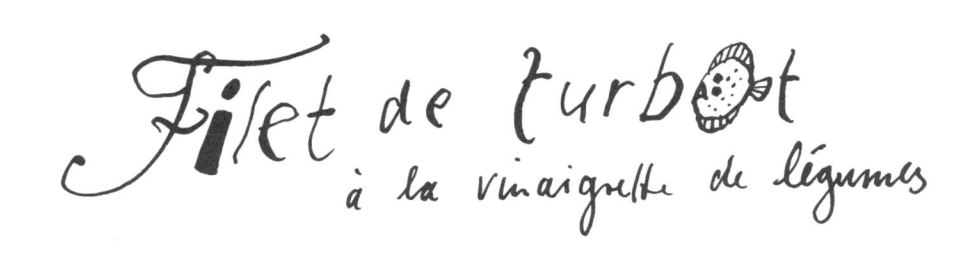

Mise en place		**Steinbuttfilets auf Gemüsevinaigrette**

1	kleine Karotte	Karotte, Lauch und Sellerie zurüsten und in kleinste Würfelchen (Brunoise) schneiden. Sie brauchen davon insgesamt ungefähr 200 g.
1	kleiner Lauch	
1	kleiner Sellerie	
1	kleiner Broccoli	Broccoli in sehr kleine Röschen teilen, Blütenstiel abschälen und kleinwürfeln.
		Das Gemüse in kochendem Salzwasser blanchieren bis es noch Biss hat, dann auf ein Sieb schütten und gut abtropfen lassen.
½	Schalotte	Schalotte in feine Würfelchen und vom Schnittlauch Röllchen zum Bestreuen schneiden.
	Schnittlauch	
1 EL	Weissweinessig	Aus Essig, Olivenöl und Bouillon eine Sauce rühren, mit Salz und wenig weissem Pfeffer aus der Mühle würzen. Das noch warme Gemüse mit der Vinaigrette mischen, die feingeschnittene Schalotte zufügen und alles kurz marinieren lassen.
2 EL	feinstes Olivenöl	
1 EL	Bouillon	
	Salz	
	Pfeffermühle	
2	Steinbuttfilets à ca. 130 g	Fischfilets notfalls mit einem Küchenpapier trockentupfen, damit sie sich schöner braten lassen. Vorsichtig mit Salz und wenig weissem Pfeffer aus der Mühle würzen. In einer beschichteten Bratpfanne im ☛ **mässig heissen Olivenöl bei mittlerer Hitze** ☚ beidseitig goldgelb braten.
	Salz	
	Pfeffermühle	
2 EL	feinstes Olivenöl	
		Gemüsevinaigrette in der Mitte von schönen grossen Tellern verteilen, den Fisch auf das Gemüsebett legen und mit den Schnittlauchröllchen bestreuen.

PS Balzac schrieb: «Die Männer lieben diejenigen Frauen am leidenschaftlichsten, die es verstehen, ihnen die lekkersten Dinge vorzusetzen.» Damit könnte er dieses Gericht gemeint, aber nicht gewusst haben, dass wir Frauen heute genauso leidenschaftlich die kochenden Männer lieben dürfen! Wussten Sie übrigens, dass es zu einem beachtenswerten Vorteil der Fische gegenüber den Fleischgerichten gehört, dass sie nicht nur hochwertiges Eiweiss enthalten, sondern darüberhinaus den Magen überhaupt nicht belasten? Dies ist mit ein Grund, weshalb in diesem Buch viele Fischrezepte stehen, die Sie nach Lust und Laune variieren können.

Salade de filet de Saint-pierre à l'huile d'olive

Mise en place		Sankt-Petersfischfilets an Olivenölvinaigrette
1	Friséesalat (krause Endivie)	Vom Salat die schönen Herzblättchen auslösen, waschen und gut trockenschleudern. Der restliche Salat kann anderntags selbstverständlich weiterverwendet werden.
1	kleine Karotte	Karotte, Lauch und Sellerie zurüsten und in feine Blättchen (Quadrate)
1	kleiner Lauch	schneiden, von denen Sie insgesamt etwa 30 g brauchen.
1	kleiner Sellerie	
1	Schalotte Schnittlauch	Schalotte in feinste Würfelchen (Brunoise) und vom Schnittlauch Röllchen zum Bestreuen schneiden.
½ dl	Weisswein	Gemüse und Schalotte mit Weisswein und Bouillon in einer Sauteuse zum
½ dl	Bouillon	Kochen bringen und ☛ zugedeckt auf kleinem Feuer ☚ während ca. 5 Minuten leise köcheln lassen.
300 g	Sankt-Petersfischfilets Salz Pfeffermühle	Die Sankt-Petersfischfilets in diesen Sud legen und ☛ zugedeckt auf kleinstem Feuer ☚ während ungefähr 1 Minute, je nach Dicke, ziehen lassen. Sauteuse vom Herd ziehen, die Filets wenden, vorsichtig mit Salz und wenig weissem Pfeffer aus der Mühle würzen und während ein paar weiteren Minuten durchziehen lassen.
1 EL	Weissweinessig	In der Zwischenzeit können Sie die Vinaigrette rühren, dann die Salatblättchen durch die Vinaigrette ziehen und auf grosse Teller legen.
2 EL	feinstes Olivenöl	
1 EL	Bouillon Salz Pfeffermühle	Sankt-Petersfischfilets und das Gargemüse auf den Salat legen, mit der restlichen Vinaigrette beträufeln und mit den Schnittlauchröllchen bestreuen.

PS Dies ist mit Sicherheit kein aufregendes Rezept, lebt dafür umso mehr von der herrlichen Frische des Fisches. Sollten Sie beim Einkauf daran zweifeln, dann entscheiden Sie sich spontan für eine andere Fischart, sofern diese Ihrer Vorstellung über beste Qualität und Frische eher entspricht. Die im Rezept angegebene Methode des Fischgarens eignet sich für alle Fischsorten, die über ein festes Fleisch verfügen. Jedenfalls soll Sie kein Diktat daran hindern, mit meinen Ideen spielerisch umzugehen.

Goujonettes de Sole au Vinaigre Balsamico

Mise en place		Seezungenstreifen auf Tomaten-Bohnen-Vinaigrette
100 g	grüne Bohnen	Die Bohnen zurüsten und in Salzwasser auf den Punkt blanchieren. Sind die Bohnen klein und fein, dauert dieser Vorgang nur ganz kurze Zeit. Bohnen anschliessend in ungefähr 1 cm lange Stücke schneiden.
1	Tomate	Tomate während ca. 15 Sekunden in kochendes Wasser tauchen, Haut abziehen, entkernen und das Tomatenfleisch feinwürfeln.
¼	Knoblauchzehe	Schalotte und Knoblauch in feinste Würfelchen (Brunoise) und vom Schnittlauch Röllchen zum Bestreuen schneiden.
½	Schalotte Schnittlauch	
1 EL	Balsamicoessig	Aus Balsamicoessig, Erdnussöl, Bouillon, Salz und wenig weissem Pfeffer aus der Mühle eine Sauce rühren.
2 EL	Erdnussöl	
1 EL	Bouillon Salz Pfeffermühle	Die feingeschnittenen Tomaten, Bohnen, Schalotte und Knoblauch in dieser Sauce durchmischen und flach auf grosse Teller legen.
300 g	Seezungenfilets	Von den Filets eventuell anhaftende Blutstellen entfernen. Die Filets schräg in ungefähr 2 cm breite Streifen schneiden und vorsichtig mit Salz und wenig weissem Pfeffer aus der Mühle würzen.
2 EL	feinstes Olivenöl Salz Pfeffermühle	
		Die Seezungenstreifen in einer beschichteten Bratpfanne im ☛ **mässig heissen Olivenöl bei mittlerer Hitze** ☛ allseitig goldgelb braten, auf das Gemüsebett legen, mit der restlichen Salatsauce beträufeln und zum Schluss mit den Schnittlauchröllchen bestreuen.

PS Blanchieren ist gleichbedeutend mit Überbrühen und das Wissen darum, wann es genug ist: das Gemüse in kochendem Wasser blanchieren, bis es gar ist, aber noch etwas Biss hat. Ein gelegentliches Kontrollieren ist da sehr vernünftig. Wird das Gemüse nicht warm weiterverwendet, kann der Garprozess in kaltem Wasser gestoppt werden. Haben Sie übrigens schon einmal festgestellt, dass sich beim Überbrühen von grünem Gemüse in Salzwasser das intensive Grün verstärkt? Ein chemischer Vorgang findet dabei statt, der faszinierend ist, und den Sie bei nächster Gelegenheit bewusst beobachten sollten. Das Kochen ist tatsächlich voller Überraschungen und kann schon deshalb zu einem Vergnügen werden, vorausgesetzt natürlich, man ist neugierig genug.

Joues de lotte
aux jeunes légumes en salade

Mise en place | **Seeteufelbäckchen auf Kohlrabisalat**

300 g junger Kohlrabi	Kohlrabi waschen und nur notfalls schälen. Die zarten Blättchen ablösen und in feine Streifen schneiden. Kohlrabi in dünne Scheiben schneiden und sekundenschnell in kochendem Salzwasser auf den Punkt blanchieren, auf ein Sieb schütten und gut abtropfen lassen.
1 EL Zitronensaft 2 EL feinstes Olivenöl 1 EL Bouillon Salz Cayenne	Aus Zitronensaft, feinstem Olivenöl und Bouillon eine Sauce rühren, vorsichtig mit Salz und einem Hauch Cayenne würzen. Kohlrabischeiben durch die Sauce ziehen, in der Mitte von grossen Tellern rosettenförmig anordnen und mit der restlichen Sauce beträufeln.
300 g Seeteufelbäckchen 2 EL feinstes Olivenöl Salz Pfeffermühle	Die Seeteufelbäckchen von der zähen, dunklen Haut befreien, dann vorsichtig mit Salz sowie weissem Pfeffer aus der Mühle würzen und in einer beschichteten Bratpfanne im **mässig heissen Olivenöl bei mittlerer Hitze** goldgelb braten. Je nach Dicke der Bäckchen dauert dieser Vorgang 3-4 Minuten. Die Seeteufelbäckchen auf dem Kohlrabibett anrichten und mit den feingeschnittenen Blättchen bestreuen.

PS Sollten Sie zur Frühjahrszeit das Glück haben und auf dem Markt dem sehr kleinen, jungen Kohlrabi begegnen, dann greifen Sie zu. Das Aroma ist erdig und fein, das Fleisch von fast zerbrechlicher Konsistenz und zartgrüner Farbe. Selbstverständlich darf auch ausgewachsenes Gemüse verwendet werden, nur zart muss es sein, damit es die delikaten Seeteufelbäckchen harmonisch unterstützt.

Filet de limande et les nouilles en salade

Rotzungenfilets auf Nudelsalat

Mise en place

1	Tomate
1	Zucchini

Tomate während ca. 15 Sekunden in kochendes Wasser tauchen, Haut abziehen, entkernen und das Tomatenfleisch feinwürfeln. Zucchini waschen, und weil sie klein und jung ist, braucht sie nicht geschält, sondern nur in kleinste Würfelchen geschnitten zu werden.

1	Schalotte
½	Knoblauchzehe

Schalotte und Knoblauch feinschneiden und nicht vergessen, beim Knoblauch den grünen Keimling zu entfernen.

2 EL	Weissweinessig
3 EL	feinstes Olivenöl
2 EL	Bouillon
3 EL	Rahm
	Dijonsenf
	Salz
	Cayenne
	Pfeffermühle
	Safranfäden

Aus Essig, Olivenöl, Bouillon und Rahm eine Sauce von sämiger Konsistenz rühren, vorsichtig mit Salz, einem Hauch Cayenne, wenig weissem Pfeffer aus der Mühle, einer Messerspitze Dijonsenf und ein paar Safranfäden würzen. (Sollten Sie keine Safranfäden zur Verfügung haben, ist das weiter nicht schlimm, denn ebenso gut kann der geriebene Safran verwendet werden. Wichtig allein ist die unantastbare Qualität, die sich – wie dies bei den meisten Qualitätsprodukten der Fall ist – im Preis niederschlägt.)

150 g	frische Nudeln

Nudeln in viel kochendem Salzwasser al dente kochen, wobei Sie acht geben müssen, dass der Garpunkt nicht verpasst wird, was sich durch ständiges Kontrollieren verhindern lässt.

Nudeln auf ein Sieb schütten, gut abtropfen lassen und noch warm unter die Sauce mischen. Dann die Nudeln auf grossen Tellern anrichten und mit den feingewürfelten Tomate und Zucchini bestreuen.

2	Rotzungenfilets à ca. 150 g
1 CL	Butter
1 EL	feinstes Olivenöl
	Salz
	Pfeffermühle

Die Rotzungenfilets (Limande) mit Küchenpapier trockentupfen (damit sie sich schöner braten lassen), schräg in breite Streifen schneiden, mit Salz und wenig weissem Pfeffer aus der Mühle würzen und in einer beschichteten Bratpfanne in der ☛ **mässig heissen Butter-Öl-Mischung bei mittlerer Hitze** ☚ allseitig goldgelb braten und auf die Nudeln legen.

PS Al dente sagt man in Italien, wenn Nudeln perfekt gekocht sind, was bedeutet, dass sie nicht zu weich und nicht zu hart sein dürfen, sondern einen leisen Widerstand zwischen den Zähnen leisten: Al dente! Ich habe Ihnen eingangs versprochen, den Mahnfinger nur einmal zu heben. Hier eine Ausnahme: mit selbstgemachten Nudeln steigen Ihre Chancen ins Unermessliche!

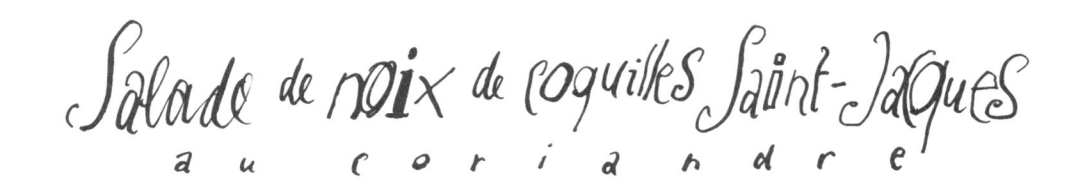

Salade de noix de coquilles Saint-Jaques au coriandre

Mise en place		Jakobsmuscheln auf Karottensalat
300 g	ausgelöste Jakobsmuscheln	Alle Unreinheiten von den Muscheln unter fliessendem kaltem Wasser ablösen. Die Muscheln quer durchschneiden, auf einem Küchenpapier trocknen, anschliessend auf einen Teller legen, mit Klarsichtfolie verschliessen und bis zum Gebrauch kühlstellen.
2	grosse Karotten	Karotten schälen und dann mit dem Sparschäler möglichst lange, dünne Scheiben abziehen. (Noch besser würde sich dafür eine Aufschnittmaschine oder ein Gemüsehobel eignen, der entsprechend fein eingestellt werden kann.) Karottenscheiben kurz in Salzwasser blanchieren und auf einem Sieb gut abtropfen lassen.
1 EL 2 EL 1 EL	Weissweinessig feinstes Olivenöl Bouillon Salz Pfeffermühle	Aus Weissweinessig, Olivenöl und Bouillon eine Sauce rühren, vorsichtig mit Salz sowie weissem Pfeffer aus der Mühle würzen. Die Karottenscheiben durch die Sauce ziehen und locker in die Mitte von grossen Tellern legen.
1 EL	feinstes Olivenöl Salz Pfeffermühle	Jakobsmuscheln vorsichtig mit Salz und weissem Pfeffer aus der Mühle und einer Spur Zucker würzen und in einer beschichteten Bratpfanne im **mässig heissen Olivenöl bei mittlerer Hitze** beidseitig goldgelb braten. Dieser Vorgang dauert nur ein paar Sekunden, denn das Muschelfleisch soll zart und saftig bleiben.
	Koriander	Die Muscheln auf das Karottenbett setzen und abschliessend grosszügig mit frisch gemahlenem Koriander bestreuen.

PS Die Karotten unterstützen auf eine sehr harmonische Weise das süssliche Aroma des Muschelfleisches, und die beschriebene, unkomplizierte Art, wie die Karotten zuzuschneiden sind, bezaubert das Auge. Gehören Jakobsmuscheln nicht zu Ihren Favoriten, dann sind es vielleicht Langustinen. Fehlt Ihnen auch dazu der Gusto, dann darf es durchaus auch ein Fischfilet sein.

Noix de Coquilles Saint-Jacques
à la vinaigrette au safran

Mise en place   **Jakobsmuscheln an Safranvinaigrette auf Reisbett**

300 g	ausgelöste Jakobsmuscheln

Alle Unreinheiten von den Muscheln unter fliessendem kaltem Wasser ablösen, die Muscheln quer durchschneiden und mit einem Küchenpapier trockentupfen. Muscheln auf einen Teller legen, mit Klarsichtfolie verschliessen und bis zum Gebrauch kühlstellen.

80 g	Langkornreis

Reis in Salzwasser auf den Punkt kochen und auf einem Sieb gut abtropfen lassen.

1 EL	Sultaninen
1 EL	Pinienkerne

Sultaninen in handwarmem Wasser einweichen und die Pinienkerne in einer trockenen, beschichteten Pfanne goldgelb rösten.

2 EL	Weissweinessig
3 EL	Erdnussöl
2 EL	Bouillon
	Salz
	Cayenne
	Safran

Aus Essig, Öl und Bouillon eine Sauce rühren, mit Salz, einem Hauch Cayenne und einer Messerspitze vom allerbesten Safran würzen.

Reis, Sultaninen und Pinienkerne in einer kleinen Schüssel mischen und den grössten Teil der Vinaigrette unterziehen. Reis in die Mitte von grossen Tellern anrichten und mit dem Rücken eines Esslöffels ein Bett formen.

1 EL	feinstes Olivenöl
	Salz
	Pfeffermühle
	Zucker

Jakobsmuscheln vorsichtig mit Salz und wenig weissem Pfeffer aus der Mühle würzen und mit einer Spur Zucker bestreuen. (Der Zucker bewirkt beim Braten ein Caramelisieren des Muschelfleisches, was das süssliche Aroma der Muscheln köstlich unterstützt.)

Die Jakobsmuscheln in einer beschichteten Bratpfanne im ← **mässig heissen Olivenöl bei mittlerer Hitze** ← beidseitig goldgelb braten. Dieser Vorgang dauert nur kurze Zeit, denn das Muschelfleisch soll zart und saftig bleiben, wogegen es durch zu langes Braten und zu grosse Hitze gummig würde.

Muscheln auf dem Reisbett anrichten und mit der restlichen Vinaigrette beträufeln.

PS Denken Sie beim Lesen der Rezepte immer wieder daran, dass sich die meisten der Gerichte (abgesehen von Suppen und Desserts) als Hauptmahlzeit eignen? Selbst ein Gemüse kann hin und wieder den Vitaminhunger stillen. Wichtig allein ist, dass die Menge der Zutaten einem möglichen Heisshunger angepasst wird.

Salade de langoustines aux petits légumes du printemps

Mise en place		Langustinen auf Frühlingssalat
12	ausgelöste Langustinen	Langustinen auf dem Rücken der Länge nach aufschneiden (aber nicht durchschneiden), damit der Darm sichtbar wird, der mit der Spitze eines feinen Messers ausgelöst wird. Langustinen auf einem Teller, unter Klarsichtfolie verschlossen, bis zum Gebrauch kühlstellen.
300 g	Frühlingsgemüse	Alle Frühlingsgemüse, wie beispielsweise Kefen (Zuckererbsen), kleinste Karotten, feine Bohnen, grüne Spargeln, Frühlingslauch, junge Zwiebeln, Kohlrabi, Erbsen und was der Markt sonst noch alles bietet, eignet sich für diesen köstlichen Salat.
		Das Gemüse zurüsten und in Salzwasser auf den Punkt blanchieren. Es kann durchaus sein, dass Sie, je nach Gemüse, getrennt blanchieren müssen, weil die Garzeiten unterschiedlich sein können. Anschliessend das Gemüse auf einem Sieb gut abtropfen lassen.
1	Kerbelsträusschen	Vom Kerbel die Blättchen zupfen.
1 EL	Zitronensaft	Aus Zitronensaft, Olivenöl, Bouillon und Rahm eine Sauce von sämiger Konsistenz rühren und mit Salz, einer Spur Curry, wenig weissem Pfeffer aus der Mühle sowie einer Messerspitze Dijonsenf würzen und die Knoblauchzehe dazupressen.
2 EL	feinstes Olivenöl	
1 EL	Bouillon	
3 EL	Rahm	
½	Knoblauchzehe	
	Salz	
	Curry	Das noch warme Gemüse in dieser Sauce kurz durchziehen lassen und dann in der Mitte von grossen Tellern dekorativ anrichten.
	Pfeffermühle	
	Dijonsenf	
1 EL	feinstes Olivenöl	Die Langustinen vorsichtig mit Salz und wenig weissem Pfeffer aus der Mühle würzen und in einer beschichteten Bratpfanne in ☛ **mässig heissem Olivenöl bei mittlerer Hitze** ☛ allseitig goldgelb und auf den Punkt sautieren. Ein Vorgang, der nur einen ganz kurzen Augenblick dauert, wenn das zarte Fleisch keinen Schaden nehmen soll.
	Salz	
	Pfeffermühle	
		Langustinen auf das Gemüsebett setzen, mit der restlichen Salatsauce beträufeln und mit den Kerbelblättchen bestreuen.

PS Mit jungem Gemüse würden Sie Zeit und zarte Dinge gewinnen, nur sind die kleinen Gemüsekinder nicht immer erhältlich. Dies soll Sie aber nicht daran hindern, diesen Salat zuzubereiten. Denn oft schmeckt grösser gewachsenes Gemüse gar kräftiger, nur sollte dann seine Schnittform nicht lieblos dem Zufall überlassen werden. Übrigens: sind die Langustinen nicht frisch genug? Dann stellen Sie ganz schnell auf ein Fischfilet um, das nämlich genau so köstlich schmeckt.

Filet de Veau à la sauce au thon

Kalbsfilet an Thunfischsauce

Mise en place

1	kleine Karotte
1	kleiner Lauch
1	kleiner Sellerie
1	kleine Zwiebel
½	Lorbeerblatt
1	Gewürznelke
3	weisse Pfefferkörner
2,5 dl	Wasser
250 g	Kalbsfilet am Stück
1	kleine Gewürzgurke
½	Schalotte
1 EL	Kapern
	Schnittlauch
4 EL	Mayonnaise
100 g	Thon (Thunfisch)
3 EL	flüssiger Rahm
	Salz
	Cayenne
	Curry
	Zitronensaft

Karotte, Lauch und Sellerie zurüsten und in kleine Würfel schneiden. Sie brauchen davon insgesamt ca. 50 g.

Gemüsewürfel, besteckte Zwiebel, Pfefferkörner und Wasser in eine Kasserolle geben, zum Kochen bringen und ☛ **zugedeckt auf kleinem Feuer** ☚ während ca. 10 Minuten leise köcheln lassen.

Fleisch in diesen Sud legen und ebenfalls ☛ **zugedeckt auf kleinstem Feuer** ☚ während ca. 10 Minuten ziehen und anschliessend im Fond erkalten lassen.

Gewürzgurke und Schalotte feinwürfeln und vom Schnittlauch Röllchen schneiden. Kapern auf einem kleinen Sieb kurz unter fliessendem Wasser abspülen.

Fleisch aus dem Fond heben. Fond auf ☛ **grossem Feuer** ☚ auf die Menge von ungefähr ½ dl reduzieren, auf ein kleines Sieb schütten und die aufgefangene Flüssigkeit erkalten lassen, die anschliessend für die Sauce weiterverwendet wird.

Thon (Thunfisch) auf ein Sieb geben und das Öl ablaufen lassen. Mayonnaise, Thon, die erkaltete Pochierflüssigkeit im Mixer oder mit dem Mixstab feinpürieren, Rahm zufügen und vorsichtig mit Salz, einem Hauch Cayenne, einer Spur Curry sowie ein paar Tropfen Zitronensaft würzen.

Das Fleisch in sehr dünne Scheiben schneiden — am besten eignet sich dafür ein elektrisches Messer oder eine Aufschnittmaschine, falls Ihnen so etwas zur Verfügung steht. Das Fleisch schuppenartig auf eine flache Platte legen, mit der Thonsauce überziehen, mit Klarsichtfolie verschliessen und während mindestens 2 Stunden im Kühlschrank durchziehen lassen.

Das köstliche Sommergericht abschliessend mit den feingeschnittenen Schalotten, Gewürzgurken, den Kapern und den Schnittlauchröllchen bestreuen.

PS Erinnern Sie sich? War es in Siena, Florenz, Rom oder Aarau? Ein heisser Sommer genügt: Vitello tonnato!

Es geschieht dem Connaisseur
hin und wieder das Malheur,
dass er, um zu imponieren,
mit 'ner Jungen geht soupieren.

Derweil ihm dies Malheur passiert,
fühlt er sich plötzlich irritiert:
sieht er doch zwei Tische weiter
seine Frau mit 'nem Begleiter!

Filet de féra aux côtes de blette

Mise en place | **Felchenfilets auf Stielmangold**

400 g Stielmangold (Krautstiel)

Zarten, jungen Stielmangold zurüsten. Blätter und Stiele in feine Streifen schneiden.

1 CL Butter
2 EL Doppelrahm
Salz
Cayenne
Zitronensaft

Die Blattstreifen in der aufschäumenden Butter so lange dünsten, bis sie zusammenfallen, die in Streifen geschnittenen Stiele zufügen, kurz mitdünsten, mit Rahm auffüllen und das Gemüse auf ▸ **kleinem Feuer** ◂ auf den Punkt garen. Mangold vorsichtig mit Salz, einem Hauch Cayenne sowie ein paar Tropfen Zitronensaft würzen und ▸ **zugedeckt** ◂ am Herdrand warmstellen.

300 g Felchenfilets
Salz
Pfeffermühle
Mehl
1 EL Butter

Die Felchenfilets mit einem Küchenpapier trockentupfen, vorsichtig mit Salz und weissem Pfeffer aus der Mühle würzen, durch Mehl ziehen und überschüssiges Mehl abklopfen. Die Filets in der aufschäumenden Butter bei ▸ **mittlerer Hitze** ◂ beidseitig goldgelb braten, dabei immer wieder mit der Bratbutter übergiessen.

Das Gemüse in die Mitte von heissen Tellern verteilen, die Filets auf das Gemüsebett legen und mit der nussbraunen Bratbutter übergiessen.

PS Sie kennen doch sicher das Bild des im Glas aufschäumenden Champagners. Genauso muss die aufschäumende Butter in der Pfanne aussehen! Zum Glück ist das Geheimnis dahinter viel einfacher als beim Champagner (allerdings auch nicht so betörend): Sie müssen die Butter langsam erhitzen, bis sie grossflächig schäumt, aber noch wenig Farbe angenommen hat.

Filet de perche aux fines herbes

Mise en place		Eglifilets mit Kräutern
1	Bündchen Schnittlauch	Die gewaschenen Kräuter auf einem Küchenpapier trocknen und dann feinschneiden. Sie brauchen davon je einen Esslöffel voll. Knoblauchzehe feinwürfeln.
1	Bündchen Petersilie	
1	Knoblauchzehe	
300 g	Eglifilets Salz Pfeffermühle Mehl	Die Eglifilets mit einem Küchenpapier trockentupfen, vorsichtig mit Salz und weissem Pfeffer würzen, durch Mehl ziehen und überschüssiges Mehl abklopfen.
1 CL	Butter	In einer weiten beschichteten Bratpfanne die Butter-Öl-Mischung aufschäumen lassen und die Filets bei ☛ **mittlerer Hitze** ☚ beidseitig goldgelb braten – ein Vorgang, der ungefähr 3 Minuten dauert. Die Eglifilets auf zwei heisse Teller legen.
1 EL	feinstes Olivenöl	
1 CL	Butter Zitronensaft	In der noch heissen Bratpfanne die Butter aufschäumen lassen. Kräuter und Knoblauch zufügen, kurz durchschwenken und den Saft von einer halben Zitrone dazupressen.

Mit dieser Butter die Fischfilets abschliessend überschmelzen.

PS Es ist fast unverständlich, dass es Zeiten gab, wo Fische geradezu verpönt waren, selbst dort, wo er eigentlich direkt vor der Haustür gefangen werden konnte. Aber offensichtlich war es des Menschen Streben schon immer, sich wenigstens im Essen von seinen Nachbarn zu unterscheiden! Heute ist das alles anders, und wir müssen froh sein, wenn unsere Fischer genügend Süsswasserfische in ihren Netzen haben. Wussten Sie übrigens, dass Fische viel hochwertiges Eiweiss enthalten, von dem man sagt, es mache gescheit? Wohlan denn!

Filet de truite aux chanterelles

Mise en place | **Forellenfilets mit Eierschwämmchen**

250 g Eierschwämmchen (Pfifferlinge)

Von den Pilzen die erdigen Teile wegschneiden, mit einem Küchenpapier sauberreiben und nur notfalls unter sanft fliessendem Wasser abspülen. Sind die Pilze klein, können sie ganz verwendet werden, andernfalls werden sie geviertelt oder in Scheiben geschnitten.

½ Schalotte
½ Knoblauchzehe
flache Petersilie

Schalotte und Knoblauch in feinste Würfelchen schneiden und von der Petersilie Blättchen zupfen.

1 CL feinstes Olivenöl
1 CL Butter
Salz
Pfeffermühle
Zitronensaft

In einer weiten beschichteten Bratpfanne das Öl erhitzen, die Pilze zufügen und so lange sautieren, bis alle Flüssigkeit verdampft ist und die Pilze Farbe annehmen. ☛ **Erst dann** ☚ Butter, Schalotte und Knoblauch zufügen und vorsichtig mit Salz, weissem Pfeffer aus der Mühle sowie ein paar Tropfen Zitronensaft würzen.

300 g Forellenfilets
4 Scheiben Frühstücksspeck
Salz
Pfeffermühle

In einer trockenen beschichteten Bratpfanne die Speckscheiben knusprig braten und auf einem Küchenpapier entfetten. In derselben Bratpfanne die mit Salz und weissem Pfeffer gewürzten Forellenfilets beidseitig ☛ **bei mittlerer Hitze** ☚ goldgelb braten, nach Bedarf ein kleines Stück Butter zufügen.

Die Pilze auf zwei heisse Teller verteilen, die Forellenfilets auf die Pilze setzen, die knusprig gebratenen Speckscheiben dazulegen und alles mit den Petersilienblättchen bestreuen.

PS Ein überaus reizvolles Gericht in der Vorbereitung, denn während der Geliebte auf Fischfang geht, kann sie im nahen Wald die Pilze suchen. Bleibt die Frage: wer kocht wen oder was?

Filet de truite à la julienne de légumes

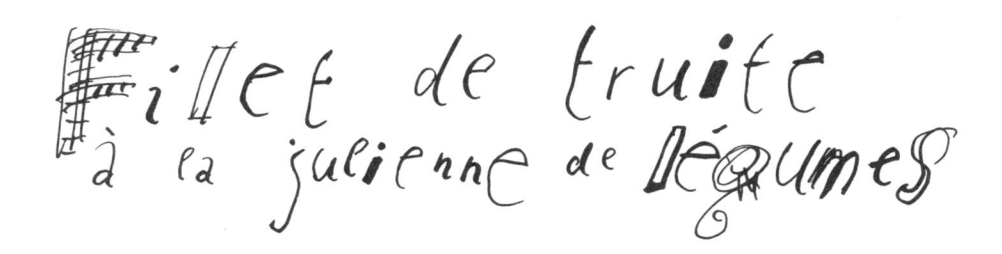

Mise en place		**Forellenfilets auf Gemüsestreifen**

100 g	Karotten
100 g	Lauch
100 g	Sellerie
1 CL	Butter
	Salz

Karotten, Lauch und Sellerie zurüsten und in feinste Streifen (Julienne) von ca. 10 cm Länge schneiden.

Butter in einer Sauteuse aufschäumen lassen und die noch nassen Gemüsestreifen kurz anziehen, vorsichtig salzen und ☛ **zugedeckt auf kleinstem Feuer** ☚ im eigenen Saft garen.

2 EL	trockener Vermouth
½ dl	Weisswein
4 EL	Doppelrahm
	Curry
	Cayenne
	Zitronensaft

Dann Vermouth und Weisswein zufügen und auf ☛ **grossem Feuer** ☚ reduzieren lassen, Rahm beigeben, Sauteuse vom Herd ziehen, und die Sauce vorsichtig mit einer Spur Curry, einem Hauch Cayenne sowie ein paar Tropfen Zitronensaft würzen.

| 1 | Kerbelzweiglein |

Vom Kerbel Blättchen zupfen.

300 g	Forellenfilets
1 EL	feinstes Olivenöl
1 CL	Butter
	Salz
	Pfeffermühle

Forellenfilets mit Salz und wenig weissem Pfeffer aus der Mühle würzen und in einer beschichteten Bratpfanne in der ☛ **mässig heissen Butter-Öl-Mischung bei mittlerer Hitze** ☚ beidseitig goldgelb und auf den Punkt braten.

Das Gemüse nochmals kurz erhitzen, auf heisse Teller verteilen, die Forellenfilets auf das Gemüsebett legen und mit den gezupften Kerbelblättchen bestreuen.

PS Haben Sie sich zu Beginn dieses Rezeptes insgeheim gefragt, wie sich Gemüse in feinste Streifen schneiden lässt? Mit Vergnügen versuche ich, Ihnen diesen Vorgang zu erklären: Gemüse, wie beispielsweise Karotten, werden zuerst der Länge nach in feine Scheiben geschnitten. Hilfreich dabei ist ein Messer mit möglichst scharfer Klinge oder gar eine Aufschnittmaschine, falls eine solche vorhanden ist. Dann werden die Scheiben, ebenfalls der Länge nach, in ebenso feine Streifen geschnitten. Derart fein geschnittenes Gemüse, in der Fachsprache Julienne genannt, wird in Butter ohne fremde Flüssigkeitzugabe innerhalb von wenigen Minuten gar und entwickelt so am besten sein eigenes Aroma. Würden Sie übrigens diese Streifen noch quer in kleinste Würfelchen schneiden, stünde Ihnen eine sogenannte Brunoise zur Verfügung. So einfach ist das.

Filet de truite aux poireaux et pommes de terre

Mise en place | **Forellenfilets auf Lauch und Kartoffeln**

200 g	Lauch Schnittlauch	Möglichst weissen bis hellgrünen Lauch der Länge nach halbieren und sorgfältig unter fliessendem Wasser waschen, dann in Quadrate von ca. 1×1 cm schneiden. Vom Schnittlauch feine Röllchen zum Bestreuen schneiden.
200 g	Kartoffeln	Möglichst kleine Kartoffeln schälen, waschen, vierteln und dann in feine Scheiben schneiden.
1 CL 1 dl 1 dl	Butter Bouillon Rahm Salz Muskatnuss	Lauch und Kartoffeln in einer Sauteuse in der aufschäumenden Butter kurz anziehen, Bouillon und Rahm zufügen, vorsichtig mit Salz und wenig frisch geriebener Muskatnuss würzen. Das Gemüse ☛ **zugedeckt auf kleinstem Feuer** ☚ während ca. 20 Minuten weichgaren.
	Pfeffermühle Zitronensaft	Abschliessend mit weissem Pfeffer aus der Mühle und ein paar Tropfen Zitronensaft aromatisieren.
300 g 1 CL 1 EL	Forellenfilets Butter feinstes Olivenöl Salz Pfeffermühle	Die Forellenfilets mit Salz und weissem Pfeffer aus der Mühle würzen und in einer beschichteten Bratpfanne in der ☛ **mässig heissen Butter-Öl-Mischung bei mittlerer Hitze** ☚ während ca. 4–6 Minuten, je nach Dicke, goldgelb und auf den Punkt braten.
		Das Kartoffel-Lauchgemüse nochmals kurz erhitzen, auf heisse Teller verteilen, den Fisch auf das Gemüsebett legen und abschliessend mit den Schnittlauchröllchen bestreuen.

PS Forellen sind immer erhältlich und schmecken köstlich auf diesem einfachen Lauch-Kartoffelgemüse. Aber ebenso köstlich müsste eigentlich auch eine gebratene oder gegrillte Kabeljauschnitte schmecken. Was denken Sie? Damit könnten unter Umständen Erinnerungen an die Nordsee oder an die Ostsee wachwerden, wo man einmal das seltene Glück hatte, diesen Wäscheleinen mit den an der Luft trocknenden Kabeljaus zu begegnen. Ein schönes Bild! Heute bringt uns zwar die moderne Lager- und Transporttechnik den frischen Fisch auf den Tisch, aber sie bedroht leider und in zunehmendem Masse auch Tradition und alte, gewachsene Kultur.

Tranche de brochet au vin rouge

Mise en place | **Hechtschnitten mit Gemüse an Rotweinsauce**

1	kleine Karotte
1	kleiner Lauch
1	kleiner Sellerie
½	Schalotte
1	Scheibe Frühstücksspeck

Je mehr Liebe Sie auf das Zuschneiden von kleinsten Gemüsewürfelchen verwenden, umso perfekter wird das Resultat. Nun denn: das zugerüstete Gemüse in eben diese Würfelchen schneiden, von denen Sie etwa 100 g brauchen. Auch die Schalotte und den Frühstücksspeck in Würfelchen schneiden.

1 CL	Butter
2 EL	roter Porto
½ dl	Rotwein
1	ungeschälte Knoblauchzehe
1	Thymianzweiglein
¼	Lorbeerblatt

Feingewürfelten Speck in einer Sauteuse in der aufschäumenden Butter kurz anziehen, Schalotten- und Gemüsewürfelchen zufügen und kurz mitdünsten. Ein paar Tropfen Wasser zufügen und verdampfen lassen, dann mit Porto und Rotwein ablöschen, die ungeschälte Knoblauchzehe, Thymianzweiglein und Lorbeerblatt dazugeben und dies alles bei ☛ **nicht zu grosser Hitze** ☚ sirupartig reduzieren lassen.

½ dl	Bouillon
2 EL	Doppelrahm
	Pfeffermühle

Die Bouillon zufügen und um mindestens die Hälfte einköcheln lassen, wobei es wichtig ist, dass diese Reduktion nicht zu schnell vor sich geht, damit das Gemüse gar werden kann. Zum Schluss Knoblauchzehe und die Gewürze entfernen, Rahm zufügen, Sauteuse vom Herd ziehen und die Sauce mit wenig weissem Pfeffer aus der Mühle würzen. (Das Zufügen von Salz erübrigt sich bei dieser Sauce, weil der Speck gesalzen ist und das Gemüse genügend eigene Mineralsalze abgibt.)

2	Hechtschnitten à ca. 170 g
	Salz
	Pfeffermühle
1 CL	Butter
1 EL	feinstes Olivenöl

Hechtschnitten mit Salz und weissem Pfeffer aus der Mühle würzen und in einer beschichteten Bratpfanne in der aufschäumenden Butter-Öl-Mischung bei ☛ **mittlerer Hitze** ☚ beidseitig braten. Dieser Vorgang dauert — je nach Dicke der Hechtschnitten — ca. 5-8 Minuten. (Die Garzeit lässt sich am besten mit einer feinen Fleischgabel kontrollieren: lässt sich die Gabel leicht in das Fleisch einführen und tritt an der Einstichstelle weisslicher Saft aus, dann ist der Fisch gar.)

Sauce nochmals kurz erhitzen. Hechtschnitten auf heisse Teller legen und mit der Sauce umgiessen.

PS Eine Sauteuse ist nicht etwa eine hüpfende Dame in französischen Strümpfen, sondern eine äusserst praktische, kleine Pfanne aus Chromstahl, die sich besonders gut für die Zubereitung von Saucen, aber auch für das Dünsten von Gemüse eignet.

Filet de Sandre au chou frisé

Mise en place	Zanderfilets auf Grünkohlgemüse
400 g Grünkohl	Allfällige welke Blätter vom Kohl ablösen, von schönen Blättern die Blattrippe entfernen und den Kohl kleinzupfen.
2 Scheiben Frühstücksspeck ½ Schalotte ¼ Knoblauchzehe	Möglichst mageren Frühstücksspeck, Schalotte und Knoblauch in feinste Würfelchen (Brunoise) schneiden.
1 CL Butter 1 dl Bouillon 2 EL Doppelrahm Salz Muskatnuss Pfeffermühle	Speckwürfelchen in einer Sauteuse in der aufschäumenden Butter knusprig braten, Schalotte und Knoblauch zufügen und kurz anziehen, Kohlblätter beifügen, mit Bouillon und Rahm auffüllen, vorsichtig mit Salz und wenig frisch geriebener Muskatnuss würzen und ☛ **zugedeckt auf kleinem Feuer** ☚ weichschmoren. Das Gemüse zum Schluss mit weissem Pfeffer aus der Mühle aromatisieren.
300 g Zanderfilets 1 CL Butter 1 EL feinstes Olivenöl Salz Pfeffermühle	Zanderfilets mit Salz und weissem Pfeffer aus der Mühle würzen und in einer beschichteten Bratpfanne in der ☛ **mässig heissen Butter-Öl-Mischung bei mittlerer Hitze** ☚ beidseitig goldgelb braten.
	Das Gemüse nochmals kurz erhitzen, auf heisse Teller verteilen und die Filets auf das Gemüsebett setzen.

PS In meinen Rezepten werden Fische meistens gebraten. Das muss nicht sein, obwohl gebratene Fische köstlich schmecken und überdies unkompliziert zuzubereiten sind. Ebenso gut aber lassen sich die Fischfilets grillieren oder über Dampf garen. Für das Dampfgaren benötigen Sie eine nicht zu hohe Pfanne, in der wenig Bouillon den nötigen Dampf abgibt. Auf die Pfanne kommt ein entsprechend grosses, bebuttertes Kuchengitter, darauf die gewürzten Fischfilets, die dann mit einem Deckel oder Alufolie verschlossen innert kürzester Zeit durch den aufsteigenden Dampf gar sind. Braten, grillieren oder dampfgaren — wenden Sie jene Methode an, die Ihnen am ehesten zusagt und zu der Sie unter Umständen mehr Vertrauen haben. Fische schmecken auf alle Arten zubereitet köstlich, wichtig allein ist, dass sie frisch und von bester Qualität sind.

Filet de merlan à la moutarde

Mise en place **Merlanfilets an Senfsauce**

1	Schalotte	
1	kleiner Fenchel (mit Kraut)	
1	kleiner englischer Sellerie	

Die Schalotte kleinwürfeln. Fenchelkraut abzupfen und feinschneiden — es wird später zum Bestreuen gebraucht. Ein kleines Stück Fenchel und wenig Sellerie kleinschneiden (insgesamt ca. 50 g).

1 CL	Butter	
2 EL	trockener Vermouth	
½ dl	Weisswein	
½ dl	Bouillon (oder Fond)	

Schalotte und Gemüse in einer Sauteuse in der aufschäumenden Butter kurz anziehen, ein paar Tropfen Wasser zufügen und diese verdampfen lassen, dann mit Vermouth und Weisswein ablöschen, ☛ **auf grosser Hitze** ☚ reduzieren, mit Bouillon (oder Fischfond) auffüllen und während ca. 10 Minuten auf ☛ **kleinem Feuer leise köcheln** ☚ lassen, damit das Gemüse Zeit hat, weich zu werden und alle Aromastoffe an die Sauce abzugeben.

4 EL	Doppelrahm	
1 CL	Dijonsenf	
1 CL	weisse Senfkörner	
	Salz	
	Cayenne	
	Curry	
	Zitronensaft	

Dann kommt Rahm hinzu, alles wird kurz durchgekocht, durch ein feines Sieb in eine Sauteuse passiert und vorsichtig mit Salz, einem Hauch Cayenne, einer Spur Curry und ein paar Tropfen Zitronensaft gewürzt. Zum Schluss Dijonsenf und die Senfkörner untermischen.

300 g	Merlanfilets	
1 EL	feinstes Olivenöl	
	Salz	
	Pfeffermühle	

Die Merlanfilets mit Salz und weissem Pfeffer aus der Mühle würzen und in einer beschichteten Bratpfanne im ☛ **mässig heissen Olivenöl bei mittlerer Hitze** ☚ beidseitig goldgelb braten.

Abschliessend die Sauce zur sämigen Konsistenz kochen, die Fischfilets auf heisse Teller verteilen, mit der Sauce umgiessen und mit dem feingeschnittenen Fenchelkraut bestreuen.

PS ‹Anziehen› bedeutet in der Küchensprache nicht ganz dasselbe wie in der Umgangssprache, hat aber immerhin auch einen reizvollen Aspekt. Es geht nämlich darum, etwas unter häufigem Wenden auf mittlerer Hitze so vorsichtig zu dünsten, dass es keine (oder nur wenig) Farbe annimmt.

Filet de Flétan en petit bouillon aux herbes

Mise en place		**Heilbutt im kleinen Sud**
	Gemischte Kräuter	Kräuter, wie beispielsweise flache Petersilie, Schnittlauch, Basilikum, Majoran, Thymian, in Blättchen zupfen beziehungsweise kleinschneiden. Sie brauchen davon ungefähr einen Esslöffel voll.
1	Tomate	Tomate während ca. 15 Sekunden in kochendes Wasser tauchen, Haut abziehen, entkernen und das Tomatenfleisch kleinwürfeln. Die Schalotte in feinste Streifen schneiden.
½	Schalotte	
1	Gratinform von ca. 20×30 cm weiche Butter	Die Gratinform grosszügig mit weicher Butter auspinseln. Grill im Backofen aufheizen.
½ dl	Weisswein	Schalotte, Kräuter und die feingewürfelte Tomate auf dem Boden der Form ausstreuen, mit Weisswein und Bouillon (oder Fischfond) auffüllen.
½ dl	Bouillon (oder Fond)	
300 g	Heilbuttfilets Salz Pfeffermühle Butterflocken	Heilbuttfilets vorsichtig mit Salz und weissem Pfeffer aus der Mühle würzen, in den Fond legen, mit einigen Butterflocken belegen und auf **mittlerer Rille unter dem sehr heissen Grill** während ca. 5-7 Minuten (je nach Dicke der Filets) garen.

Heilbuttfilets auf heisse Teller legen und mit dem Garfond übergiessen. Ein Gemüse passt köstlich dazu.

PS Der Heilbutt ist nur eine Möglichkeit, dieses Rezept zu kochen, denn Sie haben die ganze Palette der Plattfische vor sich: Seezunge, Rotzunge, Goldbutt, Steinbutt... Darüberhinaus sind auch Rundfische dazu geeignet, in einem kleinen Fond gegart zu werden. Jedenfalls wird es eine Freude sein, dieses kleine Gericht ganz speziell auf die Leidenschaften des Gegenübers auszurichten.

Filet de Turbot à l'estragon

Mise en place		Steinbuttfilets mit Gemüse und Estragon

1	kleine Karotte	
1	kleiner Lauch	
1	kleiner Kohlrabi	
1 CL	Butter	
	Salz	

Karotte, Lauch und Kohlrabi zurüsten und in lange, dünne, nicht zu schmale Streifen schneiden. Die Butter in einer Sauteuse aufschäumen lassen, die Gemüsestreifen zufügen, vorsichtig salzen und ☛ **zugedeckt bei kleiner Hitze** ☚ weichdünsten. In der Zwischenzeit können Sie die Sauce zubereiten.

2	Estragonzweiglein
½	Schalotte
2 EL	trockener Vermouth
½ dl	Weisswein
½ dl	Bouillon (oder Fond)
4 EL	Doppelrahm
	Salz
	Cayenne
	Curry

Vom Estragon die Blättchen zupfen und die Schalotte feinwürfeln. Vermouth, Weisswein, die leergezupften Estragonzweiglein sowie die gewürfelte Schalotte in einer Sauteuse bei ☛ **grosser Hitze** ☚ um mindestens die Hälfte reduzieren. Bouillon (oder Fischfond) zufügen und auf die Menge von etwa 2 Esslöffeln einkochen lassen. Dann Rahm zufügen, Sauteuse vom Herd ziehen und die Sauce vorsichtig mit Salz, einem Hauch Cayenne und einer Spur Curry würzen.

300 g	Steinbuttfilets
	Salz
	Pfeffermühle

Die Steinbuttfilets in breite Streifen schneiden und mit Salz sowie weissem Pfeffer aus der Mühle würzen. Die Fischstreifen auf ein bebuttertes Kuchengitter legen und ☛ **zugedeckt** ☚ über Dampf auf den Punkt garen. (Sie erinnern sich bestimmt: Sie benötigen eine nicht zu hohe Pfanne, in der wenig Bouillon den Dampf abgibt, und auf die Pfanne kommt das entsprechend grosse Kuchengitter.)

Die Sauce kurz zur gewünschten sämigen Konsistenz kochen, die Gemüsestreifen in die Mitte von zwei grossen heissen Tellern anrichten, die Steinbuttfiletstreifen auf das Gemüse setzen, die heisse Sauce durch ein feines Sieb über das Gericht passieren und abschliessend mit den gezupften Estragonblättchen bestreuen.

PS Der Steinbutt ist nicht nur ein köstlicher, sondern auch ein kostbarer Fisch. Kopf und Gräten wiegen schwer, was sich dann auf den Endpreis für den filetierten Fisch auswirkt. Aber wie man vielleicht bei allen kostbaren Produkten die besondere Gelegenheit abwarten muss, ist unter Umständen auch dieses Gericht für einen ganz besonderen Abend vorgesehen. Wenn Ihnen aber bloss die Kombination von Gemüse und Estragon gefällt, Sie aber auf den Steinbutt verzichten möchten, dann wissen Sie ja: nichts ist einfacher, als auf ein anderes Produkt auszuweichen.

Médaillon de lotte
aux poireaux

Mise en place | **Seeteufelmédaillons an Lauchsauce**

100 g Lauch

Möglichst weissen bis hellgrünen Lauch der Länge nach halbieren und unter fliessendem Wasser waschen. Hellgrünen Teil in feine Streifen (Julienne) schneiden. Der weisse Lauch wird für die Sauce verwendet und klein geschnitten.

1 CL Butter
2 EL trockener Vermouth
2 EL Weisswein
1 dl Bouillon

Weissen Lauch in einer Sauteuse in der aufschäumenden Butter kurz anziehen, mit Vermouth und Weisswein ablöschen, mit Bouillon auffüllen und ☛ **zugedeckt auf kleinem Feuer** ☚ während ca. 15 Minuten leise köcheln lassen.

4 EL Doppelrahm
Salz
Cayenne
Curry
Zitronensaft

Lauch anschliessend im Mixer oder mit dem Mixstab feinpürieren und während des Mixvorgangs den Rahm zufügen. Diese Sauce durch ein feines Drahtsieb zurück in die Sauteuse passieren und vorsichtig mit Salz, einem Hauch Cayenne, einer Spur Curry sowie ein paar Tropfen Zitronensaft würzen.

Die hellgrünen Lauchstreifen kurz in wenig kochendem Wasser blanchieren, auf ein kleines Sieb schütten und gut abtropfen lassen.

300 g Seeteufelrückenfilet
Salz
Pfeffermühle

Seeteufel mit einem Küchenpapier trockentupfen, in ca. 1 cm dicke Médaillons schneiden, mit Salz und weissem Pfeffer aus der Mühle würzen.

1 CL Butter
1 EL feinstes Olivenöl

Seeteufelmédaillons in einer beschichteten Bratpfanne in der ☛ **mässig heissen Butter-Öl-Mischung bei mittlerer Hitze** ☚ beidseitig goldgelb braten.

Lauchsauce nochmals kurz erhitzen, auf grosse heisse Teller verteilen, die Médaillons auf die Sauce setzen und mit den hellgrünen Lauchstreifen bestreuen.

PS Der Seeteufel (auch Baudroie oder Lotte) hat seinen Namen nicht durch Zufall, und selten werden Sie bei Ihrem Händler den Seeteufel mit Kopf sehen, der Sie leicht erschrecken könnte. Zu Unrecht natürlich. Erstens ist in der Natur nichts hässlich, und zweitens hat dieser Fisch ein köstliches, schneeweisses Fleisch, das im Geschmack an das Fleisch der Krustentiere erinnert und schlicht eine Delikatesse ist. Aber bitte, braten Sie die Médaillons mit viel Gefühl, damit diese wirklich zart und saftig bleiben. In der Zartheit zeigt sich erst der wahre Meister!

Piccata de lotte au coulis de tomates

Mise en place

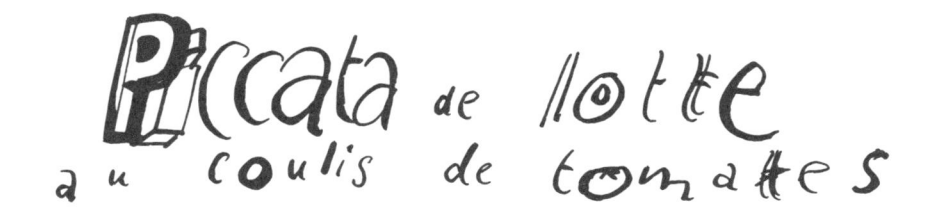

Piccata von Seeteufel auf Tomatensauce

4	Tomaten (ca. 300 g)
½	Schalotte
½	Knoblauchzehe
1	Basilikumsträusschen

Tomaten während ca. 15 Sekunden in kochendes Wasser tauchen, Haut abziehen, entkernen und das Tomatenfleisch kleinschneiden. Schalotte und Knoblauch in feinste Würfelchen schneiden, vom Basilikum die Blättchen zupfen und in feine Streifen schneiden.

1 CL	feinstes Olivenöl
2 EL	Weisswein
¼	Lorbeerblatt
	Salz
	Zucker

Schalotte und Knoblauch in einer Sauteuse im ☛ **mässig heissen Olivenöl** ☚ goldgelb anziehen, Tomaten zufügen und kurz mitdünsten, mit Weisswein ablöschen, kurz reduzieren, mit Salz und einer Prise Zucker würzen, Lorbeerblatt beifügen und alles ☛ **zugedeckt auf kleinstem Feuer** ☚ während ca. 5 Minuten leise köcheln lassen.

40 g	kalte Butter
	Pfeffermühle

Das Tomatengemüse durch ein feines Drahtsieb zurück in die Sauteuse streichen, aufkochen lassen und die kalte Butter in kleinen Mengen einschwingen. Sauce zum Schluss mit wenig weissem Pfeffer aus der Mühle aromatisieren.

300 g	Seeteufelmédaillons
1 CL	Butter
1 EL	feinstes Olivenöl
	Salz
	Pfeffermühle
4 EL	Rahm
	feinstes Paniermehl

Médaillons vorsichtig mit Salz und weissem Pfeffer aus der Mühle würzen, dann durch Rahm und Paniermehl ziehen. Die so panierten Médaillons in einer beschichteten Bratpfanne in der aufschäumenden Butter-Öl-Mischung bei ☛ **mittlerer Hitze** ☚ beidseitig goldgelb braten.

Tomatensauce kurz erhitzen, die Basilikumblättchen oder -streifen zufügen, auf heisse Teller verteilen und die Médaillons auf die Sauce legen.

PS Vielleicht gelingt es Ihnen, mit diesen panierten Médaillons das Gegenüber von den sattsam bekannten Stäbchen wegzulocken, welche alle Kultur vertreiben. Gleiches Aussehen, wenn auch in unterschiedlicher Form, erhöht die Bereitschaft zu einem Versuch! Sofern Sie beste Qualität verarbeitet haben, bin ich sicher, dass nach dem ersten Bissen die Bekehrung geglückt sein wird.

Ragoût de saumon à la ciboulette

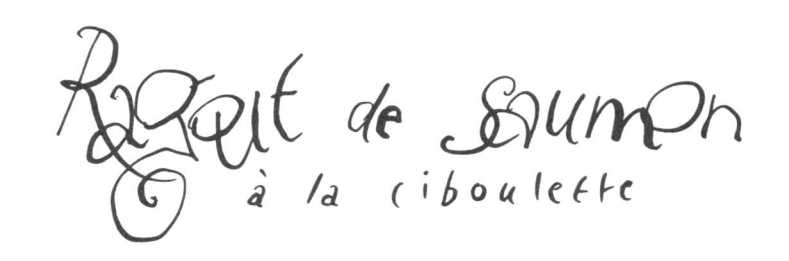

Mise en place		**Lachsragout mit Kohlrabi an Schnittlauchsauce**

Mise en place

300 g Lachsrückenfilet

200 g junge Kohlrabi
Schnittlauch

½ dl Weisswein
½ dl Bouillon (oder Fond)
4 EL Doppelrahm
Salz
Cayenne
Curry

1 CL Butter
1 EL feinstes Olivenöl
Salz
Pfeffermühle

Lachsragout mit Kohlrabi an Schnittlauchsauce

Eventuelle Fettstellen vom Lachs wegschneiden, Gräten vollständig entfernen und Lachs in Würfel von ca. 2×2 cm schneiden.

Kohlrabi zurüsten und die Herzblättchen zum Bestreuen auslösen. Das Gemüse in kleine Würfel von ca. 1×1 cm schneiden, kurz in kochendem Salzwasser auf den Punkt blanchieren und auf einem Sieb gut abtropfen lassen. Schnittlauch in Röllchen schneiden.

Weisswein und Bouillon (oder Fischfond) in einer Sauteuse auf ☛ **grossem Feuer** ☚ um mindestens die Hälfte reduzieren, Rahm zufügen, Sauteuse vom Herd ziehen und die Sauce vorsichtig mit Salz, einem Hauch Cayenne und einer Spur Curry würzen.

Schnittlauchröllchen zufügen und im Mixer oder mit dem Handmixer feinpürieren und durch ein feines Drahtsieb zurück in die Sauteuse passieren.

Lachswürfel vorsichtig mit Salz und wenig weissem Pfeffer aus der Mühle würzen und in einer beschichteten Bratpfanne im ☛ **mässig heissen Olivenöl bei mittlerer Hitze** ☚ kurz sautieren, dann auf heisse Teller verteilen. Butter in die Bratpfanne geben und die Kohlrabiwürfel bei ☛ **grosser Hitze** ☚ goldgelb braten und zu den Lachswürfeln geben.

Die Schnittlauchsauce zur sämigen Konsistenz kochen, das Gericht damit überziehen und abschliessend mit den Herzblättchen bestreuen.

PS Gebratenes Gemüse entwickelt ein völlig neues Geschmackserlebnis, das Sie sich nicht entgehen lassen sollten, besonders im Zusammenhang mit dem feinen Lachs ergibt das ein köstliches Gericht. Nur, sollte der Lachs niemals zu starker Hitze ausgesetzt und nie zu lange gebraten (oder pochiert) werden, weil nämlich sein Fleisch sehr schnell trocken wird.

Escalopes de Saumon à l'aneth et au poivre rose

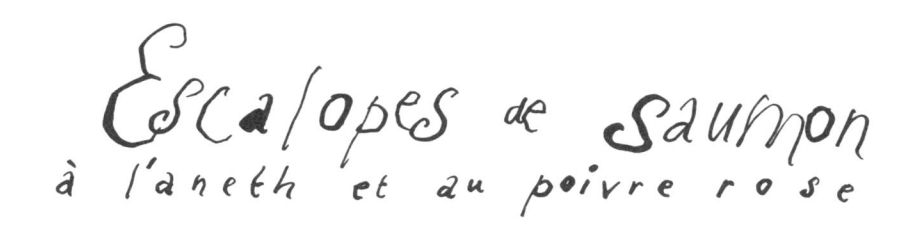

Mise en place   **Lachsschnitzel an Dillsauce mit rosa Pfeffer**

1		kleine Zucchini
½		Schalotte
1 EL		Dillspitzen

Zucchini waschen, nur notfalls schälen und in kleinste Würfelchen (Brunoise) schneiden. Von Dill die Spitzen zupfen und die Schalotte kleinwürfeln.

2 EL		trockener Vermouth
½ dl		Weisswein
½ dl		Bouillon (oder Fond)
4 EL		Doppelrahm

Vermouth, Weisswein und die gewürfelte Schalotte in einer Sauteuse bei ➤ **grosser Hitze** ➤ um mindestens die Hälfte reduzieren. Bouillon (oder Fischfond) zufügen und auf die Menge von ca. 2 Esslöffeln einkochen lassen. Dann Rahm zufügen und Sauteuse vom Herd ziehen.

Salz
Cayenne
Curry

Sauce vorsichtig mit Salz, einem Hauch Cayenne und einer Spur Curry würzen.

1 CL		feinstes Olivenöl
¼		Knoblauchzehe
		Salz
		Pfeffermühle

Zucchinibrunoise in einer Sauteuse im ➤ **mässig heissen Olivenöl** ➤ kurz sautieren, Knoblauchzehe dazupressen und vorsichtig mit Salz und wenig weissem Pfeffer aus der Mühle würzen.

2		Lachsschnitzel à ca. 150 g
1 CL		Butter
1 EL		feinstes Olivenöl
		Salz
		Pfeffermühle

Lachsschnitzel mit Salz und weissem Pfeffer aus der Mühle würzen und in einer beschichteten Bratpfanne in der ➤ **mässig heissen Butter-Öl-Mischung bei mittlerer Hitze** ➤ auf beiden Seiten kurz braten.

Das Zucchinigemüse in die Mitte von grossen heissen Tellern verteilen und die Lachsschnitzel auf das Gemüsebett legen.

1 CL   rosa Pfeffer

Die Sauce zu sämiger Konsistenz kochen, Dillspitzen sowie die Pfefferkörner zufügen und das Gericht mit der heissen Sauce überziehen.

PS Sie werden bei der Zubereitung von Saucen immer wieder aufgefordert, die Sauteuse vor dem Würzen vom Herd zu ziehen. Damit verhindern Sie, dass die Sauce zu früh reduziert, weil Sie anschliessend ohnehin noch das Fleisch, den Fisch oder das Geflügel zubereiten müssen. Kochen Sie also die Sauce immer erst am Schluss zur gewünschten Konsistenz.

Millefeuilles de Saumon à l'oseille

Mise en place

Lachsschnitzel in Blätterteig an Sauerampfersauce

150 g	Blätterteig

Blätterteig auf einem bemehlten Tisch ca. 3 mm dick ausrollen, mit einem scharfen Messer in zwei Quadrate von ungefähr 10×10 cm schneiden, behutsam auf ein bebuttertes Backblech legen und kaltstellen. Den Backofen auf 220° vorheizen.

200 g	Spinat
1	Sträusschen Sauerampfer
½	Schalotte

Spinat verlesen, entstielen, waschen und gut trockenschleudern. Sauerampfer waschen, auf einem Küchenpapier trocknen und in Streifen schneiden. Schalotte in kleinste Würfelchen schneiden.

2 EL	trockener Vermouth
½ dl	Weisswein
½ dl	Bouillon (oder Fond)
4 EL	Doppelrahm
	Salz
	Cayenne
	Curry
	Zitronensaft
1	Eigelb

Schalotte, Vermouth und Weisswein in einer Sauteuse ☛ **auf grossem Feuer** ☛ um mindestens die Hälfte reduzieren. Bouillon (oder Fischfond) zufügen und auf die Menge von 2 Esslöffeln einkochen lassen, dann Rahm zufügen und Sauteuse vom Herd ziehen. Die Sauce vorsichtig mit Salz, einem Hauch Cayenne, einer Spur Curry und ein paar Tropfen Zitronensaft würzen. Eigelb mit ein paar Tropfen Wasser vermischen, die Teigquadrate damit bepinseln und bei 220° auf ☛ **mittlerer Rille** ☛ während ca. 10–12 Minuten goldgelb backen.

1 CL	Butter
1	Knoblauchzehe
	Salz
	Muskatnuss
	Pfeffermühle

In der Zwischenzeit den Spinat in einer möglichst weiten Pfanne in der aufschäumenden Butter so lange dünsten, bis er zusammenfällt und alle Flüssigkeit verdampft ist. Gleichzeitig mit einer Gabel, an der die Knoblauchzehe steckt, gut durchmischen. Spinat mit Salz, frisch geriebener Muskatnuss und wenig weissem Pfeffer aus der Mühle würzen.

2	Lachsschnitzel à ca. 150 g
2 EL	feinstes Olivenöl
	Salz
	Pfeffermühle

Lachsschnitzel vorsichtig mit Salz und weissem Pfeffer aus der Mühle würzen und in einer beschichteten Bratpfanne im ☛ **mässig heissen** ☛ Öl sekundenschnell braten. Sauce zu einer sämigen Konsistenz kochen und Sauerampfer zufügen. Die Blätterteigkissen aufschneiden, je einen Blätterteigboden auf grosse heisse Teller legen. Spinat auf Blätterteigboden verteilen, Fisch auf den Spinat setzen, mit der heissen Sauce überziehen und abschliessend den Blätterteigdeckel aufsetzen.

PS Ausnahmen bestätigen immer die Regel: dieses Gericht ist nicht im Nu zubereitet, aber vielleicht gibt es ein Wochenende dafür, das ohnehin auf genussvolle Stunden programmiert ist! Vielleicht interessiert es Sie zu erfahren, dass es die Gebrüder Troisgros aus Roanne waren, die vor vielen Jahren auf die schöne Idee kamen, Sauerampfer mit Lachs in Verbindung zu bringen. Diese aparte Kombination hat inzwischen die Welt erobert.

Suprême de Saint-Pierre au citron vert

Mise en place   **Sankt-Petersfischfilets an Limonensauce**

1	Limone
½	Schalotte

Von der Limone wenig Schale auf einen Teller reiben. Die restliche Schale mit einem Sparschäler von der Limone abziehen und in feinste Streifen (Julienne) schneiden, die Sie kurz in wenig kochendem Wasser überbrühen und auf einem kleinen Sieb gut abtropfen lassen. Limone zu Saft pressen. Die Schalotte sehr feinwürfeln.

300 g	Sankt-Petersfischfilets
	Salz
	Pfeffermühle
1 CL	Butter
1 EL	feinstes Olivenöl

Fischfilets mit Salz, wenig weissem Pfeffer aus der Mühle und dem Abgeriebenen der Limonenschale würzen, in einer beschichteten Bratpfanne in der ☛ **mässig heissen** ☛ Butter-Öl-Mischung beidseitig goldgelb und auf den Punkt braten, dabei hin und wieder mit Bratbutter übergiessen. Fisch ☛ **zugedeckt** ☛ auf einem heissen Teller kurz durchziehen lassen.

½ dl	weisser Porto
2 EL	Bouillon (oder Fond)
4 EL	Doppelrahm
	Salz
	Cayenne

Die feingeschnittene Schalotte in der restlichen Bratbutter goldgelb anziehen, mit dem Saft der Limone und dem Porto ablöschen, bei ☛ **grosser Hitze** ☛ um mindestens die Hälfte reduzieren, Bouillon (oder Fischfond) sowie Rahm zufügen und zu einer sämigen Konsistenz kochen. Die Sauce abschliessend vorsichtig mit Salz und einem Hauch Cayenne würzen.

Die Fischfilets auf grosse heisse Teller legen, mit der Sauce überziehen und mit der Limonenjulienne bestreuen.

PS Würde ich nicht schon bei dem Gedanken an eine Limone ihren zarten Duft in der Nase und ihr wundervolles Aroma auf der Zunge spüren, könnte das Rezept so stehen bleiben. Weil ich aber das Buch zu meiner und zu Ihrer Freude geschrieben habe, muss es mein Anliegen sein, Sie auf andere Varianten aufmerksam zu machen, da nämlich die Möglickeit besteht, dass Sie keinen Sankt-Petersfisch zur Verfügung haben. Aber nur deshalb auf die köstliche Sauce zu verzichten, wäre unvernünftig. Somit wissen Sie, dass sich auch ein anderer Fisch, aber auch ein weisses Fleisch oder Geflügel, ebenso gut dafür eignet. (Nicht der Geschmack macht den Charakter, sondern der Charakter macht den Geschmack!)

Suprême de Saint-pierre au poireaux et truffes

Mise en place   **Sankt-Petersfischfilets auf Lauch und Trüffelsauce**

400 g	Lauch	Vom Lauch die äusseren Blätter ablösen, Lauch der Länge nach halbieren und unter fliessendem Wasser waschen. Anschliessend den weissen und hellgrünen Teil in feine Streifen oder in Quadrate von ca. 1×1 cm schneiden.
1 CL	Butter	Lauch in einer Sauteuse in der aufschäumenden Butter und bei ☞ **grosser Hitze** ☞ so lange sautieren, bis er zusammenfällt und alle Flüssigkeit verdampft ist, dann den Rahm zufügen, vorsichtig mit Salz und einem Hauch Cayenne würzen und sämig einkochen lassen. Lauch anschliessend ☞ **zugedeckt** ☞ neben dem Herd warmstellen.
1 dl	Rahm	
	Salz	
	Cayenne	
1	kleine Trüffel (ca. 20 g)	Trüffel in feine Scheiben, Streifen oder kleine Quadrate schneiden und in einer Sauteuse in der aufschäumenden Butter kurz sautieren.
1 CL	Butter	
2 EL	Rotwein	Trüffel mit Rotwein und Porto ablöschen, ☞ **auf grossem Feuer** ☞ um mindestens die Hälfte reduzieren, Bouillon zufügen und auf die Menge von ca. 2 Esslöffeln einkochen lassen. Ganz zum Schluss die kalte Butter in kleinen Mengen einschwingen, damit die Sauce eine Bindung erhält, vorsichtig mit Salz und wenig weissem Pfeffer aus der Mühle würzen.
2 EL	roter Porto	
1 dl	Bouillon	
10 g	kalte Butter	
	Salz	
	Pfeffermühle	
300 g	Sankt-Petersfischfilets	Fischfilets mit Salz und wenig weissem Pfeffer aus der Mühle würzen und in einer beschichteten Bratpfanne in der ☞ **mässig heissen Butter-Öl-Mischung bei mittlerer Hitze** ☞ beidseitig goldgelb und auf den Punkt braten.
1 CL	Butter	
1 EL	feinstes Olivenöl	
	Salz	
	Pfeffermühle	

Lauch kurz erhitzen und in die Mitte von grossen heissen Tellern verteilen. Fischfilets auf das Lauchbett legen und mit der heissen Trüffelsauce überziehen.

PS Dem Namen des Sankt-Petersfisches liegt eine wundersame Geschichte zugrunde. Der Fisch hat nämlich jeweils hinter den Kiemen zwei kleine, dunkle Druckstellen, die davon herrühren sollen, dass Petrus diesen Fisch mit der Hand gefangen hat. Und ist es auch ein Märchen, so lebt der Fisch noch heute!

Suprême de Saint-Pierre au Pernod

Mise en place **Sankt-Petersfischfilets an Pernodsauce**

1	kleiner Fenchel	
½	Schalotte	

Sie brauchen vom Fenchel lediglich die Menge von ca. 30 g, auf die allerdings nicht verzichtet werden sollte, weil der Fenchel in Verbindung mit dem Pernod als wesentlicher Geschmacksträger dient. Sofern Sie Fenchel mit Kraut zur Verfügung haben, wird dieses fein geschnitten und ist zum Bestreuen des Gerichtes gedacht. Schalotte feinschneiden.

½ CL	Butter
2 EL	Pernod
½ dl	Weisswein
½ dl	Bouillon (oder Fond)
4 EL	Doppelrahm

Schalotte und feingeschnittenen, gewaschenen Fenchel in einer Sauteuse in der aufschäumenden Butter kurz anziehen, dann mit Pernod und Weisswein ablöschen, um mindestens die Hälfte reduzieren, mit Bouillon (oder Fischfond) auffüllen und auf die Menge von ungefähr 2 Esslöffeln einkochen lassen. Rahm zufügen und die Sauce durch ein feines Sieb passieren, dabei den Fenchel mit dem Rücken eines kleinen Schöpflöffels gut auspressen.

Salz
Cayenne
Curry
Zitronensaft

Die Sauce mit Salz, einem Hauch Cayenne, einer Spur Curry und ein paar Tropfen Zitronensaft würzen. Sauteuse vom Herd ziehen.

300 g	Sankt-Petersfischfilets
1 EL	feinstes Olivenöl
1 CL	Butter
	Salz
	Pfeffermühle

Die Filets vorsichtig mit Salz und weissem Pfeffer aus der Mühle würzen und in einer beschichteten Bratpfanne in der ☛ **mässig heissen Butter-Öl-Mischung bei mittlerer Hitze** ☚ beidseitig goldgelb braten.

Sauce zur sämigen Konsistenz kochen, Sankt-Petersfischfilets auf grosse heisse Teller legen, mit der Sauce umgiessen und mit dem feingeschnittenen Fenchelkraut bestreuen. Es versteht sich beinahe von selbst, dass ein Fenchelgemüse köstlich dazu passt.

PS Hin und wieder wird eine Sauce auf der Basis von Gemüse aufgebaut, gleichzeitig aber auch mit Alkohol abgelöscht. Da ist es wichtig, dass Sie das Gemüse entweder nass in der Butter anziehen oder ein paar Tropfen Wasser zufügen und das Gemüse so lange dünsten, bis das Wasser verdampft ist. Das Wasser hilft nämlich zu garen, was Alkohol allein gerade verhindern würde.

Goujonnettes de sole aux nouilles d'épinard

Mise en place		Seezungenstreifen auf Spinatnudeln
300 g	Seezungenfilets	Seezungenfilets von eventuellen Blutstellen oder schwarzen Häutchen befreien, schräg in breite Streifen schneiden und bis zum Gebrauch kaltstellen.
250 g	Spinat	Spinat entstielen, waschen und gut trockenschleudern. Die Schalotte feinwürfeln.
½	Schalotte	
150 g	frische Nudeln	Nudeln in kochendem Salzwasser al dente kochen und auf einem Sieb gut abtropfen lassen.
2 CL	Butter	Schalotte in einer beschichteten Bratpfanne in der aufschäumenden Butter goldgelb anziehen, Spinat zufügen und auf ☛ grossem Feuer ☚ so lange sautieren, bis er zusammenfällt und alle Flüssigkeit verdampft ist. Gleichzeitig mit einer Gabel, an der die Knoblauchzehe steckt, gut durchmischen. Spinat vorsichtig mit Salz, frisch geriebener Muskatnuss und wenig weissem Pfeffer aus der Mühle würzen.
1	Knoblauchzehe	
	Salz	
	Muskatnuss	
	Pfeffermühle	
4 EL	Doppelrahm	Nudeln zum Spinat fügen, Doppelrahm und den geriebenen Käse untermischen. Die Spinatnudeln ☛ zugedeckt ☚ am Herdrand warmstellen.
1 EL	geriebener Parmesan	
1 CL	Butter	Seezungenstreifen vorsichtig salzen, durch das Mehl ziehen, überschüssiges Mehl abklopfen, dann durch Rahm und Paniermehl ziehen.
1 EL	feinstes Olivenöl	
	Salz	
	Mehl	Die so panierten Seezungenstreifen in einer beschichteten Bratpfanne in der aufschäumenden Butter-Öl-Mischung bei ☛ mittlerer Hitze ☚ goldgelb und auf den Punkt braten.
	Rahm	
	Paniermehl	
		Spinatnudeln auf heisse Teller verteilen und die Seezungenstreifen auf das Nudelbett legen.

PS Es ist in diesem Buch so oft die Rede von Olivenöl, dass es sich tatsächlich lohnt, immer wieder darauf hinzuweisen, wie wichtig die verwendete Qualität ist. Denn nur das sogenannte Jungfernöl (Olio vergine, Huile vièrge) stammt aus der ersten (kalten) Pressung der besten Früchte und hat deshalb das unvergleichlich sanfte Aroma. Zudem macht Olivenöl ein Gericht erstaunlicherweise nicht etwa schwer- sondern leichtverdaulich und enthält darüberhinaus wichtige Vitamine und Spurenelemente. Es zahlt sich nicht aus, für mässige Produkte Hand und Kopf zu regen; denn günstig ist auf die Dauer immer nur das Beste! Eine Erkenntnis, zu der man im Laufe der Jahre und mit vermehrter Erfahrung zweifelsohne findet.

Goujonnettes de sole au safran

Mise en place — **Seezungenstreifen an Safransauce**

1	Tomate
1	kleine Zucchini
½	Schalotte
1 CL	Butter
2 EL	trockener Vermouth
½ dl	Weisswein
½ dl	Bouillon (oder Fond)
4 EL	Doppelrahm
1 Msp.	Safran oder Safranfäden
	Salz
	Cayenne
	Curry
300 g	Seezungenfilets
1 CL	Butter
1 EL	feinstes Olivenöl
	Salz
	Pfeffermühle

Tomate während ca. 15 Sekunden in kochendes Wasser tauchen, Haut abziehen, entkernen und Tomatenfleisch in ca. 1×1 cm grosse Würfel schneiden. Zucchini waschen, nur notfalls schälen und in ebensolche Würfel schneiden. Die Schalotte sehr feinwürfeln.

Feingeschnittene Schalotte in einer Sauteuse in der aufschäumenden Butter goldgelb anziehen, mit Vermouth und Weisswein ablöschen und um mindestens die Hälfte reduzieren. Dann mit Bouillon (oder Fischfond) auffüllen und auf die Menge von ungefähr 2 Esslöffeln einkochen lassen. Zum Schluss den Rahm zufügen und die Sauteuse vom Herd ziehen.

Die Sauce vorsichtig mit Salz, einem Hauch Cayenne, einer Spur Curry sowie dem Safran würzen. (Verwenden Sie dazu nur die allerbeste Qualität Safran, die mit dem Aroma eines billigen Produktes nicht vergleichbar ist.)

Allfällige Blutstellen oder schwarze Häutchen vom Fisch wegschneiden. Die Seezungenfilets schräg in breite Streifen schneiden, vorsichtig mit Salz und weissem Pfeffer aus der Mühle würzen und in einer beschichteten Bratpfanne in der ☛ **mässig heissen Butter-Öl-Mischung bei mittlerer Hitze** ☚ allseitig goldgelb braten.

Fischstreifen auf heisse Teller verteilen. In derselben Pfanne und ☛ **bei grosser Hitze** ☚ die Tomaten- sowie Zucchiniwürfel sekundenschnell braten, vorsichtig salzen und zu den Fischstreifen legen.

Sauce zu sämiger Konsistenz kochen und das Gericht damit überziehen.

PS Immer dekorativ sind kleine Sherrytomaten, die ganz kurz in kochendem Wasser blanchiert werden, damit sich die Haut besser abziehen lässt. Und das haben Sie beim Lesen der Rezepte wohl schon längst festgestellt, dass Tomaten geschält werden müssen, weil sie dann eben feiner schmecken. Nur wenn eine Sauce durch ein Sieb passiert wird, kann man sich diesen kleinen Aufwand sparen. Der rote Paradiesapfel hat nackt schon manche Gaumen verrückt gemacht.

Langoustines au porto blanc

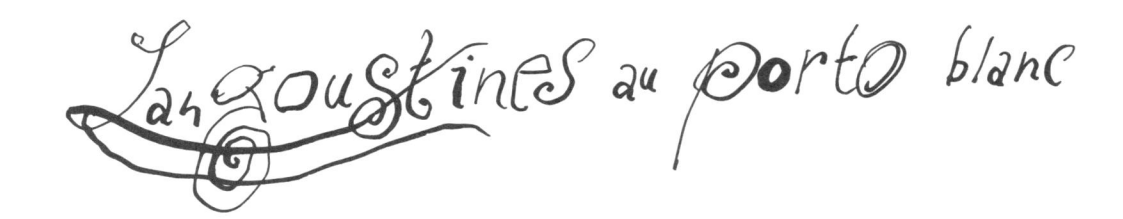

Mise en place		Langustinen an Portosauce mit Koriander
12	ausgelöste Langustinen	Langustinen mit einem feinen Messer auf dem Rücken ein- aber nicht durchschneiden, damit der Darm sichtbar wird, der dann mit der Spitze des Messers entfernt werden kann.
1	kleine Karotte Schnittlauch	Karotte zurüsten und in feinste Streifen (Julienne) schneiden. Schnittlauch in ca. 10 cm lange Fäden schneiden.
½ CL 2 EL	Butter Wasser Salz	Die Karottenjulienne in einer Sauteuse in der aufschäumenden Butter kurz anziehen, mit Wasser ablöschen, vorsichtig salzen und auf ☛ kleinem Feuer ☚ so lange leise köcheln lassen, bis alle Flüssigkeit verdampft ist und die Karotten gar sind.
½ dl ½ dl ½ dl 4 EL	Weisswein weisser Porto Bouillon (oder Fond) Doppelrahm Salz Cayenne Koriander Zitronensaft	Dann Weisswein sowie Porto zufügen und fast völlig einkochen lassen, mit Bouillon (oder Fischfond) auffüllen und auch diese bei ☛ grosser Hitze ☚ um die Hälfte reduzieren, erst jetzt den Rahm zufügen und die Sauteuse vom Herd ziehen. Die Sauce vorsichtig mit Salz, einem Hauch Cayenne, ein paar Umdrehungen frisch gemahlenem Koriander aus der Mühle und ein paar Tropfen Zitronensaft würzen.
1 EL	feinstes Olivenöl Salz Koriander	Langustinen mit wenig Salz und frisch gemahlenem Koriander würzen und in einer beschichteten Bratpfanne im ☛ mässig heissen Olivenöl bei mittlerer Hitze ☚ nur kurz sautieren, damit das Langustinenfleisch zart und saftig bleibt.
		Sauce zur sämigen Konsistenz kochen. Langustinen auf heisse tiefe Teller verteilen, mit der Sauce umgiessen und zum Schluss mit der Karottenjulienne sowie mit den Schnittlauchfäden bestreuen.

PS Es ist für Sie bestimmt unkomplizierter, die Langustinen ausgelöst einzukaufen, nur frisch müssen sie auf jeden Fall sein. Können Sie dieses Vertrauen Ihrem Händler entgegenbringen? Wenn nicht, dann müssen Sie sich erstens auf Ihre feine Nase verlassen können, und zweitens beginnen, Ihren Fischhändler durch Unermüdlichkeit zu erziehen: durch steten Willen zur Qualität! Die Händler sind nämlich nicht nur so gut wie ihre Fische, sondern sie können vor allem nur so gut sein wie ihre Kunden!

Noix de Coquilles Saint-Jacques aux poivrons

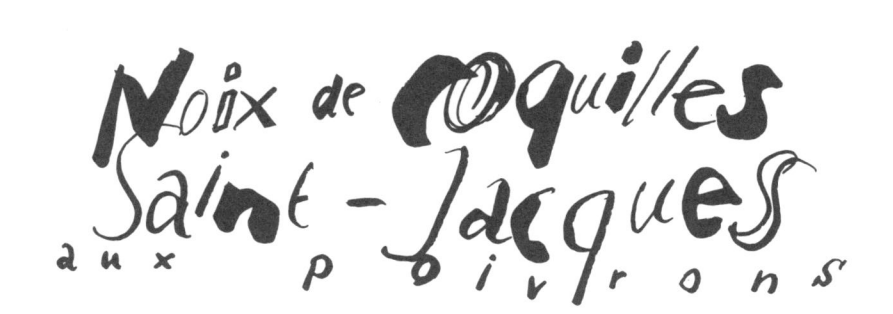

Mise en place | **Jakobsmuscheln an Peperonisauce**

300 g	ausgelöste Jakobsmuscheln	Alle Unreinheiten von den Muscheln unter fliessendem Wasser ablösen. Die Muscheln auf einem Küchenpapier trocknen, quer durchtrennen und bis zum Gebrauch auf einem Teller kaltstellen.
1	rote Peperoni	Von den Peperoni (Paprika) mit dem Kartoffelschäler die Haut abziehen, weisse Häutchen entfernen und Kerne auslösen. Peperoni kleinschneiden – Sie brauchen davon insgesamt ca. 100 g. Das restliche Gemüse kann anderntags für einen Salat weiterverwendet werden.
1	gelbe Peperoni	
1	grüne Peperoni	
1 CL	feinstes Olivenöl	Die kleingeschnittenen Peperoni in einer Sauteuse im ☞ **mässig heissen** ☜ Olivenöl kurz anziehen und dann ☞ **zugedeckt auf kleinstem Feuer** ☜ weichdünsten. Anschliessend mit Bouillon (oder Fischfond) auffüllen, kurz durchkochen lassen und im Mixer oder mit dem Handmixer feinpürieren. Rahm und kalte Butter während des Mixvorgangs zufügen, jetzt die Sauce durch ein feines Drahtsieb zurück in die Sauteuse passieren.
½ dl	Bouillon (oder Fond)	
½ dl	Rahm	
10 g	kalte Butter	
	Salz	Die Sauce vorsichtig mit Salz, einem Hauch Cayenne, einer Spur Curry und mit ein paar Tropfen Zitronensaft würzen.
	Cayenne	
	Curry	
	Zitronensaft	
1 EL	feinstes Olivenöl	Die Jakobsmuscheln vorsichtig mit Salz, sehr wenig Zucker und weissem Pfeffer aus der Mühle würzen und in einer beschichteten Bratpfanne im ☞ **mässig heissen Olivenöl bei mittlerer Hitze** ☜ sekundenschnell braten. Der Zucker bewirkt dabei ein feines Caramelisieren des Muschelfleisches, was nicht nur sein Aroma unterstützt, sondern darüberhinaus ganz besonders köstlich schmeckt.
	Salz	
	Zucker	
	Pfeffermühle	

Die Sauce nochmals kurz erhitzen. Jakobsmuscheln auf heisse tiefe Teller verteilen und mit der Sauce umgiessen.

PS Muscheln sind die Meeresfrüchte der schaumgeborenen Aphrodite – Champagner passt immer dazu! Aber, es wird sprichwörtlich gewarnt: «Freundschaft, die der Sekt gemacht, hält wie der Sekt nur eine Nacht.»

Verführen kann man still und leise,
auf diese oder jene Weise.
Wichtig ist das Drum und Dran,
und als Opfer einen Mann.
Geht man zudem davon aus,
es sei Huhn und Wein im Haus,
und ein Herd, der funktioniert,
und ein Rezept, das garantiert
ein köstliches Gericht ergibt,
dann ist das Opfer schnell verliebt.
Und wer verliebt ist, lässt gern zu,
dass er verführt wird, doch — wozu?

Suprême de volaille à la julienne de légumes

Mise en place   **Geflügelbrüstchen auf Gemüsestreifen**

1	kleine Karotte
1	kleiner Sellerie
1	kleiner Lauch

Karotte, Sellerie und Lauch zurüsten und in feinste Streifen (Julienne) von ca. 10 cm Länge schneiden. Sie brauchen davon insgesamt 100 g.

1 CL	Butter
	Salz

Das noch nasse Gemüse in einer Sauteuse in der aufschäumenden Butter kurz anziehen, vorsichtig salzen und ☛ **zugedeckt auf kleinem Feuer** ☚ im eigenen Saft weichdünsten.

2	Geflügelbrüstchen à ca. 130 g
	Gewürzmischung
1 CL	Butter

Die Geflügelbrüstchen mit der Gewürzmischung auf der Hautseite würzen. Butter in einer Bratpfanne aufschäumen lassen, die Geflügelbrüstchen ☛ **zugedeckt auf der Hautseite bei mittlerer Hitze** ☚ während ca. 5 Minuten braten, dabei hin und wieder mit der Bratbutter übergiessen. Anschliessend die Brüstchen auf einem Teller am Herdrand ☛ **zugedeckt** ☚ warmstellen.

2 EL	trockener Vermouth
½ dl	Weisswein
½ dl	Bouillon (oder Fond)
4 EL	Doppelrahm
	Salz
	Cayenne
	Curry
	Zitronensaft

Bratsatz mit Vermouth und Weisswein auflösen und um mindestens die Hälfte reduzieren, dann mit Bouillon (oder Geflügelfond) auffüllen und auf die Menge von 2 Esslöffeln einkochen lassen. Rahm zufügen, Bratpfanne vom Herd ziehen und die Sauce mit Salz, einem Hauch Cayenne, einer Spur Curry sowie ein paar Tropfen Zitronensaft würzen.

Die Gemüsejulienne in die Mitte von grossen heissen Tellern verteilen, die Geflügelbrüstchen quer zur Brust in Scheiben schneiden, auf das Gemüsebett legen und mit der Sauce umgiessen.

PS Weil die Brüstchen nur auf der Hautseite mit der direkten Hitze in Kontakt sind, müssen sie ab und zu mit der heissen Bratbutter übergossen werden. Nur so erwärmen sie sich gleichmässig und erhalten überdies einen feinen Geschmack. Zuviel Feuer schadet eben nicht nur der Liebe.

Suprême de volaille à l'estragon

Mise en place

1	Tomate
2	Estragonzweiglein
2	Geflügelbrüstchen à ca. 130 g
	Gewürzmischung
1 CL	Butter
2 EL	trockener Vermouth
½ dl	Weisswein
½ dl	Bouillon (oder Fond)
4 EL	Doppelrahm
	Salz
	Curry
	Cayenne
	Zitronensaft

Geflügelbrüstchen an Estragonsauce

Tomate während ca. 15 Sekunden in kochendes Wasser tauchen, Haut abziehen, entkernen und das Tomatenfleisch in kleine Würfel von ca. 2×2 cm schneiden. Vom Estragon die Blättchen zupfen.

Die Geflügelbrüstchen mit der Gewürzmischung würzen und in einer Bratpfanne in der aufschäumenden Butter auf der ☞ **Hautseite, zugedeckt und bei mittlerer Hitze** ☞ während ca. 5 Minuten braten, dabei hin und wieder mit der Bratbutter übergiessen. Die Brüstchen anschliessend ☞ **zugedeckt** ☞ auf einem Teller am Herdrand warmstellen.

Bratsatz mit dem Vermouth und Weisswein auflösen, die leergezupften Estragonzweiglein zufügen und alles auf die Hälfte reduzieren. Bouillon (oder Fond) zufügen und auf die Menge von ungefähr 2 Esslöffeln einkochen lassen. Doppelrahm beigeben, die Bratpfanne vom Herd ziehen und die Sauce mit Salz, einer Spur Curry, einem Hauch Cayenne sowie ein paar Tropfen Zitronensaft würzen.

Von den Geflügelbrüstchen die Haut abziehen, das Fleisch quer zur Brust in Scheiben schneiden und in die Mitte von heissen Tellern legen. Die Sauce nochmals kurz erwärmen, die Estragonzweiglein entfernen, die Estragonblättchen und Tomatenwürfel zufügen und das Fleisch mit der Sauce umgiessen.

PS Der Estragon enthält bedeutende ätherische Öle, die dem Kräutlein besonders viel Geschmack verleihen. Achten Sie beim Einkauf oder beim Ziehen von Estragon auf die Sorte mit kleinen Blättchen, die wesentlich aromatischer ist als die grobblättrige. Estragon und Tomaten ergeben übrigens eine harmonische Verbindung. Ist Ihnen die sich ständig wiederholende Aufforderung, eine Tomate zu schälen, lästig, und fällt es Ihnen schwer, den Sinn dieser kleinen Mehrarbeit einzusehen? Aber lohnt sich vielleicht dieser winzige Aufwand nicht doch, wenn dann alles fein auf der Zunge vergeht? Ohne Fleiss wird nichts heiss!

Suprême de volaille aux oignons du printemps

Mise en place | **Geflügelbrüstchen mit Kräutern und Frühlingszwiebeln**

	gemischte Kräuter
½	Schalotte
½	Knoblauchzehe
2	Geflügelbrüstchen à ca. 130 g
	Gewürzmischung
2 CL	Butter
1	Bund Frühlingszwiebeln
1 CL	Butter
	Zucker
1 Msp.	Dijonsenf
	Cayenne
	Curry
	Paprika
	Koriander
	Pfeffermühle
	Zitronensaft

Gemischte Kräuter, wie beispielsweise Petersilie, Schnittlauch, Kerbel, Majoran, Basilikum, Thymian und junge Spinatblätter, in Blättchen zupfen beziehungsweise feinschneiden. Sie brauchen davon etwa eine halbe Tasse voll. Schalotte und Knoblauch sehr feinwürfeln.

Die Brüstchen vorsichtig würzen und in einer Bratpfanne in der aufschäumenden Butter beidseitig bei ☛ **mittlerer Hitze** ☚ goldbraun braten, dabei immer wieder mit der Bratbutter übergiessen. Die Brüstchen dann ☛ **zugedeckt** ☚ auf einem Teller am Herdrand warmstellen.

Von möglichst kleinen Frühlingszwiebeln die äussere Haut abziehen, die Zwiebeln halbieren und in einer beschichteten Bratpfanne in der aufschäumenden Butter mit einer Spur Zucker caramelisieren.

Die feingeschnittene Schalotte und Knoblauch zur restlichen Bratbutter geben und goldgelb anziehen, Kräuter zufügen und nur so lange anziehen, bis sie zusammenfallen. Dann die Bratpfanne vom Herd ziehen, vorsichtig mit Senf, einem Hauch Cayenne, einer Spur Curry, einer Spur Paprika, frisch gemahlenem Koriander sowie weissem Pfeffer aus der Mühle und ein paar Tropfen Zitronensaft würzen.

Die Geflügelbrüstchen auf heisse Teller legen, mit den Kräutern überziehen und die herrlichen Frühlingszwiebeln dazulegen.

PS Ein Kräuterbeet auf dem Balkon oder im Garten kann betörende Düfte verbreiten und die Sinne heiter stimmen. In diesem Fall werden Sie keine Mühe haben, eine wundervolle Mischung zusammenzustellen. Beachten allerdings sollten Sie immer, dass Kräuter niemals zu stark erhitzt werden; denn dadurch verlieren sie nicht nur ihr herrliches Aroma, sondern auch ihre zauberhaft grüne Farbe.

Suprême de volaille aux fines herbes

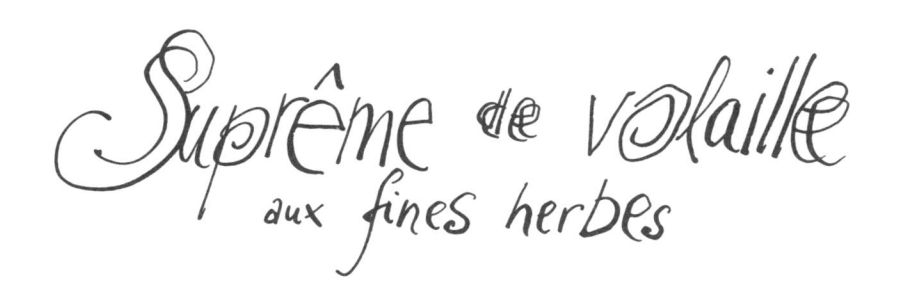

Geflügelbrüstchen mit Kräutern an Weissweinsauce

Mise en place	
1	kleine Karotte
1	kleiner Lauch
1	kleiner Sellerie

Karotte, Lauch und Sellerie zurüsten und dann in kleinste Würfelchen (Brunoise) schneiden, von denen Sie ungefähr 50 g brauchen.

	gemischte Kräuter
1	Schalotte
½	Knoblauchzehe

Gemischte Kräuter, wie beispielsweise Petersilie, Schnittlauch, Majoran, Basilikum, Kerbel und Thymian, in Blättchen zupfen beziehungsweise kleinschneiden. Eine Tasse voll wäre genau richtig. Schalotte und Knoblauch feinwürfeln.

	Gratinform von ca. 18×24 cm
	weiche Butter

Eine flache Gratinform grosszügig mit weicher Butter auspinseln, mit den Kräutern sowie der feingeschnittenen Schalotte und dem Knoblauch ausstreuen. Den Backofen auf 250⁰ vorheizen.

2	Geflügelbrüstchen à ca. 130 g
	Gewürzmischung

Die Geflügelbrüstchen auf der Hautseite mit der Gewürzmischung würzen, mit der Hautseite ☛ **nach oben** ☚ auf das Kräuterbett legen, mit wenig flüssiger Butter beträufeln und die Form ☛ **in die Mitte** ☚ des heissen Backofens schieben, wo sie während ca. 6-8 Minuten belassen wird. Weil Sie sich in der Zwischenzeit mit der Sauce beschäftigen, ist ein Küchentimer hilfreich, da er zur richtigen Zeit an das Gericht im Ofen erinnert.

1 CL	Butter
2 EL	trockener Vermouth
½ dl	Weisswein
½ dl	Bouillon (oder Fond)
4 EL	Doppelrahm
	Salz
	Curry
	Cayenne
	Koriander
	Zitronensaft

Die Gemüsebrunoise in einer Sauteuse in der aufschäumenden Butter kurz anziehen, mit Vermouth und Weisswein ablöschen und auf die Hälfte reduzieren, mit Bouillon (oder Geflügelfond) auffüllen und sirupartig einkochen lassen. Rahm zufügen, Sauteuse vom Herd ziehen und die Sauce vorsichtig mit Salz, einer Spur Curry, einem Hauch Cayenne, Koriander aus der Mühle und ein paar Tropfen Zitronensaft würzen.

Von den Brüstchen die Haut abziehen. Das Fleisch quer zur Brust in Scheiben schneiden, auf grosse heisse Teller legen, die Kräuter über das Fleisch verteilen und alles mit der heissen Sauce umgiessen.

PS Eine schnelle Küche, die auch noch leicht und fein sein soll, stellt Ansprüche an Ihre organisatorischen Fähigkeiten. Die Arbeit wird Ihnen erleichtert, wenn Sie zuerst den Arbeitsplatz gemäss den Angaben in der Spalte ‹Mise en place› vorbereiten. Anschliessend brauchen Sie bloss nach dem Text in der rechten Spalte vorzugehen, et voilà!

Suprême de volaille à la ciboulette

Mise en place | **Geflügelbrüstchen an Schnittlauchsauce**

1	kleiner Bund Schnittlauch
2	Geflügelbrüstchen à ca. 130 g Gewürzmischung
1 CL	Butter

Schnittlauch in Röllchen schneiden – Sie brauchen davon ungefähr 1 Esslöffel voll.

Die Geflügelbrüstchen mit der Gewürzmischung würzen und in einer Bratpfanne in der aufschäumenden Butter auf der ☛ **Hautseite zugedeckt bei mittlerer Hitze** ☚ während ca. 5 Minuten braten, dabei hin und wieder mit der Bratbutter übergiessen. Die Brüstchen anschliessend ☛ zugedeckt ☚ auf einem Teller am Herdrand warmstellen.

½ dl	Weisswein
½ dl	Bouillon (oder Fond)
4 EL	Doppelrahm
	Salz
	Curry
	Cayenne
	Zitronensaft

Bratsatz mit dem Weisswein auflösen und bei ☛ grosser Hitze ☚ auf die Hälfte reduzieren. Bouillon (oder Fond) zufügen und auf die Menge von 2 Esslöffeln einkochen lassen. Rahm beigeben, Bratpfanne vom Herd ziehen und die Sauce mit Salz, einer Spur Curry, einem Hauch Cayenne sowie ein paar Tropfen Zitronensaft würzen, zum Schluss den Schnittlauch einstreuen.

10 g	kalte Butter

Die Sauce im Mixer oder mit dem Handmixer feinpürieren, und während der Mixer läuft, die kalte Butter zufügen. Die Sauce durch ein feines Drahtsieb in eine Sauteuse passieren und nochmals kurz erwärmen.

Von den Geflügelbrüstchen die Haut abziehen, das Fleisch quer zur Brust in Scheiben schneiden, auf heisse Teller legen und mit der Schnittlauchsauce umgiessen.

PS Selbstverständlich können Sie die Sauce, auch ohne zu pürieren, zum Geflügelbrüstchen servieren. Sofern aber Schnittlauch zu Ihren Lieblingskräutern gehört, dann sollten Sie nicht auf das Mixen der Sauce verzichten, denn damit intensivieren Sie das Aroma aufs köstlichste. Diese Methode lässt sich übrigens bei allen andern Kräutersaucen auch anwenden, und das zarte Grün solcher Saucen wird Sie das ganze Jahr über an den Frühling erinnern.

Sauté de volaille au miel

Mise en place		**Geflügelstreifen mit Honig**
300 g	Geflügelbrustfleisch	Geflügelfleisch (ohne Haut) in breite Streifen von ca. 2×5 cm schneiden.
1	kleine Karotte	Karotte, Lauch und Sellerie zurüsten und in feinste Streifen (Julienne) von ca. 6 cm Länge schneiden. Sie brauchen davon ungefähr 200 g insgesamt. Die Sojasprossen waschen und auf einem Sieb gut abtropfen lassen.
1	kleiner Lauch	
1	kleiner Sellerie	
100 g	Sojasprossen	
1 CL	Butter	Gemüsejulienne und Sojasprossen in einer Kasserolle in der aufschäumenden Butter kurz anziehen, vorsichtig salzen und ☞ **zugedeckt auf kleinem Feuer** ☜ während 5 Minuten weichdünsten. Zum Schluss die Sojasauce zufügen und das Gemüse ☞ **zugedeckt** ☜ am Herdrand warmstellen.
	Salz	
2 EL	milde Sojasauce	
1 EL	Honig	Honig in einem Pfännchen bei sanfter Hitze schmelzen.
	Gewürzmischung	Die Geflügelstreifen vorsichtig mit der Gewürzmischung und einer Spur Curry würzen, mit flüssigem Honig bepinseln und in einer beschichteten Bratpfanne im ☞ **heissen Öl bei mittlerer Hitze** ☜ allseitig knusprig braten.
	Curry	
2 EL	Traubenkernöl	

Das Gemüse in die Mitte von grossen heissen Tellern verteilen und die knusprig gebratenen Geflügelstreifen auf das Gemüsebett setzen.

PS Honig gilt als ein Geschenk der Götter und deshalb werden ihm seit Jahrtausenden wundersame Kräfte zugewiesen. In diesem Rezept gibt er dem Geflügelfleisch nicht nur köstliches Aroma, sondern verleiht ihm darüberhinaus ein glänzendes, goldenes Aussehen. Das tröstet Sie vielleicht über die Tatsache hinweg, dass es wieder einmal Gemüsestreifen zu schneiden gibt. Wie wär's aber, wenn Sie die Sache von einer anderen Seite betrachten würden? Durch das feine Schneiden lernen Sie nämlich die Pflänzchen besser kennen. Sieht beispielsweise eine Karotte innen nicht wunderschön aus?

Sauté de Volaille au porto rouge

Mise en place		**Geflügelsauté an Portosauce mit Gemüse**
300 g	Geflügelbrustfleisch	Geflügelfleisch (ohne Haut) in Würfel von ca. 2×2 cm schneiden.
200 g	Kartoffeln	Kartoffeln, Karotte und Sellerie zurüsten und in kleine Würfel von ca. 1×1 cm schneiden.
1	kleine Karotte	
1	kleiner Sellerie	
½	Schalotte	Die Schalotte in kleinste Würfelchen (Brunoise) schneiden und vom Majoran die Blättchen zupfen.
1	Majoranzweiglein	
1 CL	Butter	Karotten- und Selleriewürfel in einer Sauteuse in der aufschäumenden Butter kurz anziehen, vorsichtig salzen und ☞ **zugedeckt auf kleinstem Feuer** ☜ weichgaren.
	Salz	
3 EL	Traubenkernöl	Die Kartoffeln in einem Küchentuch trocknen und in einer Bratpfanne im ☞ **mässig heissen Öl bei mittlerer Hitze** ☜ unter gelegentlichem Wenden knusprig braten. Kartoffeln anschliessend vorsichtig salzen.
	Salz	
1 CL	Butter	Das gewürfelte Geflügelfleisch mit der Gewürzmischung würzen und mit der fein gewürfelten Schalotte in einer Bratpfanne in der aufschäumenden Butter bei ☞ **grosser Hitze** ☜ während ungefähr 1 Minute sautieren, dann ☞ **zugedeckt** ☜ auf einem Teller am Herdrand warmstellen.
	Gewürzmischung	
2 EL	roter Porto	
½ dl	Rotwein	
1 dl	Fleischextrakt (oder Jus)	

Bratsatz mit Porto und Rotwein auflösen und bei ☞ **grosser Hitze** ☜ auf die Hälfte reduzieren, mit aufgelöstem Fleischextrakt (oder Geflügeljus) auffüllen und gut durchkochen lassen.

Die knusprigen Kartoffeln auf ein Sieb schütten, damit überflüssiges Öl ablaufen kann. Die Kartoffeln unter das Karotten-Sellerie-Gemüse mischen und in die Mitte von grossen heissen Tellern verteilen.

Das Geflügelfleisch kurz in der heissen Sauce durchschwenken, auf das Gemüse legen und mit den Majoranblättchen bestreuen.

PS Die vielen Sautérezepte erklären sich dadurch, dass es die schnellste Garmethode zu einem himmlischen Gericht ist. Doch bitte gehen Sie schon beim Vorbereiten sehr sorgfältig um. Denn jede Lieblosigkeit verdirbt auch gleich jede Arbeit. Und denken Sie stets daran: Liebe ist der beste Koch!

Sauté de Volaille au basilic

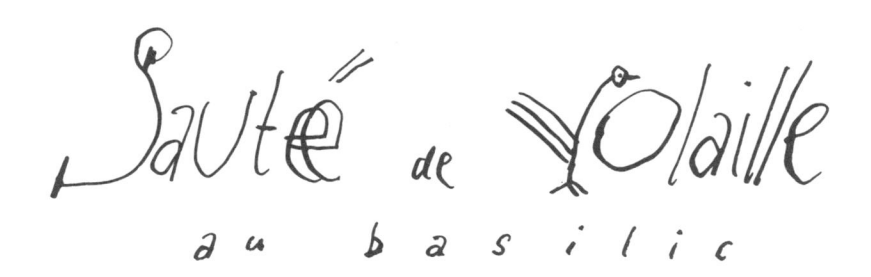

Mise en place **Geflügelsauté an Basilikumsauce**

1	kleine Karotte	
1	kleiner Lauch	
1	kleiner Sellerie	

Karotte, Lauch und Sellerie zurüsten und in kleinste Würfelchen (Brunoise) schneiden, von denen Sie ungefähr 50 g brauchen.

1	Tomate
½	Schalotte
1	Basilikumsträusschen

Tomate während ca. 15 Sekunden in kochendes Wasser tauchen, Haut abziehen, entkernen und das Tomatenfleisch ebenfalls sehr kleinwürfeln. Die Schalotte feinschneiden und vom Basilikum die Blättchen zupfen.

300 g	Geflügelbrustfleisch
	Gewürzmischung
1 EL	Traubenkernöl

Das Geflügelfleisch (ohne Haut) in Würfel von ca. 3×3 cm schneiden, mit der Gewürzmischung würzen und in einer Bratpfanne ➛ **bei grosser Hitze** ➛ während ungefähr 1 Minute knusprig sautieren, dann ➛ **zugedeckt** ➛ auf einem Teller am Herdrand warmhalten.

1 CL	Butter
½	Knoblauchzehe

Die Butter in den Bratsatz geben, die feingeschnittene Schalotte sowie die Gemüse- und Tomatenwürfelchen zufügen, die Knoblauchzehe dazupressen und alles während ungefähr 1 Minute anziehen.

2 EL	trockener Vermouth
½ dl	Weisswein
½ dl	Bouillon (oder Fond)
4 EL	Doppelrahm
	Salz
	Curry
	Cayenne
	Zitronensaft

Vermouth und Weisswein zufügen und bei ➛ **grosser Hitze** ➛ um mindestens die Hälfte reduzieren. Mit Bouillon (oder Geflügelfond) auffüllen und alles kurz durchkochen lassen. Jetzt den Rahm zufügen, Bratpfanne vom Herd ziehen und die Sauce vorsichtig mit Salz, einer Spur Curry, einem Hauch Cayenne und ein paar Tropfen Zitronensaft würzen.

Die Sauce zur sämigen Konsistenz kochen, das Geflügelfleisch sekundenschnell in der Sauce erwärmen, Basilikumblättchen zufügen und das Gericht in die Mitte von grossen heissen Tellern verteilen.

PS Sie brauchen keineswegs über die Fähigkeiten des Schneiders Böck aus ‹Max und Moritz› zu verfügen, um aus Gemüse kleinste Würfelchen (Brunoise) schneiden zu können. Doch präzise sollten sie allemal geschnitten sein, damit das Gericht auch wirklich gut schmeckt. Sie erinnern sich doch, wie man diese Würfelchen zuschneidet? Oder haben Sie das Postskriptum auf S. 141 tatsächlich übersehen? Dann sollten Sie ganz schnell dahin zurückblättern, damit Sie erfahren, wie das gemacht wird.

Sauté de volaille
au sherry et poivrons

Mise en place		Geflügelsauté an Sherrysauce auf Toast

1	rote Peperoni	Von den Peperoni (Paprika) mit einem Kartoffelschäler die Haut abziehen, die weissen Häutchen und Kerne auslösen und die bunten Peperoni in Quadrate von ca. 1×1 cm schneiden, von denen Sie insgesamt 100 g brauchen. (Das restliche Gemüse kann anderntags gut für einen Salat weiterverwendet werden.)
1	gelbe Peperoni	
1	grüne Peperoni	
300 g	Geflügelbrustfleisch	Geflügelfleisch (ohne Haut) in Würfel von ca. 2×2 cm schneiden, dann mit der Gewürzmischung würzen und in einer Bratpfanne in der aufschäumenden Butter bei ☛ grosser Hitze ☚ während ca. 1 Minute sautieren, anschliessend ☛ zugedeckt ☚ auf einem Teller am Herdrand warmstellen.
1 CL	Butter	
	Gewürzmischung	
½ CL	Butter	Butter zum Bratsatz geben, die Peperoniwürfel kurz anziehen und vorsichtig salzen, mit Sherry ablöschen, auf die Hälfte reduzieren, Bouillon (oder Geflügelfond) zufügen und auf ☛ grossem Feuer ☚ sirupartig einkochen lassen. Rahm beigeben, Bratpfanne vom Herd ziehen und die Sauce mit einem Hauch Cayenne, einer Spur Curry und ein paar Tropfen Zitronensaft würzen.
½ dl	Sherry	
½ dl	Bouillon (oder Fond)	
4 EL	Doppelrahm	
	Salz	
	Cayenne	
	Curry	
	Zitronensaft	
2	Scheiben Toastbrot	Das Brot knusprig toasten. Die Sauce zur gewünschten Konsistenz kochen, das Geflügelfleisch sekundenschnell in der Sauce erwärmen und auf dem getoasteten Brot anrichten.

PS In den meisten Geflügelrezepten ist folgerichtig von Geflügelfleisch die Rede, ohne zu präzisieren, um welches Geflügel es sich dabei handelt. Das hat mit Ihrer ganz persönlichen Vorliebe etwas zu tun, und in einem guten Fachgeschäft ist die Auswahl an ausgelöstem Geflügel so gross, dass Sie sich einfach hinreissen lassen sollten. Heute ist es vielleicht ein Truthahnschnitzel und am nächsten Samstag, weil das Wochenende so vielversprechend ist, eine grosse, echte Poulardenbrust. Schliesslich ist alles Brustfleisch zart, wenn man es liebevoll behandelt. Was für ein Vogel es auch sei: Hauptsache er beflügelt!

Sauté de Volaille aux champignons

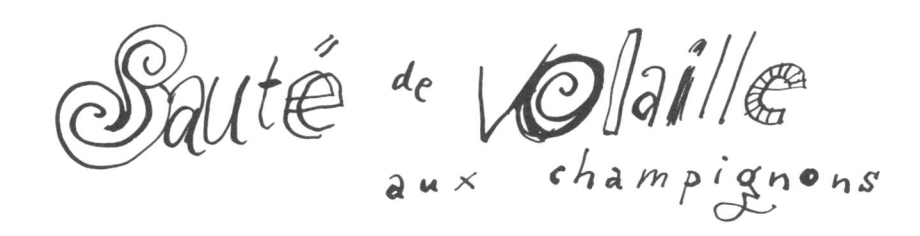

Mise en place | | **Geflügel-Champignonsauté**

1	Tomate	
½	Schalotte	
	flache Petersilie	

Tomate während ca. 15 Sekunden in kochendes Wasser tauchen, Haut abziehen, entkernen und das Tomatenfleisch in kleine Würfel schneiden. Die Schalotte sehr feinschneiden und von der Petersilie die Blättchen zupfen.

100 g	Champignons	

Von den Champignons die erdigen Teile wegschneiden. Die Pilze mit einem Küchenpapier sauberreiben und nur notfalls unter sanft fliessendem Wasser abspülen. Dann die Champignons in kleine Würfel schneiden.

300 g	Geflügelbrustfleisch	
1 CL	Butter	
	Gewürzmischung	

Geflügelfleisch (ohne Haut) in Würfel von ca. 3×3 cm schneiden, mit der Gewürzmischung würzen und in einer Bratpfanne in der aufschäumenden Butter bei ☛ **grosser Hitze** ☚ während ungefähr 1 Minute sautieren. Geflügelfleisch ☛ **zugedeckt** ☚ auf einem Teller am Herdrand warmstellen.

½ CL	Butter	
½	Knoblauchzehe	
	Paprika (edelsüss)	

Butter zum Bratsatz geben und die feingewürfelte Schalotte goldgelb anziehen. Champignons zufügen und so lange bei ☛ **grosser Hitze** ☚ sautieren, bis alle Flüssigkeit verdampft ist. Tomatenwürfelchen zufügen, mit einer Spur Paprika bestäuben, Knoblauchzehe dazupressen und alles unter ☛ **ständigem Wenden bei grosser Hitze** ☚ zu einer schönen Farbe anziehen.

2 EL	Balsamicoessig	
½ dl	Weisswein	
½ dl	Bouillon (oder Fond)	
4 EL	Doppelrahm	
	Salz	
	Curry	
	Cayenne	

Jetzt mit dem Balsamicoessig ablöschen und diesen fast völlig reduzieren, weil Sie nur sein wundervolles Aroma brauchen. Weisswein und Bouillon (oder Geflügelfond) zufügen und alles bei ☛ **grosser Hitze** ☚ zu einer sirupartigen Konsistenz kochen. Zum Schluss den Rahm beigeben, Bratpfanne vom Herd ziehen und die Sauce vorsichtig mit Salz, einer Spur Curry und einem Hauch Cayenne würzen.

Die Sauce nochmals kurz erhitzen, das Geflügelfleisch sekundenschnell in der Sauce erwärmen, auf grosse heisse Teller verteilen und abschliessend mit den Petersilienblättchen bestreuen.

PS Ich habe Ihnen im einleitenden Text versprochen, dass die Rezepte gut zu realisieren sind und nicht viel Zeit brauchen, wenn man von den kleinen Selbstverständlichkeiten wie das Zurüsten von Gemüse oder, wie in diesem Rezept, von Pilzen absieht. Eine wichtige Sache allerdings dürfen Sie niemals unterschätzen: die ‹Mise en place›! Sind alle Zutaten am Herd bereitgestellt, dann ist in den meisten Fällen im Handumdrehen gekocht. Eine gute Vorbereitung erleichtert die Arbeit wirklich ganz wesentlich und bereitet darüberhinaus auch noch Freude.

Sauté de Volaille au soja

Mise en place   **Geflügelsauté mit Sojasauce**

1	kleine Karotte	Karotte, Lauch und Sellerie zurüsten und in feinste, ca. 10 cm lange Streifen (Julienne) schneiden. Sie brauchen davon ungefähr 200 g.
1	kleiner Lauch	
1	kleiner Sellerie	
100 g	Langkornreis	Reis in Salzwasser auf den Punkt kochen und auf einem Sieb gut abtropfen lassen.
300 g	Geflügelbrustfleisch	Brustfleisch (ohne Haut) in breite Streifen schneiden, in eine Schüssel geben, mit Salz, weissem Pfeffer aus der Mühle, Curry und Sojasauce würzen. Das Fleisch von dieser Gewürzmischung während ungefähr 15 Minuten durchdringen lassen.
	Salz	
	Pfeffermühle	
1 CL	Curry	
2 EL	milde Sojasauce	
1 CL	Butter	Die noch nassen Gemüsestreifen in einer Sauteuse in der aufschäumenden Butter kurz anziehen, vorsichtig salzen und ☛ **zugedeckt auf kleinem Feuer** ☚ im eigenen Saft dünsten.
	Salz	
2 EL	Traubenkernöl	Öl in einer möglichst weiten beschichteten Bratpfanne erhitzen und das Fleisch bei ☛ **grosser Hitze unter ständigem Wenden** ☚ sekundenschnell sautieren. Gemüsestreifen und Reis zufügen, alles gut durchmischen und auf grossen heissen Tellern anrichten.

PS Offensichtlich gab es im Mittelalter nicht nur in Europa diese geheimnisvollen Alchimisten, sondern auch in Indien. Der Curry jedenfalls ist eine ausserordentlich gut gelungene Rezeptur. Er besteht aus über zwölf Gewürzen und schmeckt nach östlicher Weisheit. Kein Wunder, dass ihm die Ehre des indischen Liebesgewürzes zukommt.

Emincé de Volaille au curry

Mise en place		Geschnetzeltes Geflügelfleisch an Currysauce
2	Poulardenbrüstchen à ca. 150 g	Die Haut vom Brustfleisch ablösen und das Fleisch mit einem scharfen Messer quer zur Brust in dünne Scheiben schneiden.
1	kleiner Apfel	Apfel schälen, Stielansatz und Kernhaus entfernen und den Apfel ebenfalls in feine Scheiben schneiden.
1 EL	Mandelsplitter	Mandelsplitter in einer trockenen beschichteten Bratpfanne goldgelb rösten.
1 CL	Madrascurry	Das Fleisch mit Salz und weissem Pfeffer aus der Mühle würzen und mit einem
	Salz	gehäuften Cafélöffel Madrascurry bestäuben. Das Öl in einer beschichteten
	Pfeffermühle	Bratpfanne stark erhitzen, das Fleisch zufügen und ☛ **sekundenschnell bei grosser**
1 CL	Traubenkernöl	**Hitze** ☛ sautieren. Sobald das Fleisch Farbe annimmt, Butter zufügen und während ein paar weiteren Sekunden durchschwenken. Dann aber das Fleisch
1 CL	Butter	
	Zucker	☛ **sofort** ☛ in die Mitte von zwei grossen heissen Tellern verteilen.

Apfelscheiben in der restlichen Bratbutter unter Zufügen von einer Spur Zucker goldbraun caramelisieren und zum Fleisch geben.

½ dl	Weisswein	Bratsatz mit dem Weisswein auflösen und bei ☛ **grosser Hitze** ☛ auf die Hälfte
½ dl	Bouillon (oder Fond)	reduzieren. Bouillon (oder Geflügelfond) zufügen und immer noch bei
4 EL	Doppelrahm	☛ **grosser Hitze** ☛ sirupartig einkochen lassen. Rahm beigeben und die Sauce
	Salz	vorsichtig mit Salz, einem Hauch Cayenne sowie ein paar Tropfen Zitronen-
	Cayenne	saft würzen. Das Fleisch mit der heissen Sauce überziehen und zum Schluss mit
	Zitronensaft	den gerösteten Mandelsplittern bestreuen.

PS Dies ist ein weiteres Rezept, das sich im wörtlichen Sinn eines Augenblicks — vielleicht sind es auch zwei — zubereiten lässt. Wichtig dabei ist, dass Sie alle Zutaten auf der ‹Mise en place› bereitgestellt haben und dass Sie bei grosser Hitze arbeiten. Vielleicht ist es klug, das sautierte Fleisch mit einem kleinen Teller zuzudecken, damit es nicht abkühlt. Wie bei allen Currygerichten ist es auch hier wichtig, dass Sie den allerbesten Curry verwenden, damit orientalische Träume Wirklichkeit werden.

Petit ragout de volaille gratiné

Mise en place **Geflügelragout auf Spinat**

1	kleine Karotte	Karotte, Lauch und Sellerie zurüsten und in kleinste Würfelchen (Brunoise) schneiden, von denen Sie ungefähr einen Esslöffel voll brauchen. Die Schalotte ebenso in feine Würfelchen schneiden.
1	kleiner Lauch	
1	kleiner Sellerie	
1	Schalotte	

300 g Spinat — Den Spinat verlesen, entstielen, waschen und gut trockenschleudern.

½ dl Rahm — Rahm in einer ► **kalten Schüssel von Hand** ◄ mit dem Schneebesen steifschlagen und bis zum Gebrauch kaltstellen.

1 CL Butter
1 Knoblauchzehe
Salz
Pfeffermühle
Muskatnuss

Butter in einer möglichst weiten Pfanne (es kann durchaus eine Bratpfanne sein) aufschäumen lassen, die feingewürfelte Schalotte zufügen und goldgelb anziehen. Spinat beigeben und mit einer Gabel, an der die Knoblauchzehe steckt, so lange ► **bei grossem Feuer** ◄ durchmischen, bis der Spinat zusammenfällt und alle Flüssigkeit verdampft ist. Spinat vorsichtig mit Salz, weissem Pfeffer und frisch geriebener Muskatnuss würzen und ► **zugedeckt** ◄ am Herdrand warmstellen.

300 g Geflügelbrustfleisch
1 CL Butter
Gewürzmischung

Geflügelfleisch (ohne Haut) in kleine Würfel von ca. 1×1 cm schneiden, dann mit der Gewürzmischung würzen und ► **bei grosser Hitze** ◄ sekundenschnell in einer Bratpfanne in der aufschäumenden Butter goldgelb sautieren. Geflügelfleisch auf einem Teller ► **zugedeckt** ◄ am Herdrand warmstellen.

Grillschlange im Backofen aufheizen.

½ CL Butter
½ dl Weisswein
½ dl Bouillon
4 EL Doppelrahm
Salz
Curry
Cayenne

Butter zum Bratsatz geben, die Gemüsebrunoise zufügen, kurz anziehen, mit sehr wenig Wasser ablöschen und dieses auf ► **grossem Feuer** ◄ verdampfen lassen. Mit dem Weisswein ablöschen, auf die Hälfte reduzieren, mit Bouillon auffüllen und auf die Menge von ca. 2 Esslöffeln einkochen lassen. Rahm beigeben, Bratpfanne vom Herd ziehen und die Sauce vorsichtig mit Salz, einem Hauch Cayenne und einer Spur Curry würzen.

1 Gratinform von ca. 18×24 cm

Spinat auf dem Boden der Gratinform verteilen, das Geflügelfleisch auf das Spinatbett legen. Den geschlagenen Rahm unter die Sauce ziehen, diese über das Gericht verteilen und kurz unter dem sehr heissen Grill goldgelb gratinieren.

PS Jede Lust am Essen muss erarbeitet werden und verlangt deshalb ein klein wenig Einsatz. Betrachten Sie also das Zurüsten (Waschen, Putzen, Schälen) von Gemüse, Salaten oder Früchten als ein reizvolles Spiel. Wie leicht dann die Sache von der Hand geht!

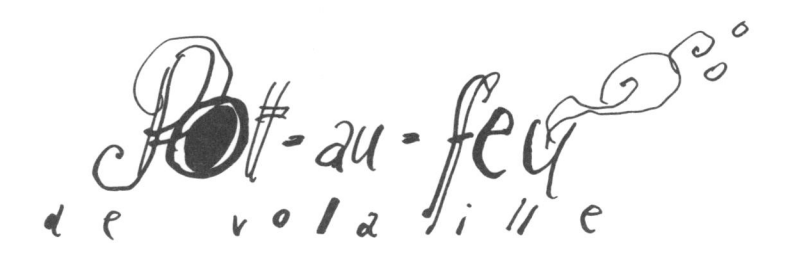

Pot-au-feu
de volaille

Mise en place		**Geflügel-pot-au-feu**

Mise en place

300 g	Geflügelbrustfleisch
1	kleine Karotte
1	kleiner Lauch
1	Stück engl. Sellerie
1	Fenchel mit Kraut
1	Kohlrabi
1 CL	Butter
1	ungeschälte Knoblauchzehe
1/4	Lorbeerblatt
1	Thymianzweiglein
1,5 dl	Bouillon (oder Fond)
1 EL	trockener Vermouth
	Salz
	Safranfäden
100 g	frische Nudeln
	Muskatnuss
	Pfeffermühle
	kalte Butter

Geflügel-pot-au-feu

Das Geflügelfleisch (ohne Haut) in feine Streifen oder kleine Würfel schneiden.

Einige Blättchen von englischem Sellerie und das Kraut vom Fenchel zupfen und feinschneiden.

Karotten, Lauch, Sellerie, Fenchel und Kohlrabi zurüsten und in feine Streifen (ca. 6 cm lang und ½ cm breit) schneiden.

Die Gemüsestreifen in einer Sauteuse in der aufschäumenden Butter kurz anziehen, mit Bouillon (oder Geflügelfond) auffüllen, Knoblauchzehe, Lorbeerblatt sowie Thymianzweiglein zufügen und alles ☛ **zugedeckt auf kleinem Feuer** ☚ während ungefähr 10 Minuten leise köcheln lassen.

Gewürze und Knoblauchzehe entfernen. Das Gemüse vorsichtig salzen, mit ein paar Safranfäden und dem Vermouth aromatisieren.

Das Geflügelfleisch in das Gemüse betten, alles nochmals kurz aufkochen lassen und dann ☛ **zugedeckt** ☚ am Herdrand warmstellen.

In der Zwischenzeit die Nudeln in viel Salzwasser al dente kochen, auf ein Sieb schütten und abtropfen lassen. Die Nudeln in heisse tiefe Teller verteilen, mit wenig frisch geriebener Muskatnuss und weissem Pfeffer aus der Mühle würzen, mit ein paar Butterflocken belegen und das heisse Geflügelgericht auf den Nudeln verteilen. Zum Schluss mit dem feingeschnittenen Fenchel- und Selleriekraut bestreuen.

PS Safranfäden sind die edle Vorstufe des üblicherweise verwendeten, gemahlenen Safrans, welchen Sie bei diesem Gericht selbstverständlich auch benützen dürfen. Safran gibt jedem Gericht, neben dem einzigartigen Geschmack (sofern der beste und deshalb auch köstlichste Safran verwendet wird), auch eine wunderschöne, zartgelbe Farbe. Es heisst, Safran mache heiter. Somit geht Probieren über Studieren.

Cuisse de Volaille au vin rouge

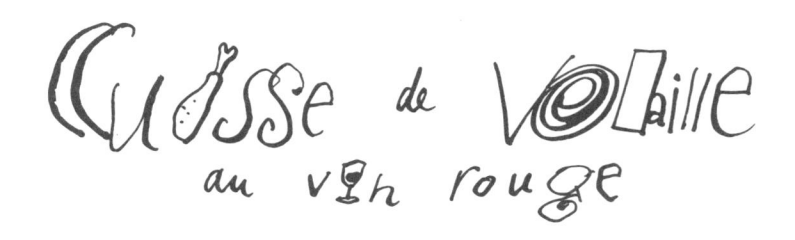

Mise en place **Poulardenschenkel an Rotweinsauce**

1	kleine Karotte	
1	kleiner Lauch	
1	kleiner Sellerie	

Karotte, Lauch und Sellerie zurüsten und in kleine Würfel schneiden, von denen Sie insgesamt ungefähr 50 g brauchen.

1 Tomate
1 Schalotte
1 Scheibe Frühstücksspeck
flache Petersilie

Tomate, Schalotte und möglichst mageren Frühstücksspeck ebenfalls kleinschneiden und von der Petersilie Blättchen zupfen. (Die Tomate braucht für dieses Gericht nicht geschält zu werden.)

2 Poulardenschenkel à ca. 250 g
Gewürzmischung
1 EL Traubenkernöl

Die Poulardenschenkel (mit Haut) mit der Gewürzmischung würzen und in einem Brattopf im ☛ **mässig heissen Öl bei mittlerer Hitze** ☛ allseitig goldbraun braten. Dann die Schenkel ☛ **zugedeckt** ☛ auf einem Teller am Herdrand warmstellen.

1 CL Butter
½ CL Tomatenpurée
2 EL roter Porto
½ dl Rotwein
1 dl Bouillon (oder Fond)
¼ Lorbeerblatt
1 Thymianzweiglein
1 ungeschälte Knoblauchzehe

Die Butter im Brattopf aufschäumen lassen, die kleingeschnittenen Gemüse, Tomate, Schalotte und Frühstücksspeck zufügen und unter ☛ **ständigem Wenden** ☛ gut anziehen. Das Tomatenpurée (Tomatenmark) beigeben und zu einer schönen goldbraunen Farbe rösten.

Dann mit Porto und Rotwein ablöschen, auf mindestens die Hälfte reduzieren, mit Bouillon auffüllen, Lorbeerblatt, Thymianzweiglein sowie die Knoblauchzehe zufügen. Poulardenschenkel in die Sauce legen und ☛ **zugedeckt auf kleinem Feuer** ☛ während ca. 30 Minuten weichschmoren. Es ist sehr wichtig, dass die Sauce ☛ **nur leise** ☛ köchelt, damit das Geflügelfleisch nicht trocken wird.

Anschliessend die Schenkel aus der Pfanne stechen, Haut abziehen und die Schenkel ☛ **zugedeckt** ☛ am Herdrand warmstellen. Die Sauce durch ein feines Drahtsieb in eine Sauteuse passieren und das Gemüse mit der Rundung eines kleinen Schöpflöffels gut auspressen.

10 g kalte Butter

Die Sauce auf ☛ **grossem Feuer** ☛ zu einer sämigen Konsistenz kochen und dabei die Butter in kleinen Mengen einschwingen. Die Schenkel auf grosse heisse Teller legen, mit der Sauce überziehen und mit den Petersilienblättchen bestreuen.

PS ‹Ablöschen› bedeutet meistens das Auflösen des Bratsatzes mit Wein oder Spirituosen, wobei Sie stets darauf achten müssen, dass der Bratsatz nicht verbrannt ist, was die Sauce anschliessend bitter machen würde. Und weil viele Gefahren in der Küche lauern, denen allerdings mit wachen Sinnen entgegengewirkt werden kann, werden Sie auch immer darauf achten, dass nicht zu viel Salz oder Gewürzmischung im Bratsatz haften bleibt; denn auch das könnte die Sauce verderben. Da genügt ein kurzes Auswischen mit einem Küchenpapier.

Poussin rôti au romarin

Mise en place   **Stubenküken mit Rosmarin**

2	Stubenküken à ca. 500 g	Allfällige Innereien auslösen und die Hühnchen mit einem Küchenpapier sauber auswischen.

Den Backofen auf 250° vorheizen.

	Gewürzmischung	Die Hühnchen mit der Gewürzmischung würzen, mit Senf einstreichen, im Bauch je ein Rosmarinzweiglein und ein nussgrosses Stück Butter verstecken.
½ CL	Dijonsenf	
2	Rosmarinzweiglein	
2 CL	Butter	
1 EL	Traubenkernöl	Die Hühnchen in einem entsprechend grossen Brattopf im heissen Öl rundum knusprig braten, Brattopf auf die ☛ **mittlere Rille** ☚ im Ofen stellen und die Hühnchen während ungefähr 20 Minuten fertigbraten.
1 CL	Butter	Butter zum Schluss nussbraun aufschäumen lassen und über die Hühnchen geben. Ich meine, dass dazu ein Frühlingsgemüse hervorragend passen würde.

PS Stubenküken sind ganz junge und entsprechend zarte Hühnchen, die am besten schmecken, wenn sie in der Natur aufwachsen dürfen. Dann genügt es tatsächlich, mit wenig Gewürz den Eigengeschmack des köstlichen Fleisches zu unterstützen. Ob Sie dafür Messer und Gabel auftischen müssen? Ich kann Ihnen darauf keine verbindliche Antwort geben, die ohnehin umstritten sein würde. Ich weiss nur, dass es die Sinnlichkeit erhöht, wenn man irgend einmal während des Essens das Hähnchen zur Hand nimmt und fein säuberlich und genüsslich seine Knöchlein abnagt.

Aiguillettes de canard au cassis

Mise en place		**Entenbrüstchen an Cassissauce**

2	Entenbrüstchen à ca. 150 g Gewürzmischung	Die Entenbrüstchen auf der Hautseite mit der Gewürzmischung würzen und in einer Bratpfanne bei ☛ **mittlerer Hitze im mässig heissen Öl zugedeckt auf der Hautseite** ☚ während ungefähr 6 Minuten braten. Dann die Brüstchen wenden
1 EL	Traubenkernöl	und immer noch ☛ **zugedeckt** ☚ während weiteren 2 Minuten fertigbraten. Die Brüstchen anschliessend auf einem Teller am Herdrand ☛ **zugedeckt** ☚ warmstellen.
1 EL	Balsamicoessig	Überschüssiges Bratöl abgiessen. Bratsatz mit Balsamicoessig auflösen und
2 EL	Cassisliqueur	völlig reduzieren, damit nur sein wundervolles Aroma zurückbleibt. Cassis-
½ dl	Fleischextrakt (oder Jus)	liqueur (aus schwarzen Johannisbeeren hergestellt) und aufgelösten Fleischextrakt (oder Geflügeljus) ☛ **bei grosser Hitze** ☚ sirupartig reduzieren. Brat-
3 EL	Doppelrahm	pfanne vom Herd ziehen, Johannisbeergelée sowie Rahm zufügen, vorsichtig
1 CL	Johannisbeergelée	mit Salz, wenig weissem Pfeffer aus der Mühle und Dijonsenf würzen.
1 Msp.	Dijonsenf Salz Pfeffermühle	Die Entenbrüstchen dünn aufschneiden und schuppenartig auf grosse heisse Teller legen und zum Schluss mit der heissen Sauce umgiessen.

PS Sie wissen: alles, was in diesem Buch zwischen zwei Händchen steht, hat seine besondere Bedeutung und sollte deshalb mit Aufmerksamkeit beachtet werden, weil ein gutes Resultat von diesen kleinen scheinbaren Nebensächlichkeiten abhängt. Ob das Öl heiss oder nur mässig heiss ist, ob das Feuer gross, mittel oder klein ist, ob eine Sache zugedeckt oder ohne Deckel gegart werden soll, sind Unterschiede, die sehr wohl für das Ergebnis Folgen haben. Auch ich habe üben müssen. Aber mit Feuer und Eifer begreift man eines Tages vieles!

Aiguillettes de Canard à l'Orange

Mise en place **Entenbrüstchen mit Orangen und Sesam**

2	Orangen	Von den Orangen mit einem Kartoffelschäler die Schale ablösen, diese in feinste Streifen (Julienne) schneiden und kurz in kochendem Wasser blanchieren. Aus den Orangen die Filets auslösen, dabei den Saft auffangen, weil er später für die Sauce verwendet wird.
2	Entenbrüstchen à ca. 150 g Gewürzmischung	Die Entenbrüstchen auf der Hautseite mit der Gewürzmischung würzen und in einer Bratpfanne bei ☛ **mittlerer Hitze im mässig heissen Öl zugedeckt auf der Hautseite** ☚ während ungefähr 6 Minuten braten. Dann die Brüstchen wenden und immer noch ☛ **zugedeckt** ☚ während weiteren 2 Minuten fertigbraten. Die Brüstchen anschliessend auf einem Teller am Herdrand ☛ **zugedeckt** ☚ warmstellen.
1 EL	Traubenkernöl	
1 CL	Butter Zucker	Überschüssiges Bratöl abgiessen und darauf achten, dass nicht zuviel von der Gewürzmischung am Pfannenboden haften bleibt, was die Sauce zu salzig machen würde.
½ dl	Orangensaft	
½ dl	Fleischextrakt (oder Jus) kalte Butter Cayenne Ingwer	Butter und eine Prise Zucker in der Bratpfanne goldgelb caramelisieren, mit Orangensaft ablöschen, reduzieren, mit aufgelöstem Fleischextrakt (oder Geflügeljus) auffüllen und auf ☛ **grossem Feuer** ☚ ein paar kalte Butterflocken in die Sauce schwingen, damit eine schöne Bindung entsteht. Die Sauce abschliessend mit einem Hauch Cayenne und einer Spur Ingwer würzen.
		Die Orangenfilets und Orangenjulienne in der Sauce warm durchziehen lassen.
2 EL	Sesamkörner	Die Sesamkörner in einer trockenen beschichteten Pfanne goldgelb rösten.
		Die Entenbrüstchen dünn aufschneiden, schuppenartig auf grosse heisse Teller legen, die Orangenfilets dekorativ dazulegen, mit der heissen Sauce umgiessen und alles mit den Sesamkörnern bestreuen.

PS Es ist einleuchtend, dass eine Sauce durch das Zufügen von eigens hergestelltem Jus viel an Aroma gewinnen würde. Nun ist es aber möglich, dass Ihnen dazu keine Zeit bleibt, weil Sie tagsüber in Ihrer Arbeit eingespannt sind. Deshalb sollen Sie — ohne Einspruch — auf aufgelösten, besten Fleischextrakt ausweichen dürfen. Nur: falls ein Sonntag einmal verregnet ist, könnten Sie aus Kalbsknöchlein einen Jus herstellen und portionenweise einfrieren. Das lohnt sich dann für sonnige Tage.

Aiguillettes de canard au poivre rose

Mise en place **Entenbrüstchen mit Sultaninen an Portosauce**

2	Entenbrüstchen à ca. 150 g
	Gewürzmischung
1 EL	Traubenkernöl
1 EL	rosa Pfeffer
1 EL	Sultaninen
2 EL	roter Porto
½ dl	Rotwein
1 dl	Fleischextrakt (oder Jus)
1 CL	kalte Butter

Die Entenbrüstchen auf der Hautseite mit der Gewürzmischung würzen und in einer Bratpfanne bei ☞ **mittlerer Hitze im mässig heissen Öl zugedeckt auf der Hautseite** ☞ während ungefähr 6 Minuten braten. Dann die Brüstchen wenden und immer noch ☞ **zugedeckt** ☞ während weiteren 2 Minuten fertigbraten. Die Brüstchen anschliessend auf einem Teller am Herdrand ☞ **zugedeckt** ☞ warmstellen.

Die eingelegten, also weichen Pfefferkörner auf einem kleinen Sieb kurz abspülen.

Sultaninen in wenig warmem Wasser einweichen.

Überschüssiges Bratöl abgiessen, Bratsatz mit Porto und Rotwein auflösen und bei ☞ **grosser Hitze** ☞ um mindestens die Hälfte reduzieren, mit dem aufgelösten Fleischextrakt (oder Geflügeljus) auffüllen, Sultaninen zufügen, alles kurz durchkochen lassen und die kalte Butter in kleinen Mengen in die Sauce schwingen. Ganz zum Schluss die Pfefferkörner zufügen.

Die Entenbrüstchen dünn aufschneiden, (hilfreich dabei ist ein Messer mit scharfer Klinge oder das elektrische Messer), schuppenartig auf grosse heisse Teller legen und zum Schluss mit der heissen Sauce umgiessen.

PS Die Ente, obwohl in China seit Jahrtausenden das klassische Geflügel, ist bei uns erst in letzter Zeit wieder in unser Bewusstsein getreten. Glücklicherweise gibt es für den kleinen Haushalt die ausgelösten Entenbrüstchen zu kaufen, so dass man auf den ganzen Vogel verzichten kann. Probieren Sie bei nächster Gelegenheit dieses aromatische Fleisch und denken Sie daran, dass früher die Ente einmal das Symbol für die Treue war. Vielleicht war man früher treuer als heute, oder man ist heute treuer als früher. Hauptsache, Sie bleiben sich selbst treu; denn daraus ergibt sich die Treue von selbst.

Fricassée de pintade

Mise en place   **Perlhuhnfricassée**

1	Tomate	
1	Schalotte	

Tomate und Schalotte sehr feinwürfeln. Die Tomate braucht in diesem Rezept nicht geschält zu werden, weil die Sauce anschliessend durch ein Sieb passsiert wird.

2	Perlhuhnbrüstchen
	Gewürzmischung
1 CL	Butter
	Mehl

Von den Perlhuhnbrüstchen (die in guten Fachgeschäften ausgelöst erhältlich sind) die Haut abziehen und das Fleisch in breite Streifen schneiden. Diese vorsichtig mit der Gewürzmischung würzen, durch Mehl ziehen und überschüssiges Mehl abklopfen. Die Geflügelstreifen in einer beschichteten Bratpfanne in der ☛ **mässig heissen** ☛ Butter anziehen, ohne viel Farbe nehmen zu lassen. Dieser Vorgang dauert ungefähr 2 Minuten, dann das Geflügelfleisch ☛ **zugedeckt** ☛ auf einem Teller am Herdrand warmstellen.

1	ungeschälte Knoblauchzehe
1 EL	Sherryessig
½ dl	Weisswein
½ dl	Bouillon (oder Fond)
1 dl	Rahm
	Salz
	Cayenne
	Curry

Die Tomate und Schalotte sowie die ungeschälte Knoblauchzehe in der restlichen Bratbutter bei ☛ **mittlerer Hitze** ☛ goldgelb anziehen, Sherryessig zufügen und völlig reduzieren, damit nur sein köstliches Aroma zurückbleibt. Weisswein zufügen und auf die Hälfte reduzieren, mit Bouillon und Rahm auffüllen und alles bei ☛ **grosser Hitze** ☛ sämig einkochen lassen.

Bratpfanne von Herd ziehen, die Sauce vorsichtig mit Salz, einem Hauch Cayenne und einer Spur Curry würzen, durch ein feines Drahtsieb in eine Sauteuse passieren und mit der Rundung eines kleinen Schöpflöffels das Gemüse gut auspressen. Sauce kurz aufkochen lassen, Perlhuhnstreifen zufügen und ☛ **zugedeckt** ☛ am Herdrand während ungefähr 5 Minuten durchziehen lassen.

Abschliessend das Gericht in die Mitte von grossen heissen Tellern verteilen und, um es ganz harmonisch zu machen, mit Wildreis und in Butter gedünstetem englischen Sellerie servieren! Das muss nicht sein, aber es schmeckt köstlich.

PS Der leise betonten Aufforderung, eine Sauce durch ein Sieb zu passieren, begegnen Sie in meinen Rezepten immer wieder. Es mag nur ein Detail sein, mit Sicherheit aber ist es ein kleiner Aufwand mit grosser Wirkung.

Suprême de Pintade à la choucroute

Mise en place **Perlhuhnbrüstchen auf Sauerkraut**

½	Zwiebel
300 g	mildes Sauerkraut

Die Zwiebel in feinste Streifen schneiden. Sauerkraut auf einem Sieb kurz unter fliessendem Wasser abspülen und gut abtropfen lassen.

1 CL	Butter
½ dl	Weisswein
1,5 dl	Bouillon
½	Apfel
	Salz
	Pfeffermühle

Zwiebelstreifen in einer Kasserolle in der aufschäumenden Butter goldgelb anziehen, Sauerkraut zufügen und unter Wenden kurz mitdünsten. Weisswein und Bouillon zufügen, Apfel dazuraffeln, vorsichtig salzen und ☛ **zugedeckt auf kleinem Feuer** ☚ während ca. 30 Minuten leise köcheln lassen. Zum Schluss mit wenig weissem Pfeffer aus der Mühle aromatisieren.

2	Perlhuhnbrüstchen à ca. 130 g
1 CL	Butter
	Gewürzmischung

In der Zwischenzeit können die Perlhuhnbrüstchen gebraten werden. Diese auf der Hautseite mit Gewürzmischung würzen und in einer Bratpfanne in der aufschäumenden Butter ☛ **bei mittlerer Hitze auf der Hautseite** ☚ während ungefähr 6 Minuten braten. Dabei immer wieder mit Bratbutter übergiessen, damit sich auch die hautlose Seite erwärmt. Dann die Brüstchen ☛ **zugedeckt** ☚ auf einem Teller am Herdrand warmstellen.

½ dl	Fleischextrakt (oder Jus)
	kalte Butter

Bratsatz mit aufgelöstem Fleischextrakt (oder Geflügeljus) auflösen und bei ☛ **grosser Hitze** ☚ ein paar Butterflocken einschwingen, damit die kleine Sauce eine schöne Bindung erhält.

Sauerkraut in die Mitte von grossen heissen Tellern verteilen. Die Haut von den Perlhuhnbrüstchen abziehen, das Fleisch quer zur Brust aufschneiden, auf das Sauerkrautbett legen und mit der Sauce überziehen. Genauso köstlich schmeckt das Gericht, wenn Sie auf die Sauce verzichten, dafür die knusprig gebratene Haut, knusprig gebratene Speckscheiben sowie goldgelb gebratene Zwiebelringe zum Sauerkraut legen.

PS Sie dürften sich schon längst gefragt haben, weshalb immer weisser Pfeffer aus der Mühle zu verwenden ist. Der Grund liegt darin, dass frisch gemahlener Pfeffer sehr aromatisch ist. Überdies ist der weisse Pfeffer feiner im Aroma und weniger aggressiv als schwarzer Pfeffer. Darüber kann man allerdings gut und gerne unterschiedlicher Meinung sein. Wichtig allein aber ist, dass Pfeffer einem Gericht immer erst zum Schluss zugefügt wird, weil er sonst das Gericht scharf machen würde, anstatt es zu parfümieren.

Suprême de pintade aux truffes

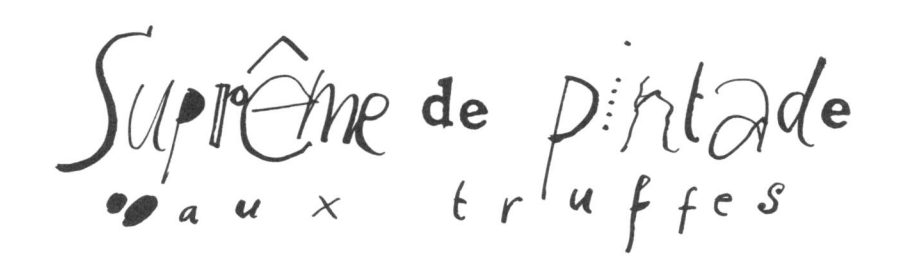

Mise en place **Perlhuhnbrüstchen an Trüffelsauce**

1	schwarze Trüffel (ca. 20 g)
2	Perlhuhnbrüstchen à ca. 130 g Gewürzmischung
1 CL	Butter
2 EL	roter Porto
½ dl	Rotwein
1 dl	Fleischextrakt (oder Jus) kalte Butter

Die Trüffel in Form schneiden, beispielsweise in feinste Scheiben, Streifen oder Würfelchen.

Die Geflügelbrüstchen mit der Gewürzmischung auf der Hautseite würzen und ☛ zugedeckt ☚ in einer Bratpfanne in der aufschäumenden Butter auf der ☛ **Hautseite bei mittlerer Hitze** ☚ während ca. 5 Minuten braten, dabei immer wieder mit der Bratbutter übergiessen. Die Brüstchen ☛ zugedeckt ☚ auf einem Teller am Herdrand warmstellen.

Die in Form geschnittene Trüffel in der Bratbutter kurz anziehen, mit Porto und Rotwein ablöschen und auf die Hälfte reduzieren, mit aufgelöstem Fleischextrakt (oder Geflügeljus) auffüllen und zu einer samtenen Sauce kochen, in die Sie am Schluss einige kalte Butterflocken einschwingen. Die Sauce braucht nicht gewürzt zu werden, weil der Bratfond aufgelöst wurde, der ausreichend Salz enthält.

Zu diesem Gericht passt vorzüglich ein Gemüse wie Rahmlauch oder Rahmrosenkohl.

PS Es ist kaum anzunehmen, dass Ihnen eine frische Trüffel (die Seele des Périgord, wie sie auch genannt wird) zur Verfügung steht, doch gibt es gute konservierte Produkte. Weil diese im Trüffelsaft liegen, kann die Sauce damit zusätzlich aromatisiert werden. Im übrigen bin ich mir sehr bewusst, dass ein Trüffelgericht kein Alltagsgericht ist, und deshalb ist dieses Rezept für einen ganz besonderen Tag gedacht, an dem es vielleicht etwas auf geschmackvolle Art zu bereden gibt. Brillat-Savarin, der berühmte französische Schriftsteller und Gastrosoph, schreibt dazu: «Die Trüffel ist durchaus kein sicher wirkendes Aphrodisiakum, aber sie kann unter gewissen Umständen die Frauen zärtlicher und die Männer liebenswürdiger machen.»

Sauté de dinde à l'oseille

Mise en place | **Truthahnsauté an Sauerampfersauce**

1	Tomate
½	Schalotte
1	Sträusschen Sauerampfer
300 g	Truthahnbrustfleisch
	Gewürzmischung
1 CL	Butter
½	Knoblauchzehe
2 EL	trockener Vermouth
½ dl	Weisswein
½ dl	Bouillon (oder Fond)
4 EL	Doppelrahm
	Salz
	Cayenne
	Curry
	Zitronensaft

Tomate während ca. 15 Sekunden in kochendes Wasser tauchen, Haut abziehen, entkernen und das Tomatenfleisch in Würfel von ca. 2×2 cm schneiden. Die Schalotte feinwürfeln, von dem Sauerampfer die Blätter zupfen und in Streifen schneiden.

Brustfleisch in Streifen schneiden, mit der Gewürzmischung würzen, in einer weiten beschichteten Bratpfanne in der aufschäumenden Butter bei ☛ **grosser Hitze** ☛ kurz sautieren und dann ☛ **zugedeckt** ☛ auf einem Teller am Herdrand warmstellen.

Feingeschnittene Schalotte in der restlichen Bratbutter goldgelb anziehen, Knoblauch dazupressen, mit Vermouth und Weisswein ablöschen, um mindestens die Hälfte reduzieren, mit Bouillon auffüllen und auf die Menge von 2 Esslöffeln einkochen lassen. Rahm zufügen, Bratpfanne vom Herd ziehen. Die Sauce vorsichtig mit Salz, einem Hauch Cayenne, einer Spur Curry und ein paar Tropfen Zitronensaft würzen.

Sauce zu einer sämigen Konsistenz kochen, das Fleisch kurz in der Sauce erhitzen, abschliessend Tomatenwürfel und Sauerampfer zufügen und das Gericht auf grossen heissen Tellern anrichten.

PS Sie können Sauerampfer jederzeit durch ein anderes Kräutlein ersetzen, auch braucht es für dieses Gericht nicht unbedingt Truthahn zu sein. Ganz allgemein gilt, wie Sie inzwischen erfahren haben, dass in fast jedem Rezept Kräutlein und Fleisch beliebig austauschbar sind. Benützen Sie diese Anregung, und Ihrer Kreativität sind fast keine Grenzen gesetzt.

Escalopes de dinde au cidre

Mise en place | **Truthahnschnitzel an Mostsauce mit Äpfeln**

2	Äpfel
½ dl	Wasser
1 CL	Zucker
	Zitronensaft

Äpfel schälen, Stielansatz und Kernhaus entfernen und Äpfel in Würfel von ca. 1×1 cm schneiden. Wasser, Zucker und Saft einer halben Zitrone in einer Sauteuse zum Kochen bringen, Apfelwürfel zufügen und ☛ **auf kleinem Feuer** ☚ weichgaren.

2	Truthahnschnitzel à ca. 130 g
	Gewürzmischung
	Dijonsenf
1 CL	Butter

Truthahnschnitzel mit Gewürzmischung würzen, mit wenig Dijonsenf einreiben und in einer beschichteten Bratpfanne in der aufschäumenden Butter beidseitig goldgelb braten. Truthahnschnitzel ☛ **zugedeckt** ☚ auf einem Teller am Herdrand warmstellen.

½ dl	Most (Apfelwein)
½ dl	Bouillon (oder Fond)
4 EL	Doppelrahm
	Salz
	Cayenne
	Curry
½ CL	Dijonsenf

Bratsatz mit Most (Apfelwein) auflösen und um mindestens die Hälfte reduzieren. Bouillon (oder Geflügelfond) zufügen und auf die Menge von 2 Esslöffeln einkochen, Rahm beigeben und Bratpfanne vom Herd ziehen. Sauce vorsichtig mit Salz, einem Hauch Cayenne, einer Spur Curry sowie Dijonsenf würzen und zur gewünschten Konsistenz kochen.

Apfelwürfelchen auf ein kleines Sieb schütten, zur Sauce geben, Schnitzel auf heisse Teller legen und mit der heissen Sauce überziehen.

PS Der Truthahn gilt bei uns ein bisschen als ein amerikanischer Vogel, weil er dort aus Tradition in gefüllter Form zum Erntedankfest und aus Gewohnheit zur Weihnacht stundenlang im Ofen gepflegt wird. Als Schnitzel allerdings muss er sorgfältig gebraten werden, damit das zarte Fleisch saftig bleibt; dann nämlich schmeckt es köstlich.

Ach, wie gut, gibt's Weltkongresse,
die bestimmen, was man esse.
Dann steht nämlich auch geschrieben,
wie sich's Sterben lässt verschieben.
Wie das wirklich funktioniert,
ist ganz genau protokolliert:

Erst sind's die Stoffe aus Ballast,
damit du zu verdauen hast:
Die Weizenkeime, Vollkornbrot,
Müesli nur aus grobem Schrot,
alles Obst mit Haut und Stiel,
denn geschält nützt es nicht viel.

Man übe täglich Prophylaxe
und verzicht auf Schweinehaxe.
Man ess Gemüse, möglichst roh,
und nur das Fleisch vom Wasserfloh.
Man achte gut auf die Fermente,
und all die Spurenelemente.

Kohlehydrate, Lecithin,
kein Alkohol, kein Nikotin,
Diätkonzept und Vitamine,
Nährwertstoffe und Enzyme,
Basenbildner in Prozenten,
wie AHV und Witwenrenten.

So lautet etwa das Rezept
und das fröhliche Konzept.
Ob du's tust oder auch nicht,
was man so prophetisch spricht,
ist dabei gar nicht so wichtig,
Hauptsache, du siehst es richtig:

Mit und ohne Vollkornschrot
bist du eines Tages tot.

Escalopes de veau aux champignons

Mise en place   **Kalbsschnitzel mit Champignons**

100 g	Champignons	
½	Schalotte	
½	Knoblauchzehe	
	Schnittlauch	

Allfällige erdige Teile von den Champignons wegschneiden, Champignons mit einem Küchenpapier sauberreiben und nur notfalls unter sanft fliessendem Wasser abspülen, dann in kleine Würfel von ca. 1×1 cm schneiden. Schalotte und Knoblauch sehr feinwürfeln und vom Schnittlauch Röllchen zum Bestreuen schneiden.

2	Kalbsschnitzel à ca. 120 g	
	Gewürzmischung	
1 CL	Butter	

Schnitzel mit der Gewürzmischung würzen und in einer Bratpfanne in der aufschäumenden Butter bei ☛ **mittlerer Hitze** ☛ beidseitig goldbraun braten, dabei immer wieder mit der Bratbutter übergiessen. Die Schnitzel ☛ **zugedeckt** ☛ auf einem Teller neben dem Herdrand warmstellen.

Die feingeschnittene Schalotte und Knoblauch in der restlichen Bratbutter anziehen, Champignonwürfel zufügen und bei ☛ **grosser Hitze** ☛ so lange sautieren, bis alle Flüssigkeit verdampft ist und die Pilze eine schöne Farbe annehmen.

½ dl	Weisswein	
4 EL	Doppelrahm	
	Salz	
	Cayenne	
	Curry	
	Zitronensaft	

Mit Weisswein ablöschen, auf die Hälfte reduzieren, Rahm zufügen und die Sauce vorsichtig mit Salz, einem Hauch Cayenne, einer Spur Curry sowie ein paar Tropfen Zitronensaft würzen.

Schnitzel auf heisse Teller legen, mit der Champignonsauce überziehen und mit den Schnittlauchröllchen bestreuen.

PS Champignons gehören zu den besten Pilzen überhaupt, wenn man davon ausgeht, dass es sich dabei um selbstgesuchte Wiesenchampignons handelt, die so köstlich schmecken, dass gezüchtete Exemplare dagegen keine Chance haben. Aber seien Sie stets vorsichtig mit selbstgesammelten Pilzen; denn es lauern viele Verwechslungsgefahren, mit denen dann mehr als nur reine Gaumenfreude beschert wird. Da ist es oftmals vernünftiger, wenn auch nicht so lustvoll, auf gezüchtete Pilze zurückzugreifen und dafür zu überleben!

Escalopes de Veau au poivre vert

Kalbsschnitzel mit grünem Pfeffer

Mise en place

2	Kalbsschnitzel à ca. 120 g	
1 CL	Butter	
	Gewürzmischung	
½ dl	Weisswein	
½ dl	Bouillon (oder Fond)	
4 EL	Doppelrahm	
1 Msp.	Dijonsenf	
	Salz	
	Cayenne	
	Curry	
	Zitronensaft	
1 EL	eingelegte grüne Pfefferkörner	

Die Schnitzel vorsichtig mit der Gewürzmischung würzen und in einer Bratpfanne in der aufschäumenden Butter beidseitig bei ☛ **mittlerer Hitze** ☚ goldbraun braten, dabei immer wieder mit der Bratbutter übergiessen. Dann die Schnitzel ☛ **zugedeckt** ☚ auf einem Teller neben dem Herdrand warmstellen.

Bratsatz mit dem Weisswein auflösen und auf die Hälfte reduzieren. Bouillon (oder Fond) zufügen und bei ☛ **grosser Hitze** ☚ auf die Menge von 2 Esslöffeln einkochen lassen, Rahm zufügen, Bratpfanne vom Herd ziehen und die Sauce vorsichtig mit Senf, Salz, einem Hauch Cayenne, einer Spur Curry sowie ein paar Tropfen Zitronensaft würzen.

Die Pfefferkörner mit einer Gabel zerdrücken, zur Sauce geben und diese zu einer sämigen Konsistenz kochen. Schnitzel auf heisse Teller legen und mit der Sauce überziehen.

PS Pfeffer ist wohl eines der faszinierendsten Gewürze dieser Erde und auch eines der ältesten überhaupt. Besonders interessant ist, dass aus einer Pflanze verschiedenste Geschmacksnuancen hervorgebracht werden können. Der grüne Pfeffer beispielsweise stammt von den unreifen grünen Beeren, die zur Haltbarmachung eingelegt werden müssen. Dieser Pfeffer hat den orientalischsten Geschmack, wild und doch irgendwie zart. Geschieht das Einlegen dieser grünen Beeren nicht, dann lässt man sie trocknen und fermentieren, woraus der etwas brennend scharfe schwarze Pfeffer entsteht. Der weisse Pfeffer schliesslich ist der entkleidete schwarze.

Escalopes de Veau au marsala

Mise en place **Kalbsschnitzel an Marsalasauce**

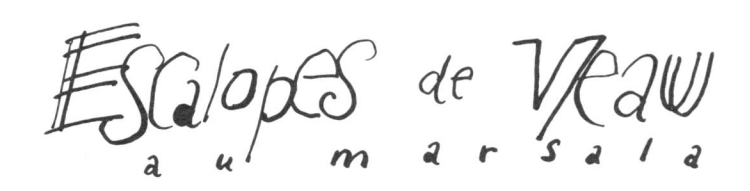

2	Kalbsschnitzel à ca. 120 g
	Gewürzmischung
1 CL	Butter
½ dl	Marsala
20 g	kalte Butter
	Salz
	Pfeffermühle

Die Schnitzel vorsichtig mit der Gewürzmischung würzen und in einer Bratpfanne in der aufschäumenden Butter beidseitig bei ☞ **mittlerer Hitze** ☜ goldbraun braten, dabei immer wieder mit der Bratbutter übergiessen.

Dann die Schnitzel auf zwei heisse Teller legen, Bratsatz bei ☞ **grosser Hitze** ☜ mit dem Marsala auflösen und dabei die kalte Butter in kleinen Mengen einschwingen, damit eine sirupartige Konsistenz entsteht. Die Sauce abschliessend vorsichtig salzen, mit wenig weissem Pfeffer aus der Mühle aromatisieren und die Schnitzel mit der kleinen Sauce überziehen.

Mit einem Risotto müsste das eigentlich gut schmecken — was denken Sie?

PS Echte Geniesser denken bei Sizilien zuerst an den Marsala und erst dann an die Mafia, obwohl ich mir vorstellen könnte, dass auch Al Capone an diesem aparten Dessertwein seine Freude gehabt haben muss. Ob Sie nun aber Marsala oder Madère, ob Porto oder Sherry oder schlicht nur einen guten Wein verwenden, ist nicht von Bedeutung. Wichtig allein ist, dass Sie beim Lesen des Postskriptum immer wieder gespürt haben, dass Sie nichts so sehr dem Zufall oder dem Marktangebot überlassen dürfen, wie die Produkte innerhalb eines Rezeptes. Denn ob eine Schnittlauchsauce plötzlich zu einer Kerbelsauce wird, ob Sie vor dem Kalbsschnitzel einem Schweinsschnitzel den Vorzug geben, oder ob Sie einen Fisch durch ein Geflügelbrüstchen austauschen, hat mit Ihrer ganz persönlichen Vorliebe etwas zu tun. Wenn Sie sensibel genug sind, werden Sie bestimmt spüren, ob die Produkte untereinander harmonieren oder sich gegenseitig stören. Nur wenn Sie dieses Spiel begreifen, wird Ihnen mein Buch Freude machen und Sie zu eigenen Kreationen anregen. Denn nur wer frei ist, ist auch kreativ.

Piccata de veau au coulis de tomates

Mise en place

4	Tomaten
½	Schalotte
1	Basilikumzweiglein
1 EL	feinstes Olivenöl
½	Knoblauchzehe
	Zucker
	Salz
	Pfeffermühle
6	Kalbsschnitzelchen à ca. 30 g
1	Ei
2 EL	Parmesan
1 EL	Mehl
1 EL	Traubenkernöl
1 CL	Butter
	kalte Butter

Kalbspiccata an Tomatensauce

Tomaten während ca. 15 Sekunden in kochendes Wasser tauchen, Haut abziehen, entkernen und das Tomatenfleisch kleinschneiden. Schalotte feinwürfeln und vom Basilikum die Blättchen zupfen.

Schalotte in einer Sauteuse im ☛ mässig heissen ☚ Olivenöl goldgelb anziehen, Tomaten zufügen, Knoblauch dazupressen, mit einer Spur Zucker und wenig Salz würzen und ☛ zugedeckt ☚ auf kleinem Feuer während ungefähr 15 Minuten leise köcheln lassen. Zum Schluss mit wenig weissem Pfeffer aromatisieren. Dann die Sauce durch ein feines Sieb streichen und ☛ zugedeckt ☚ am Herdrand warmstellen.

Schnitzelchen zwischen zwei Klarsichtfolien sehr dünn klopfen. Das Ei mit einer Gabel zerquirlen und den geriebenen Parmesan untermischen.
Das Fleisch durch das Mehl ziehen und überschüssiges Mehl abklopfen, dann in der Eier-Käse-Mischung wenden und in einer weiten beschichteten Bratpfanne bei ☛ mittlerer Hitze ☚ in der Butter-Öl-Mischung beidseitig goldgelb backen. (Es erübrigt sich, das Fleisch zu salzen, weil der Parmesan ausreichend würzt.)

Die Tomatensauce kurz erhitzen, ein paar Butterflocken einschwingen und die Basilikumblättchen einstreuen. Die Piccata auf heisse Teller legen und mit der Sauce umgiessen.

PS Werden bei diesem Rezept nicht schöne Erinnerungen an wundersame Abende im Lande des Dolcefarniente wach, wo die Luft fein durchzogen ist mit diesem unvergleichlichen Duft von geschmolzenem Parmesan, Basilikum, Knoblauch und Olivenöl? Wissen Sie übrigens, dass die reifen Oliven heute noch genau wie vor tausenden von Jahren zwischen zwei grossen, flachen Steinen zermahlen werden, und dass sich die Ölmühle noch immer dank diesem kleinen, fleissigen Esel dreht? Wer jemals den Abend nach einer Olivenernte miterleben durfte, wird auch niemals dieses fast biblische Bild und die heiteren Menschen vergessen, die das eben gewonnene, jungfräuliche Öl mit einer liebenswerten Ausgelassenheit feiern.

Escalopes de veau à l'italienne

Mise en place   **Gefüllte Kalbsschnitzel mit Tomaten und Mozzarella**

1	Tomate	Tomate während ca. 15 Sekunden in kochendes Wasser tauchen, Haut abziehen, entkernen und das Tomatenfleisch kleinwürfeln. Vom Basilikum die Blättchen zupfen und den Speck in einer trockenen Bratpfanne knusprig braten.
1	Basilikumzweiglein	
2	Scheiben Frühstücksspeck	
2	Kalbsschnitzel à ca. 120 g	Die Kalbsschnitzel zwischen zwei Klarsichtfolien möglichst dünn klopfen.
2	Scheiben Mozzarella	Die eine Hälfte der Schnitzel mit Tomatenwürfelchen und einer Scheibe Mozzarella, dem knusprig gebratenen Speck sowie ein paar Basilikumblättchen belegen. Die Schnitzel zuklappen und am Rand gut andrücken.
	Salz	Das Ei mit einer Gabel verquirlen. Schnitzel vorsichtig mit Salz und wenig weissem Pfeffer aus der Mühle würzen, durch Mehl ziehen, überschüssiges Mehl abklopfen, dann durch Ei ziehen und in Paniermehl wenden.
	Pfeffermühle	
1	Ei	
1 EL	Mehl	
2 EL	Paniermehl	
1 CL	Butter	Die Schnitzel in einer Bratpfanne in der aufschäumenden Butter-Öl-Mischung bei ☛ **mittlerer Hitze** ☚ beidseitig goldbraun backen. Ein köstlicher Risotto wäre wohl ein idealer Begleiter.
2 EL	feinstes Olivenöl	

PS Basilikum, Mozzarella und Tomaten – da fehlt bloss noch der Pizzateig und das typische rot-weiss-karierte Ambiente. Übrigens: es muss nicht immer ein Casanova sein, ein rechter Schwyzer tut's auch. Richten Sie sich nach dem Angebot des Marktes.

Eminé de Veau au romarin

Mise en place	Geschnetzeltes Kalbfleisch mit Rosmarin
½ Schalotte	Schalotte in kleinste Würfelchen (Brunoise) schneiden.
250 g geschnetzeltes Kalbfleisch 1 CL Traubenkernöl Gewürzmischung 1 CL Butter 1 Rosmarinzweiglein	Traubenkernöl in einer möglichst weiten Bratpfanne erhitzen, das Fleisch mit der Gewürzmischung würzen und ☛ **sekundenschnell bei grosser Hitze** ☚ sautieren, damit sich die Poren sofort schliessen. Sobald das Fleisch Farbe annimmt, die Butter, feingeschnittene Schalotte und den Rosmarinzweig zufügen und kurz mitbraten. Fleisch ☛ **zugedeckt** ☚ auf einem Teller am Herdrand warmstellen. Der Rosmarinzweig wird für die Sauce weiterverwendet.
½ dl Weisswein ½ dl Bouillon (oder Fond) 4 EL Doppelrahm Salz Cayenne Curry Zitronensaft	Bratsatz mit Weisswein auflösen und um mindestens die Hälfte reduzieren. Bouillon (oder Fond) sowie das Rosmarinzweiglein zufügen und auf die Menge von ungefähr 2 Esslöffeln einkochen lassen. Dann Rahm beigeben, Bratpfanne vom Herd ziehen und die Sauce mit Salz, einem Hauch Cayenne, einer Spur Curry sowie ein paar Tropfen Zitronensaft würzen. Rosmarinzweiglein entfernen, Sauce zur sämigen Konsistenz kochen, Fleisch zur heissen Sauce fügen und auf grossen heissen Tellern anrichten.

PS Ist Ihr Gegenüber zürcherischer Herkunft, dann werden Sie wahrscheinlich einen Abend lang in Diskussionen verwickelt sein, und Sie müssen sich sehr anstrengen, wenn Sie beweisen wollen, dass auch eine Abart des berühmten Zürcher Geschnetzelten köstlich schmecken kann. Aber ganz so echte Zürcher gibt es ja auch nicht mehr, und dennoch hat man sie zum Fressen gern!

Steak de veau aux herbes du jardin

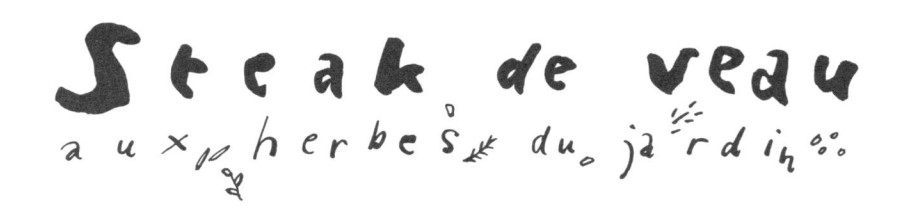

Mise en place		Kalbssteak mit Kräuterfüllung
2	Kalbssteak à ca. 120 g	Kalbssteak vom Metzger auf- jedoch nicht durchschneiden lassen, damit eine Tasche für die Füllung entsteht.
1	Tomate	Die Tomate während ca. 15 Sekunden in kochendes Wasser tauchen, Haut abziehen, entkernen und das Tomatenfleisch kleinwürfeln.
	Gemischte Kräuter	Gemischte Kräuter, wie beispielsweise Petersilie, Schnittlauch, Kerbel, Majoran, Basilikum, Thymian, in Blättchen zupfen beziehungsweise kleinschneiden.
1 CL	Butter	Das Paniermehl in einer beschichteten Bratpfanne in der aufschäumenden Butter goldgelb rösten, die feingewürfelte Tomate, Kräuter sowie Rahm dazugeben, die Knoblauchzehe dazupressen, dann aber die Pfanne ☛ **sofort** ☛ vom Herd ziehen.
1 EL	feinstes Paniermehl	
2 EL	Rahm	
½	Knoblauchzehe	
		Diese Mischung in das aufgeschnittene Fleisch füllen, das Fleisch verschliessen und die Ränder gut andrücken.
2 CL	Butter	Steaks vorsichtig mit der Gewürzmischung würzen und in einer Bratpfanne in der aufschäumenden Butter bei ☛ **mittlerer Hitze** ☛ beidseitig goldbraun braten, dabei immer wieder mit der Bratbutter übergiessen.
	Gewürzmischung	
	Zitronensaft	
		Das Fleisch auf heisse Teller legen, ein paar Tropfen Zitronensaft zur Bratbutter geben und die Steaks damit überziehen.

PS Sollte Ihr Gast nordamerikanischer Abstammung sein, dann sind bei Kalbfleischgerichten immer zwei Reaktionen möglich: frustriertes Träumen von einem zweipfündigen Rindssteak, oder dann schwärmerisches Geniessen eines Produktes, das so zart auf dem amerikanischen Markt kaum zu finden ist. Im ersteren Fall kann mit einem köstlichen Dessert alles wieder ins Gleichgewicht gebracht werden, im letzteren Fall wird es schwerfallen, den Gast wieder loszuwerden.

Steak de Veau à la sauge

Mise en place		Kalbssteak mit frischem Salbei
2	Kalbssteaks à ca. 120 g	
1 CL	Butter	
	Gewürzmischung	

Die Kalbssteaks vorsichtig mit der Gewürzmischung würzen und in einer Bratpfanne in der aufschäumenden Butter beidseitig bei ☞ **mittlerer Hitze** ☜ goldbraun braten, dabei immer wieder mit der Bratbutter übergiessen. Je nach Dicke des Fleisches dauert der Bratvorgang ca. 6-8 Minuten. Die Steaks anschliessend ☞ **zugedeckt** ☜ am Herdrand rosa durchziehen lassen.

4	frische Salbeiblätter
1 CL	Butter
	Zitronensaft

Falls Sie das Fleisch aufmerksam genug gebraten haben, sollte die Bratbutter nicht verbrannt sein und kann weiterverwendet werden. Frische Butter zur Bratbutter geben und aufschäumen lassen. Die Salbeiblätter in Streifen schneiden und nur einen kurzen Augenblick in der Butter schwenken. Zum Schluss ein paar Tropfen Zitronensaft zufügen.

Die Steaks auf heisse Teller legen, mit der Salbeibutter überziehen und ein Gemüse dazu servieren. Das schmeckt köstlich!

PS Salbei ist ein ausgesprochen aromatisches Kräutlein. Fein dosiert, ist sein Duft betörend und gut dazu geeignet, jedes weisse Fleisch oder Geflügel zu begleiten. Im übrigen dürften Sie schon längst festgestellt haben, dass in den Rezepten kaum einmal eine Beilage erwähnt wurde. Wie einfach wäre es für mich gewesen, Sie auf entsprechende Köstlichkeiten aufmerksam zu machen! Wenn ich dennoch darauf verzichtet habe, so geschah es, weil ich Ihnen die Freiheit lassen wollte, durch die ja erst neue und überraschende Kombinationen möglich werden. Es geschah vielleicht auch deshalb, weil ich Ihnen die ‹Prise Leidenschaft› und ein gutes Gefühl für harmonische Verbindungen ganz einfach zutraue.

Médaillons de filet de veau, sauce aux légumes

Mise en place | **Kalbsfiletmédaillons an Gemüsesauce**

1	kleine Karotte
1	kleiner Lauch
1	kleiner Sellerie

Karotte, Lauch und Sellerie zurüsten und in kleinste Würfelchen (Brunoise) schneiden, von denen Sie ca. 50 g insgesamt brauchen.

1 kleine Kartoffel

Eine sehr kleine Kartoffel schälen, waschen und ebenfalls sehr feinwürfeln.

Schnittlauch

Vom Schnittlauch Röllchen zum Bestreuen schneiden.

1 CL	Butter
½ dl	Weisswein
1 dl	Bouillon (oder Fond)

Gemüse- und Kartoffelbrunoise in einer Sauteuse in der aufschäumenden Butter kurz anziehen, mit 3 Esslöffeln Wasser ablöschen und dann so lange leise köcheln lassen, bis alle Flüssigkeit verdampft ist. ☛ **Erst jetzt** ☚ den Weisswein zufügen und bei ☛ **grosser Hitze** ☚ um mindestens die Hälfte reduzieren, mit Bouillon (oder Fond) auffüllen und auch diese etwas einkochen lassen.

2 EL	Doppelrahm
	Salz
	Cayenne
	Curry
	Zitronensaft

Rahm zufügen, Sauteuse vom Herd ziehen und die Sauce vorsichtig mit Salz, einem Hauch Cayenne, einer Spur Curry sowie ein paar Tropfen Zitronensaft würzen.

4	Kalbsfiletmédaillons à ca. 60 g
	Gewürzmischung
1 CL	Butter

Médaillons mit Gewürzmischung würzen und in einer Bratpfanne in der aufschäumenden Butter beidseitig bei ☛ **mittlerer Hitze** ☚ goldbraun braten, dabei immer wieder mit der Bratbutter übergiessen.

Sauce zu einer sämigen Konsistenz kochen, Médaillons auf heisse Teller legen, mit der heissen Sauce überziehen und zum Schluss mit den Schnittlauchröllchen bestreuen.

PS Dieses Beispiel zeigt deutlich, wie wichtig es ist, Gemüse, das in der Sauce belassen wird, in allerkleinste Würfelchen zu schneiden. Lassen Sie mir die Freude und einen weithergeholten Vergleich anstellen: wenn Sie Ihren Gartenweg mit kleinen, bunten Kieselsteinen ausgelegt haben, würden Sie sich sicher wundern, an ihrer Stelle eines Tages grosse Steine aus dem Gotthardgebiet vorzufinden. Was auf dem Gartenweg die unförmigen Steine sind, sind auf der Zunge die lieblos zugeschnittenen Gemüse.

Mignons de filet de veau aux morilles

Mise en place

100 g	frische – oder –
15 g	getrocknete Morcheln
½	Schalotte
½	Knoblauchzehe
4	Kalbsfiletmignons à ca. 60 g
	Gewürzmischung
1 CL	Butter
½ dl	Weisswein
1 CL	Cognac
½ dl	Bouillon
4 EL	Doppelrahm
	Salz
	Cayenne
	Pfeffermühle
	Zitronensaft

Kalbsfiletmignons mit Morcheln

Falls Sie getrocknete Morcheln verwenden, werden diese in wenig warmem Wasser während ungefähr 1 Stunde eingeweicht. Frische (oder getrocknete Morcheln) unter fliessendem Wasser sorgfältig waschen, dabei alle Fältchen öffnen, damit kein Sand zurückbleibt. Die Morcheln anschliessend kleinschneiden. Schalotte sowie Knoblauchzehe sehr feinwürfeln.

Die Mignons mit der Gewürzmischung würzen und in einer Bratpfanne in der aufschäumenden Butter beidseitig bei – **mittlerer Hitze** – goldbraun braten, dabei immer wieder mit der Bratbutter übergiessen. Die Mignons dann – **zugedeckt** – auf einem Teller am Herdrand warmstellen.

Die feingeschnittene Schalotte und Knoblauch in der restlichen Bratbutter goldgelb anziehen, Morcheln zufügen und bei – **grosser Hitze** – so lange sautieren, bis alle Flüssigkeit verdampft ist und die Morcheln ein wenig Farbe annehmen.

Weisswein und Cognac zufügen, um mindestens die Hälfte reduzieren, mit Bouillon (oder Einweichwasser) auffüllen und bei – **grosser Hitze** – sirupartig einkochen lassen. Rahm zufügen, Bratpfanne vom Herd ziehen und die Sauce vorsichtig mit Salz, einem Hauch Cayenne, wenig weissem Pfeffer aus der Mühle sowie ein paar Tropfen Zitronensaft würzen.

Mignons auf heisse Teller legen und mit der heissen Sauce überziehen. Nicht auszudenken, wie dazu frische Nudeln schmecken würden!

PS Morcheln sind ziemlich selten frisch auf dem Markt zu finden. Vielleicht gehören Sie aber zu den Glücklichen, die in der Nähe von prächtigen Pappel-, Eschen- oder Eichenwäldern wohnen. Da lohnt es nämlich, schnüffelnd durch die Gegend zu schlendern, um mit der genau richtigen Portion nach Hause zurückzukehren. Ob frisch, getrocknet oder in Flüssigkeit konserviert: Morcheln müssen immer sorgfältig unter fliessendem Wasser gereinigt werden, weil sie viel Sand enthalten, was Zähneknirschen verursachen könnte.

Ragout de Veau au vin blanc

Mise en place		**Kalbsragout mit Gemüse**

300 g	Kalbfleisch (Nierstück)

Das Fleisch in Würfel von ca. 4×4 cm schneiden.

1	kleine Karotte
1	kleiner Lauch
1	kleiner Sellerie
1	kleine Zwiebel

Karotte, Lauch und Sellerie zurüsten und in Würfel von ca. 1×1 cm schneiden. Genauso gross sollte die Zwiebel geschnitten werden.

1	Tomate
30 g	Frühstücksspeck
1	Thymianzweiglein

Tomate während ca. 15 Sekunden in kochendes Wasser tauchen, Haut abziehen, entkernen und das Tomatenfleisch kleinwürfeln. Frühstücksspeck ebenfalls in kleine Würfel schneiden, und vom Thymian die Blättchen zupfen.

2 EL	Traubenkernöl
	Gewürzmischung
	Mehl

Das Fleisch mit der Gewürzmischung würzen, durch Mehl ziehen, überschüssiges Mehl abklopfen und in einem Brattopf im ☛ **mässig heissen Traubenkernöl bei mittlerer Hitze** ☚ allseitig goldbraun braten. Das Fleisch aus dem Brattopf stechen und ☛ **zugedeckt** ☚ auf einem Teller neben dem Herdrand warmhalten.

2 CL	Butter
1 CL	Tomatenpurée
1 dl	Weisswein
1 dl	Bouillon
½	Lorbeerblatt
1	Knoblauchzehe

Überschüssiges Bratöl abgiessen. Butter in der Bratpfanne aufschäumen lassen, Gemüse-, Zwiebel- Tomatenwürfel sowie das Tomatenpurée zufügen und unter ☛ **ständigem Wenden** ☚ zu einer schönen Farbe rösten. Mit Weisswein ablöschen, kurz reduzieren lassen, mit Bouillon auffüllen, Lorbeerblatt und die leergezupften Thymianzweiglein zufügen und die Knoblauchzehe dazupressen. Das Fleisch zum Gemüse geben und ☛ **zugedeckt auf kleinem Feuer** ☚ während ungefähr 30 Minuten leise köcheln lassen.

	Salz
	Pfeffermühle
	Zitronenschale

Ist dies geschehen, Lorbeerblatt und Thymianzweiglein entfernen und das Gericht vorsichtig mit Salz, weissem Pfeffer und wenig Abgeriebenem von einer Zitronenschale aromatisieren.

Die Speckwürfelchen in einer trockenen beschichteten Bratpfanne knusprig braten. Ragout auf heisse Teller verteilen und zum Schluss mit dem Speck und den gezupften Thymianblättchen bestreuen.

PS Können Sie sich vorstellen, wie köstlich dieses Gericht mit frischem Lorbeer schmecken würde? Und wie hübsch ein kleiner Lorbeerbaum auf dem Balkon aussehen könnte? Manchmal braucht es nur ein bisschen Phantasie, wenn ein einfaches Gericht — trotz getrockneten Blättern — an die Provence mit ihren betörenden Düften erinnern soll. Denn nirgends lässt sich so gut träumen wie beim lustvollen Kochen.

Mignons de filet de porc à la moutarde

Mise en place | **Schweinsfiletmignons an Senfsauce**

1	Apfel
1 CL	Zucker
½ dl	Wasser
	Zitronensaft

Apfel schälen, Stielansatz und Kernhaus entfernen und den Apfel in Achtel schneiden. Wasser, Zucker sowie Saft einer halben Zitrone in einer Sauteuse zum Kochen bringen, Apfelstücke zufügen und die Flüssigkeit auf ☛ **grossem Feuer** ☚ reduzieren lassen, was bewirkt, dass die Apfelstücke in kürzester Zeit gar sind.

4	Schweinsfiletmignons à ca. 60 g
	Gewürzmischung
1 CL	Butter

Mignons mit Gewürzmischung würzen und in einer Bratpfanne in der aufschäumenden Butter beidseitig bei ☛ **mittlerer Hitze** ☚ goldbraun braten, dabei immer wieder mit der Bratbutter übergiessen. Dann das Fleisch ☛ **zugedeckt** ☚ auf einem Teller am Herdrand warmstellen.

½ dl	Weisswein
½ dl	Bouillon (oder Fond)
4 EL	Doppelrahm
1 CL	Dijonsenf
	Salz
	Cayenne
	Curry
	Zitronensaft

Bratsatz mit Weisswein auflösen und um mindestens die Hälfte reduzieren, Bouillon (oder Fond) zufügen und auf die Menge von 2 Esslöffeln einkochen lassen. Rahm beigeben, Bratpfanne vom Herd ziehen und die Sauce mit Salz, einem Hauch Cayenne, einer Spur Curry, mit Dijonsenf sowie ein paar Tropfen Zitronensaft würzen.

Sauce jetzt zu sämiger Konsistenz kochen. Die Mignons auf heisse Teller legen, Apfelstücke dazulegen und alles mit der Sauce umgiessen.

PS In vielen Rezepten begegnen Sie immer wieder der Spur Curry und dies natürlich in voller Absicht. Denn Curry hat — subtil angewendet — die wunderbare Eigenschaft, einer Sauce, ohne sie zu betonen, eine besonders geheimnisvolle Nuance zu verleihen. Vielleicht besitzen Sie ein eigenes herrliches Curryrezept. Ansonsten müssen Sie bei Ihrem nächsten Einkauf mit viel Aufmerksamkeit nach einem guten Madrascurry Ausschau halten. Wer sucht, der findet.

Médaillons de filet de porc à l'orange

		Schweinsfiletmédaillons an Orangensauce
Mise en place		
1	Orange	Von einer (ungespritzten) Orange wenig Schale auf einen kleinen Teller reiben. Die restliche Schale mit einem Kartoffelschäler in breiten Streifen abschälen und in feinste Streifen (Julienne) schneiden. Sie brauchen davon ungefähr einen Esslöffel voll. Die Julienne kurz in kochendem Wasser überbrühen, dann auf ein kleines Sieb schütten und gut abtropfen lassen. Die Orange zu Saft pressen.
6	Schweinsfiletmédaillons à ca. 40 g Gewürzmischung	Die Médaillons vorsichtig mit der Gewürzmischung würzen und in einer Bratpfanne in der aufschäumenden Butter beidseitig bei ☛ **mittlerer Hitze** ☚ goldbraun braten. Die Médaillons ☛ **zugedeckt** ☚ auf einem Teller am Herdrand warmstellen.
1 CL	Butter	
½ dl	Bouillon (oder Fond)	Bratsatz mit Orangensaft und Bouillon (oder Fond) auflösen und sirupartig reduzieren. Rahm zufügen, Bratpfanne vom Herd ziehen und die Sauce mit Salz, einem Hauch Cayenne, einer Spur Curry sowie einer Spur Ingwer würzen. Zum Schluss die abgeriebene Orangenschale und die blanchierte Orangenjulienne zufügen.
½ dl	Orangensaft	
4 EL	Doppelrahm	
	Salz	
	Cayenne	
	Curry	
	Ingwer	
1	Majoranzweiglein	Vom Majoran die Blättchen zupfen. Sauce kurz zu einer sämigen Konsistenz kochen, die Médaillons auf heisse Teller legen, mit der Sauce umgiessen und mit den Majoranblättchen bestreuen. Akzentuierter würde das Gericht, wenn Sie ein paar Orangenwürfel dazulegen, die nur ganz kurz in Butter geschwenkt werden.

PS Das Wort ‹sirupartig› erinnert Sie vielleicht an die Kindheit, als klebrige Fruchtsäfte zu Ihren Favoriten gehörten. Nicht ganz so klebrig ist eine ‹Reduktion›, aber gehaltvoll ist sie alleweil und dazu gemacht, Ihre Saucen zu wahren Köstlichkeiten werden zu lassen. Deshalb ist es wohl ratsam, dabei nie die Geduld zu verlieren; denn Sie wissen: «Gut Ding will Weile haben».

Médaillons de filet de porc au miel

Mise en place   **Schweinsfiletmédaillons mit Honig an Currysauce**

1	kleine Zwiebel	
½	Apfel	

Apfel schälen und Kernhaus entfernen. Apfel und Zwiebel in kleine Würfel schneiden.

1 CL	Butter	
1 CL	Madrascurry	

Die feingeschnittene Zwiebel in einer Sauteuse in der aufschäumenden Butter goldgelb anziehen. Apfelwürfel zufügen, alles mit Curry bestäuben und unter ☛ **ständigem Wenden** ☚ noch einen kleinen Moment mitdünsten.

½ dl	Weisswein	
1 dl	Bouillon	
1	ungeschälte Knoblauchzehe	

Mit Weisswein ablöschen und nun so lange reduzieren, bis ein Purée entsteht. ☛ **Erst jetzt** ☚ mit der Bouillon auffüllen, die ungeschälte Knoblauchzehe zufügen und alles ☛ **zugedeckt bei kleinem Feuer** ☚ während ca. 30 Minuten leise köcheln lassen. Anschliessend die Sauce durch ein feines Drahtsieb streichen und mit der Rundung eines Schöpflöffels alle Zutaten gut durchdrücken.

4 EL	Doppelrahm	
	Salz	
	Cayenne	
	Pfeffermühle	
	Zitronensaft	

Die Sauce zum Kochen bringen, Rahm zufügen, Sauteuse vom Herd ziehen und die Sauce mit Salz, einem Hauch Cayenne, wenig weissem Pfeffer aus der Mühle und ein paar Tropfen Zitronensaft würzen.

1	Apfel	

Apfel schälen, Stielansatz und Kernhaus entfernen und den Apfel achteln.

6	Schweinsfiletmédaillons à ca. 40 g	
	Salz	
	Curry	
2 EL	Rahm	
2 EL	Paniermehl	

Die Médaillons mit Salz und Curry würzen. Erst durch den Rahm ziehen und dann im Paniermehl wenden. (Ich bin übrigens überzeugt, dass Sie schon längst auf die Idee gekommen sind, Paniermehl aus hartem Weissbrot selber herzustellen.)

1 EL	Honig	
2 EL	Butter	
	Zucker	

Honig in einem Eierpfännchen auf ☛ **sanftem Feuer** ☚ flüssig werden lassen. Die Médaillons in einer beschichteten Bratpfanne in der aufschäumenden Butter beidseitig bei ☛ **mittlerer Hitze** ☚ goldbraun braten, dabei immer wieder mit der Bratbutter übergiessen. Ganz zum Schluss den Honig mit einem kleinen Pinsel auf das Fleisch auftragen. Dann die Médaillons auf grosse heisse Teller legen.

Die Apfelschnitze (Spalten) in der restlichen Bratbutter unter Hinzufügen von einer Spur Zucker goldgelb caramelisieren und zum Fleisch legen. Die Sauce nochmals kurz erhitzen und das Fleisch damit umgiessen.

PS Sprichwörtlich heisst es: «Wer den Honig will, muss der Biene Sumsum leiden». Falls Sie aber unter der Sinneshaltung Ihres Gegenübers in Sachen Schnitzel-Pommes-Frîtes leiden, dann sind Honig, Äpfel und Curry eine so ideale Kombination, dass härtere Massnahmen zur Verbesserung der Esskultur nicht mehr notwendig sind.

Rumpsteak
à la tomate et romarin

Mise en place **Huftsteak mit Tomaten und Rosmarin**

2	Tomaten	
1	Zwiebel	
½	Knoblauchzehe	

Tomaten während ca. 15 Sekunden in kochendes Wasser tauchen, Haut abziehen und entkernen. Das Tomatenfleisch sowie die Zwiebel in kleine Würfel von ca. 1×1 cm schneiden. Die Knoblauchzehe sehr feinwürfeln.

2	Huftsteaks à ca. 150 g	
1 CL	Butter	
	Gewürzmischung	
1	Rosmarinzweig	

Die Butter in einer möglichst weiten Bratpfanne aufschäumen lassen. Das Fleisch mit der Gewürzmischung würzen und in der Pfannenmitte – **bei mittlerer Hitze** – auf den Punkt braten, was je nach Dicke des Fleischstückes ungefähr 4-6 Minuten dauert. Gleichzeitig die gewürfelten Zwiebeln und den Rosmarinzweig mitbraten, wofür am Pfannenrand genügend Raum bleibt. Dann das Fleisch – **zugedeckt** – am Herdrand während ca. 5 Minuten ruhen lassen.

Salz
Pfeffermühle

In der Zwischenzeit die Tomatenwürfelchen und den Knoblauch unter die Zwiebeln mischen und vorsichtig mit Salz und wenig weissem Pfeffer aus der Mühle würzen.

Fleisch in die Mitte von grossen heissen Tellern legen, das Tomaten-Zwiebel-Gemüse auf das Fleisch verteilen und den gebratenen Rosmarinzweig dazulegen.

PS Fleisch sollten Sie nach dem Braten immer einige Zeit am Herdrand ruhen lassen, damit sich die Säfte im ganzen Stück verteilen können und nicht unnötigerweise auslaufen. Da hat sich die Methode bewährt, das Fleisch während der Ruhephase hin und wieder zu wenden. Nun handelt es sich aber dabei nicht etwa um eine Warmhaltemethode, sondern Sie nützen dafür die Zeit, in der Sie ohnehin, (in den meisten Fällen wenigstens), die Sauce zubereiten müssen. Und weil Sie ein gelehriger Schüler waren und alle Zutaten neben dem Herd bereithalten, kann es nur um den Zeitraum eines Augenblicks gehen.

Sauté de boeuf aux olives et bolets

Mise en place **Rindfleischsauté mit Oliven und Steinpilzen**

1	kleiner Steinpilz (oder 15 g getrocknete Steinpilze)

Von einem festen Steinpilz die erdigen Teile wegschneiden, mit einem Küchenpapier sauberreiben und in kleine Würfel schneiden. Falls Sie keinen frischen Steinpilz zur Verfügung haben, können getrocknete Pilze während ungefähr 1 Stunde in 1 dl Bouillon eingeweicht werden. Die Bouillon kann anschliessend für die Sauce weiterverwendet werden.

1	kleine Zwiebel
1	kleine Karotte
30 g	Frühstücksspeck
1	Knoblauchzehe
1	Thymianzweiglein

Zwiebel, Karotte und Speck in kleine Würfelchen von ca. 1×1 cm schneiden. Knoblauch sehr feinwürfeln und vom Thymian die Blättchen zupfen.

1	Tomate
3	schwarze Oliven
3	grüne Oliven

Tomate während ca. 15 Sekunden in kochendes Wasser tauchen, Haut abziehen, entkernen und das Tomatenfleisch kleinschneiden. Oliven entsteinen und sehr kleinwürfeln.

1 CL	Butter
1 CL	Tomatenpurée

Die kleingewürfelte Zwiebel, Knoblauch, Karotte sowie Speck in einer Sauteuse in der aufschäumenden Butter goldgelb anziehen. Tomatenpurée (Tomatenmark) zufügen und gut mitrösten.

½ dl	Weisswein
1 dl	Bouillon

Mit Weisswein ablöschen, auf die Hälfte reduzieren, mit Bouillon (oder Einweichflüssigkeit) auffüllen und alles ← **zugedeckt bei kleinem Feuer** → während ungefähr 20 Minuten leise köcheln lassen.

½ dl	Rahm
	Salz
	Pfeffermühle

Die feingeschnittene Tomate und Oliven zur Sauce geben, Rahm beifügen und die Sauce vorsichtig mit Salz und weissem Pfeffer aus der Mühle würzen.

250 g	Rindshuft
	Gewürzmischung
1 EL	Olivenöl

Das Fleisch in Würfel von ca. 2×2 cm schneiden, mit der Gewürzmischung würzen und in einer Bratpfanne im heissen Öl auf ← **grossem Feuer** → goldbraun sautieren, ganz zum Schluss die Steinpilzwürfelchen mitbraten. Das Fleisch zur Sauce geben und für einen kurzen Moment durchziehen lassen.

Das Gericht auf heisse tiefe Teller verteilen und, wenn Sie darauf Lust haben, eine Polenta dazu servieren.

PS Es wäre klug, vor der Zubereitung dieses Gerichtes zu klären, ob der Gast Oliven und Olivengeschmack mag. Denn es wäre doch schade, einen Abend mit einem misslichen Unbehagen zu beginnen. Aber mögen sich bei den Oliven die Geschmäcker auch scheiden: unterscheidet man sich noch mehr im Geschmack, so ist es besser, sich selbst treu zu bleiben! Ausserdem: der Möglichkeiten sind viele; denn wer liebt, ist auch kreativ.

Entrecôte au thym

Mise en place   **Entrecôte mit Thymian**

1	Schalotte	
½	Knoblauchzehe	
2	Thymianzweiglein	

Schalotte und Knoblauch in feinste Würfelchen (Brunoise) schneiden und vom Thymian die Blättchen zupfen.

1   Tomate

Tomate während ca. 15 Sekunden in kochendes Wasser tauchen, Haut abziehen, entkernen, und das Tomatenfleisch in Würfel von ca. 1×1 cm schneiden.

2   Entrecôtes à ca. 150 g
1 CL   Butter
     Gewürzmischung
     Dijonsenf

Fleisch mit der Gewürzmischung würzen, beidseitig mit wenig Senf bestreichen und mit den Thymianblättchen bestreuen. Butter in einer Bratpfanne aufschäumen lassen und das Fleisch bei ☛ **mittlerer Hitze** ☚ beidseitig goldbraun braten, was je nach Dicke des Fleischstückes ungefähr 4-6 Minuten dauert, dabei immer wieder mit der Bratbutter übergiessen. Dann das Fleisch ☛ **zugedeckt** ☚ auf einem Teller am Herdrand ruhen lassen.

2 EL   roter Porto
½ dl   Rotwein
½ dl   Fleischextrakt
     (oder Jus)
     kalte Butter
     Salz
     Pfeffermühle

Feingewürfelte Schalotte und Knoblauch in der restlichen Butter goldgelb anziehen, mit Porto und Rotwein ablöschen und auf mindestens die Hälfte reduzieren. Reduktion mit aufgelöstem Fleischextrakt (oder Fleischjus) auffüllen, Tomatenwürfel zufügen und alles bei ☛ **grosser Hitze** ☚ sirupartig reduzieren lassen, dabei einige Butterflocken einschwingen. Zum Schluss die Sauce vorsichtig mit Salz und wenig weissem Pfeffer aus der Mühle würzen.

Das Fleisch auf heisse Teller legen und mit der Sauce überziehen.

PS Fragen Sie sich, weshalb ich Fleisch hin und wieder in Butter und nicht wie üblich in Öl brate? Natürlich hat das einen sinnvollen Grund: ich ziehe die Butter zum Braten jedem anderen Fett deshalb vor, weil sie mich zwingt, mit weniger Hitze zu arbeiten, was besonders bei grösseren Fleischstücken sehr wichtig ist. In heissem Öl gebratenes Fleisch hat zwar eine schönere Kruste, mit dem Nachteil aber, dass die Fleischoberfläche hart bleibt und verhindert, die Wärme in das Fleisch eindringen zu lassen. Das Fleisch bleibt also nicht nur zarter, sondern es kommt hinzu, dass die Bratbutter für die Sauce weiterverwendet werden kann, der sie Geschmack und zugleich Bindung gibt.

Entrecôte à la moutarde de Meaux

Mise en place | **Entrecôte mit Senfsauce**

1	Schalotte	
½	Knoblauchzehe	

Schalotte und Knoblauch in feinste Würfelchen (Brunoise) schneiden.

2	Entrecôtes à ca. 150 g	
	Gewürzmischung	
1 CL	Butter	

Das Fleisch mit der Gewürzmischung würzen und in einer Bratpfanne in der aufschäumenden Butter bei ☛ **mittlerer Hitze** ☚ während ungefähr 4-6 Minuten, je nach Dicke des Fleischstückes, braten. Das Fleisch dabei immer wieder mit der Bratbutter übergiessen, wobei die Butter nicht verbrennen darf, weil sie anschliessend für die Sauce weiterverwendet wird. Das Fleisch ☛ **zugedeckt** ☚ auf einem Teller am Herdrand ruhen lassen.

2 EL	roter Porto	
½ dl	Rotwein	
½ dl	Fleischextrakt	
	(oder Jus)	
1 CL	grobkörniger Senf	
	Salz	
	Pfeffermühle	
	kalte Butter	

Die feingeschnittene Schalotte und Knoblauch in der restlichen Bratbutter goldgelb anziehen, mit Porto und Rotwein ablöschen und auf die Hälfte reduzieren. Diese Reduktion mit aufgelöstem Fleischextrakt (oder Fleischjus) auffüllen und bei ☛ **grosser Hitze** ☚ gut durchkochen lassen, dabei einige Butterflocken einschwingen, damit die Sauce eine schöne Bindung erhält. Zum Schluss den Senf zufügen und die Sauce vorsichtig mit Salz und wenig weissem Pfeffer aus der Mühle würzen.

Das Fleisch auf heisse Teller legen und mit der Sauce überziehen.

PS Wie schön, wenn ich davon ausgehen könnte, dass Sie tatsächlich eine Flasche erstklassigen Porto in der Küche stehen haben! Denn dieser alkoholreiche, kräftige Wein aus Portugal gibt vielen Saucen ein köstliches, gehaltvolles Aroma. Ausserdem eignet sich Portwein hervorragend als Begleiter zu einem Stück Käse, aber auch dazu — wartend auf die Dinge, die da aus der Küche kommen sollen —, lustvollen Gedanken nachzuhängen und in die Zukunft zu träumen.

Sauté de filet de bœuf au poivre vert et à l'estragon

Mise en place **Some like it hot**

| 1 | Schalotte |
| 2 | Estragonzweiglein |

Die Schalotte in kleinste Würfelchen schneiden und vom Estragon die Blättchen zupfen.

250 g	Rindsfilet (oder Kalbsfilet)
	Gewürzmischung
1 CL	Butter

Das Fleisch in Würfel von ca. 2×2 cm schneiden, mit Gewürzmischung würzen und in der aufschäumenden Butter bei ☛ **grosser Hitze** ☚ sekundenschnell sautieren, gleichzeitig die feingeschnittene Schalotte zufügen und goldbraune Farbe nehmen lassen. Fleisch ☛ **zugedeckt** ☚ auf einem Teller am Herdrand warmstellen.

½ dl	Weisswein
½ dl	Bouillon (oder Fond)
4 EL	Doppelrahm
	Salz
	Cayenne
	Curry
	Zitronensaft

Bratsatz mit dem Weisswein auflösen, die leergezupften Estragonzweiglein zufügen, Wein um mindestens die Hälfte reduzieren, mit Bouillon (oder Fond) auffüllen und alles auf die Menge von ca. 2 Esslöffeln einkochen lassen. Dann Rahm beigeben, Bratpfanne vom Herd ziehen und die Sauce vorsichtig mit Salz, einem Hauch Cayenne, einer Spur Curry sowie ein paar Tropfen Zitronensaft würzen.

| 1 CL | Senf |
| 1 EL | eingelegte grüne Pfefferkörner |

Senf (wenn möglich aus grünem Pfeffer hergestellt) unter die Sauce rühren. Die grünen Pfefferkörner auf einem kleinen Sieb kurz abspülen und dann unter die Sauce mischen. Estragonzweiglein aus der Sauce nehmen, Estragonblättchen zufügen, die Sauce zu sämiger Konsistenz kochen, das Fleisch zufügen und für einen kurzen Augenblick durchziehen lassen. Das Gericht auf heisse tiefe Teller verteilen und mit trockenem Reis servieren.

PS Als der grüne Pfeffer ins Land kam, sorgte Maryline Monroe gleichzeitig mit ihren Film ‹Some like it hot› für grosse Aufregung. Und weil ich diesen Film so furchtbar gern mochte, und weil ‹hot› auch für scharf steht, lag die Idee für dieses Gericht förmlich in der Luft. Natürlich wird immer noch heisser gekocht als gegessen. Aber aufgepasst: die ganze Chemie kocht mit!

Sauté de filet de bœuf au paprika

Mise en place **Rindsfiletsauté an Paprikasauce**

1	kleine Karotte
1	kleiner Lauch
1	kleiner Sellerie
1	kleine Zwiebel

Karotte, Lauch und Sellerie zurüsten und in kleinste Würfelchen (Brunoise) schneiden, von denen Sie ungefähr 50 g brauchen. Die Zwiebel feinwürfeln.

1	Tomate
1	Majoranzweiglein

Tomate während ca. 15 Sekunden in kochendes Wasser tauchen, Haut abziehen, entkernen und das Tomatenfleisch kleinwürfeln. Vom Majoran die Blättchen zupfen.

1 CL	Butter
1 CL	Paprika (edelsüss)
½ CL	Tomatenpurée
½	Knoblauchzehe
½ dl	Weisswein
1 dl	Bouillon

Die feingewürfelte Zwiebel in einer Sauteuse in der aufschäumenden Butter goldgelb anziehen. Gemüse- und Tomatenbrunoise sowie das Tomatenpurée (Tomatenmark) zufügen, Knoblauch dazupressen und alles ☛ **unter ständigem Wenden** ☚ zu einer goldbraunen Farbe rösten, dann mit Paprika bestreuen, mit Weisswein ablöschen und um mindestens die Hälfte reduzieren. Mit Bouillon auffüllen und alles ☛ **zugedeckt auf kleinem Feuer** ☚ während ungefähr 20 Minuten leise köcheln lassen.

2 EL	Doppelrahm
	Salz
	Cayenne
	Curry
	Pfeffermühle
	Zitronensaft

Ist dies geschehen, Rahm zufügen, Sauteuse vom Herd ziehen und die Sauce mit Salz, einem Hauch Cayenne, einer Spur Curry, wenig weissem Pfeffer aus der Mühle sowie ein paar Tropfen Zitronensaft würzen.

250 g	Rindsfilet
	Gewürzmischung
½ CL	Butter
1 EL	Traubenkernöl

Fleisch in Würfel von ca. 2×2 cm schneiden, mit der Gewürzmischung würzen und in einer Bratpfanne in der aufschäumenden Butter-Öl-Mischung bei ☛ **grosser Hitze** ☚ sekundenschnell sautieren.

Die Sauce kurz erhitzen, das Fleisch in der Sauce für einen kurzen Moment durchziehen lassen. Das Gericht in die Mitte von grossen heissen Tellern verteilen und mit den gezupften Majoranblättchen bestreuen.

PS Tomatenpurée mit viel Aufmerksamkeit geröstet, gibt Farbe, kann jedoch, weil es Zucker enthält (und wenn es überhitzt wird) bitter werden. Also ist das Rösten des Tomatenpurées die kleine Kunst bei diesem Gericht. Aber was heisst schon Kunst, wenn man sich an Kochenthusiasten wendet, denen das nötige Fingerspitzengefühl in das Herz gelegt ist.

Mignons de filet de boeuf au vieux porto

Mise en place **Rindsfiletmignons an Portosauce**

½	Schalotte	
1 EL	Sultaninen	
1 EL	Pinienkerne	

Die Schalotte in feinste Würfelchen schneiden. Sultaninen in wenig warmem Wasser einweichen und Pinienkerne in einer trockenen beschichteten Bratpfanne goldgelb rösten.

4	Rindsfiletmignons à ca. 70 g	
1 CL	Butter	
	Gewürzmischung	

Das Fleisch mit der Gewürzmischung würzen und in einer Bratpfanne in der aufschäumenden Butter bei ☛ **mittlerer Hitze** ☚ je nach Dicke des Fleischstükkes, während ungefähr 3-4 Minuten braten. Dabei das Fleisch immer wieder mit der Bratbutter übergiessen, dann ☛ **zugedeckt** ☚ auf einem Teller am Herdrand warmstellen.

2 EL	Rotwein	
½ dl	roter Porto	
½ dl	Fleischextrakt (oder Jus)	
	kalte Butter	

Die feingeschnittene Schalotte in der restlichen Bratbutter goldgelb anziehen, Rotwein und Porto zufügen und auf mindestens die Hälfte reduzieren. Reduktion mit dem aufgelösten Fleischextrakt (oder Fleischjus) auffüllen, Sultaninen zufügen und bei ☛ **grosser Hitze** ☚ sirupartig einkochen lassen, dabei einige Butterflocken einschwingen.

Das Fleisch auf heisse Teller legen, mit der heissen Sauce überziehen und mit den Pinienkernen bestreuen.

PS Denken Sie daran, Fleisch, aber auch Geflügel, immer frühzeitig aus dem Kühlschrank zu nehmen, damit es Küchentemperatur annimmt? Dadurch wird es nicht einem Temperaturschock unterzogen und kann sich beim Braten gleichmässiger erwärmen. Alle Anpassung braucht ihre Zeit.

Mignons de filet de boeuf aux échalotes

Mise en place

1	kleine Tomate
1	kleine Karotte
2	grosse Schalotten
30 g	Frühstücksspeck
1 CL	Butter
2 EL	roter Porto
½ dl	Rotwein
1 dl	Fleischextrakt (oder Jus)
	Salz
	Pfeffermühle
4	Rindsfiletmignons à ca. 70 g
	Gewürzmischung
1 CL	Butter

Rindsfiletmignons an Schalottensauce

Tomate während ca. 15 Sekunden in kochendes Wasser tauchen, Haut abziehen, entkernen und das Tomatenfleisch sehr feinwürfeln. Karotte zurüsten und in feinste Würfelchen (Brunoise) schneiden, von denen Sie einen Esslöffel voll brauchen. Schalotten und Frühstücksspeck ebenfalls sehr feinwürfeln.

Tomaten, Karotten, Schalotten sowie den Speck in einer Sauteuse in der aufschäumenden Butter unter ☛ **ständigem Wenden** ☚ zu einer schönen Farbe anziehen.

Mit Porto und Rotwein ablöschen und auf mindestens die Hälfte reduzieren, mit aufgelöstem Fleischextrakt (oder Jus) auffüllen und dann ☛ **zugedeckt auf kleinem Feuer** ☚ während ungefähr 30 Minuten leise köcheln lassen. Sauce zum Schluss nach Bedarf vorsichtig salzen und mit wenig weissem Pfeffer aus der Mühle aromatisieren.

Das Fleisch mit der Gewürzmischung würzen und in einer Bratpfanne in der aufschäumenden Butter bei ☛ **mittlerer Hitze** ☚ beidseitig goldbraun braten, dabei immer wieder mit der Bratbutter übergiessen. Je nach Dicke der Fleischstücke dauert dieser Vorgang zwischen 3-5 Minuten. Dann die Mignons ☛ **zugedeckt** ☚ auf einem Teller einen kurzen Augenblick ruhen lassen.

Bratsatz mit wenig Bouillon auflösen und zur Schalottensauce geben, die jetzt bei ☛ **grosser Hitze** ☚ zu einer sirupartigen Konsistenz gekocht wird. Die Mignons auf heisse Teller legen und mit der Sauce überziehen.

PS Beim Fleischbraten haben viele Leute die Neigung, mit zuviel Temperament an die Sache heranzugehen. Gegen einen ersten stürmischen Angriff ist zwar nichts einzuwenden, doch dann sollte alles mit viel Gefühl bei mittlerer Hitze zuende gebracht werden. Wie sich doch die Dinge im Leben gleichen!

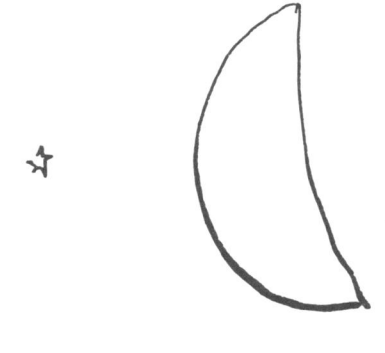

Monsieur dankt, nimmt seinen Hut:
«Madame, das Diner schmeckte gut!»
Madame nickt und resümiert:
Sind Männer noch so kultiviert
und angenehm im Conversieren,
und gemacht zum fein Dinieren –
hat das Essen nur geschmeckt,
und keine Lust auf mehr geweckt,
dann hat der Abend nichts gebracht,
drum: «Monsieur, schön gute Nacht!»

Médaillons d'agneau au thym

Mise en place

½	Schalotte
½	Knoblauchzehe
1	Thymianzweiglein
300 g	Lammrückenfilet
	Gewürzmischung
1 CL	Butter
½ dl	Weisswein
2 EL	trockener Vermouth
½ dl	Fleischextrakt (oder Jus)
	kalte Butter
	Salz
	Pfeffermühle

Lamm-Médaillons mit Thymian

Schalotte und Knoblauch in feinste Würfelchen schneiden und vom Thymian die Blättchen zupfen.

Das Rückenfilet in Médaillons von ca. 2 cm Dicke schneiden, mit der Gewürzmischung würzen und in einer Bratpfanne in der aufschäumenden Butter bei ☛ **mittlerer Hitze** ☚ beidseitig goldbraun braten, dabei immer wieder mit der Bratbutter übergiessen. Dann ☛ **zugedeckt** ☚ auf einem Teller am Herdrand warmstellen.

Die feingeschnittene Schalotte und Knoblauch in der restlichen Bratbutter anziehen. Die gezupften Thymianblättchen zufügen, mit Weisswein und Vermouth ablöschen, bei ☛ **grosser Hitze** ☚ um mindestens die Hälfte reduzieren, aufgelösten Fleischextrakt (oder Lammjus) zufügen. Jetzt ein paar kalte Butterflocken in die Sauce schwingen, damit eine schöne Bindung entsteht. Die Sauce zum Schluss, je nach Bedarf, mit Salz und wenig weissem Pfeffer aus der Mühle würzen.

Die Médaillons auf heisse Teller verteilen und mit der kleinen Sauce überziehen.

PS Der aromatische Duft von Thymian erinnert vielleicht an glückliche Stunden in den warmen milden Breiten des Mittelmeerraumes. Wie schön, wenn es Ihnen gelänge, diese Stimmung für einen Abend lang einzufangen. Allen denjenigen, welche noch ohne diese Erinnerungen leben, möchte ich raten, die Augen zu schliessen, das Thymiansträusschen vor die Nase zu halten und tief einzuatmen. So entstehen möglicherweise bezaubernde Bilder im Kopf, wie sie in einem fernrohrähnlichen Spielzeug möglich sind, bei dem sich beim Drehen bunte Glassteinchen zu wunderschönen Bildern anordnen: das Kaleidoskop.

Médaillons d'agneau au madère

Mise en place | **Lamm-Médaillons mit Madeira auf Spinat**

500 g	Spinat	Spinat verlesen, entstielen, waschen und gut trockenschleudern.
½	Schalotte	Schalotte in feinste Würfelchen (Brunoise) und Speck in feine Streifen schneiden.
20 g	Frühstücksspeck	

1 CL Butter
1 Knoblauchzehe
Salz
Muskatnuss
Pfeffermühle

Schalotte und Speck in einer weiten Pfanne (es kann durchaus eine Bratpfanne sein) in der aufschäumenden Butter goldgelb anziehen. Dann Spinat zufügen und bei ☛ **relativ grosser Hitze** ☚ mit einer feinen Fleischgabel, an der die Knoblauchzehe steckt, so lange durchrühren, bis der Spinat zusammenfällt und alle Flüssigkeit verdampft ist. Vorsichtig mit Salz, frisch geriebener Muskatnuss und wenig weissem Pfeffer aus der Mühle würzen. Spinat ☛ **zugedeckt** ☚ am Herdrand warmstellen.

300 g Lammrückenfilet
Gewürzmischung
1 CL Butter
½ dl Madeira
½ dl Bouillon (oder Fond)

Rückenfilet in Médaillons von ca. 1½ cm Dicke schneiden, mit der Gewürzmischung würzen und in einer Bratpfanne in der aufschäumenden Butter bei ☛ **mittlerer Hitze** ☚ beidseitig goldbraun braten, dabei immer wieder mit der Bratbutter übergiessen, dann ☛ **zugedeckt** ☚ am Herdrand warmstellen.

Bratsatz mit Madeira auflösen und bei ☛ **grosser Hitze** ☚ um mindestens die Hälfte reduzieren. (Ein Würzen erübrigt sich bei dieser kleinen Sauce, weil der Bratsatz ohnehin genügend Salz enthält.)

Spinat in die Mitte von grossen heissen Tellern verteilen, Médaillons auf das Spinatbett setzen und mit der kleinen Sauce überziehen.

PS Der Madeira kommt von der portugiesischen Insel gleichen Namens und ist ein wundervoller, aromatischer Dessertwein. Auch wenn Sie (noch) nicht über selbstgemachten Fond oder Jus verfügen, heisst das nicht, dass Sie auf köstliche Saucen verzichten müssen. Verzichten allerdings sollten Sie nicht auf den im Rezept angegebenen Alkohol, der durch das Reduzieren ein feines Aroma an die Saucen abgibt. Sind Sie ein Gegner von Alkohol und gar entsetzt von der Vorstellung, plötzlich eine vollbestückte Bar besitzen zu müssen, dann kann ich Sie trösten: auf dem Markt werden Flaschen mit sehr kleinem Inhalt von verschiedenen Spirituosen angeboten, die sich neben den Gewürzdöschen unauffällig plazieren lassen. Wer Flaschen hat, hat zwar den Teufel im Haus. Man muss ihn nur unter Kontrolle haben.

Médaillons d'agneau à la tomate

Mise en place		Lamm-Médaillons mit Tomaten und Basilikum
300 g	Lammrückenfilet	Lassen Sie das Fleisch durch Ihren Händler aus den Knöchlein lösen und von Fett und allfälligen Sehnen befreien. Anschliessend das Fleisch in Médaillons von ca. 2 cm Dicke schneiden.
2	Tomaten	Tomaten während etwa 15 Sekunden in kochendes Wasser tauchen, Haut abziehen, entkernen und das Tomatenfleisch kleinwürfeln. Schalotte und Knoblauch feinschneiden und vom Basilikum die Blättchen zupfen.
½	Schalotte	
½	Knoblauchzehe	
1	Basilikumzweiglein	
2 EL	feinstes Olivenöl Gewürzmischung	Die Médaillons mit der Gewürzmischung würzen und in einer Bratpfanne im ☞ **mässig heissen Öl bei mittlerer Hitze** ☜ beidseitig goldbraun braten, dabei das Fleisch hin und wieder mit dem Bratöl übergiessen. Fleisch ☞ **zugedeckt** ☜ auf einem Teller am Herdrand warmstellen.
1 CL	Butter	Überschüssiges Bratöl weggiessen, Butter in die Bratpfanne geben, die feingeschnittene Schalotte, Knoblauch und Tomaten kurz anziehen, mit dem Weisswein ablöschen, mit aufgelöstem Fleischextrakt (oder Lammjus) auffüllen, alles gut durchkochen lassen und abschliessend vorsichtig mit Salz, wenig weissem Pfeffer aus der Mühle würzen und die Basilikumblättchen zufügen.
2 EL	Weisswein	
½ dl	Fleischextrakt (oder Jus) Salz Pfeffermühle	

Médaillons auf heisse Teller legen und mit der Sauce überziehen.

PS Lammfleisch ist das Symbol für Bodenständigkeit und Tradition, weil es in beinahe allen Ländern der Erde seit Jahrhunderten als Grundnahrung verwendet wird. Aber gerade bei Lammfleisch gibt es sehr grosse Qualitätsunterschiede zu beachten. Wenn Sie allerdings dafür das richtige Gespür und die feine erzogene Nase haben, lässt sich selbst der grösste Lammgegner umstimmen. Dann aber hüten Sie sich, denn Lamm macht gar nicht fromm!

Côtelette d'agneau à l'ail du printemps

Mise en place

6	Lammcôtelettes à ca. 70 g
	Gewürzmischung
2 CL	Butter
12	ungeschälte junge Knoblauchzehen
1 EL	Balsamicoessig
½ dl	Bouillon (oder Fond)
10 g	kalte Butter

Lammcôtelettes mit jungem Knoblauch

Die Côtelettesknöchlein mit einem scharfen Messer sauberschaben. Die Côtelettes mit der Gewürzmischung würzen und in einer Bratpfanne in der aufschäumenden Butter bei **mittlerer Hitze** beidseitig goldbraun braten, dabei immer wieder mit der Bratbutter übergiessen und gleichzeitig die ungeschälten Knoblauchzehen mitbraten. Dann die Côtelettes **zugedeckt** auf einem Teller am Herdrand warmstellen.

Bratsatz mit Balsamicoessig auflösen und bei **kleiner Hitze** völlig reduzieren, damit nur sein wundervolles Aroma zurückbleibt. Die Reduktion soll in diesem Falle langsam vor sich gehen, damit die Knoblauchzehen Zeit haben, gar zu werden. Ist der Essig verdunstet, mit Bouillon (oder Fond) auffüllen und immer noch bei **kleinem Feuer** sirupartig reduzieren. Die Knoblauchzehen aus ihren Hüllen in die Sauce drücken und die kalte Butter einschwingen.

Côtelettes auf heisse Teller legen und mit der Knoblauchsauce umgiessen.

PS Junger Knoblauch mit dem zarten, sehr zurückhaltenden Aroma, das irgendwie an Nüsse erinnert, ist wie nichts anderes geeignet, Lammfleisch auf ideale Weise zu begleiten. Knoblauch aber ist eine der feinsten Würzpflanzen überhaupt. Fein dosiert kann er viele Gerichte aufs köstlichste aromatisieren. Achten Sie beim Einkauf auf möglichst feste Knollen mit möglichst grossen Zehen, die dann fast ein bisschen süsslich schmecken. Vor allen Dingen aber sollte Knoblauch nie überhitzt werden, weil er sonst leicht bitter wird. Ist der Knoblauch nicht mehr ganz so jung und drängt sein grüner Keimling ans Licht, muss dieser entfernt werden. Der Gedanke übrigens, Knoblauchdüfte könnten Ihrem Gegenüber unangenehm sein, ist völlig absurd, wenn Sie beide zusammen von dieser Götterpflanze kosten.

Côtelette d'agneau au romarin

Mise en place | **Lammcôtelettes an Rosmarinsauce**

6	Lammcôtelettes à ca. 70 g	Die Côtelettesknöchlein mit einem scharfen Messer sauberschaben.
1	Tomate	Tomate während ca. 15 Sekunden in kochendes Wasser tauchen, Haut abziehen, entkernen und das Tomatenfleisch feinwürfeln.
½	Schalotte	Schalotte und Knoblauch feinschneiden und darauf achten, dass der grüne Keimling des Knoblauchs ausgelöst ist.
½	Knoblauchzehe	
2 EL	feinstes Olivenöl Gewürzmischung	Die Côtelettes mit der Gewürzmischung würzen und in einer möglichst weiten Bratpfanne im ☛ **mässig heissen Olivenöl bei mittlerer Hitze** ☚ beidseitig goldbraun braten. Der Bratvorgang dauert, je nach Dicke der Côtelettes, insgesamt etwa 3–4 Minuten. Das Fleisch anschliessend ☛ **zugedeckt** ☚ am Herdrand rosa durchziehen lassen.
½ CL	Butter	Überschüssiges Bratöl abgiessen, Butter in die Bratpfanne geben, Rosmarinzweiglein, die feingeschnittene Schalotte sowie Knoblauch goldgelb anziehen, dann die feingewürfelte Tomate zufügen, kurz durchschwenken, mit dem Vermouth ablöschen, mit dem Doppelrahm auffüllen und die Bratpfanne schliesslich vom Herd ziehen.
1	Rosmarinzweiglein	
2 EL	trockener Vermouth	
2 EL	Doppelrahm	
	Salz Dijonsenf Pfeffermühle Zitronensaft	Die kleine Sauce vorsichtig mit Salz, einer Messerspitze Dijonsenf, wenig weissem Pfeffer aus der Mühle und ein paar Tropfen Zitronensaft würzen.
		Die Côtelettes auf heisse Teller anrichten, Sauce kurz zu einer sämigen Konsistenz kochen, Rosmarinzweiglein entfernen und das Fleisch mit der Sauce umgiessen.

PS Der Erfolg dieses Rezeptes kann von verschiedenen Kriterien beeinflusst werden. Sicher ist die Qualität der Lammcôtelettes und des frischen Rosmarinzweiges von Bedeutung. Doch ob es ein Lamm ist, das sich auf französischen Küstenwiesen von meersalzhaltigem Gras ernährt hat, ob es von den Hügeln aus Irland oder Schottland stammt, ob es aus der Provence oder aus unseren Alpen kommt, wo es mit würzigen Kräutlein aufwächst, ist gar nicht so wichtig wie der Umstand, dass Sie durch die unvergleichliche Harmonie von Lamm und Rosmarin an die Schönheit einer Landschaft erinnert werden, an schöne Wege, an Blüten und die Reife der Natur.

Côtelettes d'agneau aux échalotes

Mise en place

Lammcôtelettes mit Schalotten

2	Schalotten
1	Petersilienzweiglein

Die Schalotten in feinste Würfelchen (Brunoise) schneiden. Von der Petersilie die Blumen zupfen und feinhacken.

6	Lammcôtelettes à ca. 70 g
1 CL	Butter
	Gewürzmischung

Die Côtelettesknöchlein sauberschaben. Lammcôtelettes mit der Gewürzmischung würzen und in einer Bratpfanne in der aufschäumenden Butter bei ☛ **mittlerer Hitze** ☚ beidseitig goldbraun braten, dabei immer wieder mit der Bratbutter übergiessen, dann ☛ **zugedeckt** ☚ auf einem Teller am Herdrand warmstellen.

1 CL	Butter
1 EL	Balsamicoessig
½ dl	Fleischextrakt (oder Jus)
	Pfeffermühle

Frische Butter zur Bratbutter geben und die Schalotten während ungefähr 5 Minuten bei ☛ **mittlerer Hitze unter ständigem Wenden** ☚ goldgelb anziehen, mit Balsamicoessig ablöschen und völlig reduzieren lassen, damit nur sein wundervolles Aroma zurückbleibt. Die Reduktion mit aufgelöstem Fleischextrakt (oder Lammjus) auffüllen, kurz durchkochen lassen. Zum Schluss mit wenig weissem Pfeffer aus der Mühle aromatisieren und die gehackte Petersilie untermischen.

Die Lammcôtelettes auf heisse Teller legen und mit der Sauce überziehen.

PS Ich habe mir vorgenommen, nur ein einziges Mal den Mahnfinger zu erheben — erinnern Sie sich? Aber wem das Kochen und das Schreiben darüber so sehr am Herzen liegt, kann es einfach nicht lassen! Und weil es immer nur dann geschieht, wenn es darum geht, Ihnen zu helfen, brauche ich mir über Ihre Reaktion auch keine Gedanken zu machen. (Störend wirken meine Wiederholungen ohnehin nur für alle jene, die schon kochen können und um die Selbstverständlichkeiten wissen.) Den Ungeübten aber möchte ich an dieser Stelle wieder einmal sagen, wie wichtig es ist, alle Zutaten bereitzuhalten, bevor man mit dem eigentlichen Kochen beginnt; erst dann nämlich wird es zum (Kinder)-Spiel.

Selle d'agneau, sauce pommes de terre

Mise en place		Lammsattel auf Kartoffel-Petersilien-Sauce
½	Lammsattel (ca. 500 g)	Lassen Sie das Fleisch von Ihrem Händler aus den Knöchlein lösen, in die eigene Fettschicht rollen und binden.
		Den Backofen auf 250⁰ vorheizen.
1	kleine Karotte	Gemüse und Kartoffel zurüsten und kleinschneiden. Von Karotte, Lauch und Sellerie benötigen Sie insgesamt etwa 40 g, und von der Kartoffel ca. 60 g.
1	kleiner Lauch	
1	kleiner Sellerie	
1	kleine Kartoffel	
½	Schalotte	Die Schalotte feinschneiden. Von der Petersilie die Blumen zupfen, kurz in kochendem Salzwasser blanchieren und auf einem kleinen Sieb gut abtropfen lassen.
1	Bündchen Petersilie	
1 CL	Butter	Die feingeschnittene Schalotte, Gemüse und Kartoffel in einer Sauteuse in der aufschäumenden Butter anziehen, mit Bouillon auffüllen und ☛ **zugedeckt auf kleinem Feuer** ☚ weichgaren.
1 dl	Bouillon	
1 EL	Traubenkernöl	Das Fleisch mit der Gewürzmischung würzen und in einer Bratpfanne im ☛ **heissen Öl** ☚ allseitig goldbraun braten. Dann das Fleisch in der Bratpfanne auf ☛ **mittlerer Rille** ☚ im Backofen je nach Dicke während ca. 12 Minuten braten. (Das Fleisch nach halber Bratzeit wenden.) Ofen ausschalten und das Fleisch auf einem Kuchengitter auf der Backofentüre ruhen lassen, dabei hin und wieder wenden, damit sich die Fleischsäfte verteilen können.
	Gewürzmischung	
1 CL	Butter	Blanchierte Petersilienblumen in einer Sauteuse in der aufschäumenden Butter unter ständigem Wenden so lange dünsten, bis sie gar sind. Dann die Knoblauchzehe dazupressen.
½	Knoblauchzehe	
1 dl	Rahm	Gemüse, Kartoffel, Garflüssigkeit und die Petersilie im Mixer oder mit dem Handmixer feinpürieren, und während der Mixer läuft Rahm und Butter zufügen. Die Sauce durch ein feines Drahtsieb zurück in die Sauteuse passieren und nach Bedarf mit wenig Bouillon verlängern. Sauce vorsichtig mit Salz, einem Hauch Cayenne und ein paar Tropfen Zitronensaft würzen.
1 CL	kalte Butter	
	Salz	
	Cayenne	
	Zitronensaft	
		Das Fleisch in Scheiben schneiden, auf heisse Teller legen und mit der Sauce umgiessen. Ein Gemüse dazu schmeckt immer köstlich.

PS Lammsattel – klingt das nicht nach grossen Abenteuern in der Küche? Auch wenn der Lammsattel die Gedanken nicht auf Reisen schickt, so hat er doch einen nicht zu unterschätzenden Vorteil: er liefert nämlich das kleine, in Fett eingebettete Filet als delikate Zugabe mit.

Sauté de lapereau au vinaigre Balsamico

Mise en place   **Kaninchensauté mit Balsamico und Thymian**

1	Kaninchenrücken (ca. 500 g)	Lassen Sie die Rückenfilets eines Jungkaninchens von Ihrem Händler aus den Knöchlein lösen. (Vielleicht nehmen Sie dann diese Knöchlein mit nach Hause, um an einem einsamen Abend einen Jus herzustellen.)
		Die Rückenfilets in kleine Médaillons von ca. 1 cm Dicke schneiden.
1	Schalotte	Schalotte, Knoblauch und Frühstücksspeck in feinste Würfelchen (Brunoise) schneiden.
1	Knoblauchzehe	
30 g	Frühstücksspeck	
1 EL	Traubenkernöl	Die Médaillons mit der Gewürzmischung vorsichtig würzen und zusammen mit der feingewürfelten Schalotte, Knoblauch und Speck sowie den beiden Thymianzweiglein in einer weiten Bratpfanne in der Butter-Öl-Mischung bei ☛ grosser Hitze ☚ auf allen Seiten goldbraun sautieren.
1 CL	Butter	
	Gewürzmischung	
2	Thymianzweiglein	
2 EL	Balsamicoessig	
		Balsamicoessig zufügen und bei ☛ immer noch grosser Hitze ☚ völlig einreduzieren lassen, so dass nur sein köstliches Aroma zurückbleibt. Das Fleisch mit einem Schaumlöffel auf grosse heisse Teller heben.
½ dl	Bouillon (oder Fond)	Bratsatz mit Bouillon (oder Fond) auflösen. Gleichzeitig in einem Eierpfännchen die Butter nussbraun erhitzen, zum Bratfond geben und alles über das Fleisch verteilen. Die Thymianzweiglein dekorativ dazulegen.
1 CL	Butter	

PS Beziehen Sie bei diesem Rezept die Wesensart Ihres Gegenübers in die Pläne mit ein: Sie haben die Wahl zwischen einem HAUSkaninchen, einem WILDkaninchen oder einem JUNGhasen. Nur den ANGSThasen werden Sie kaum in die Pfanne kriegen!

Râble de lapereau
aux petits légumes du printemps

Mise en place		Kaninchenrückenfilet auf Frühlingsgemüse
1	Kaninchenrücken (ca. 500 g)	Lassen Sie die Rückenfilets eines Jungkaninchens von Ihrem Händler aus den Knöchlein lösen. Es sei denn, es macht Ihnen Spass, diese minuziöse Arbeit selbst zu erledigen.
400 g	Frühlingsgemüse	Je nach Marktangebot kommen da beispielsweise in Frage: Kefen (Zuckererbsen), kleinste Karotten, feine Bohnen, grüne Spargeln, Frühlingszwiebeln, Frühlingslauch, junger Kohlrabi und Erbsen. Das Gemüse zurüsten und nur notfalls kleinschneiden. Vom Kerbel die Blättchen zupfen.
1	Bündchen Kerbel	
1 CL	Butter	Das Gemüse in einer Sauteuse in der aufschäumenden Butter kurz durchschwenken, vorsichtig salzen und mit einer Spur Zucker bestreuen. Wasser zufügen und ☛ **zugedeckt auf kleinem Feuer** ☛ weichgaren. Bei jungem zarten Gemüse dauert dieser Vorgang bloss ein paar Minuten.
1 dl	Wasser	
	Salz	
	Zucker	
		Ist das Gemüse gar, wird es auf ein Sieb geschüttet, wobei die Garflüssigkeit ☛ **unbedingt** ☛ aufgefangen werden muss, weil sie für die Sauce weiterverwendet wird.
1 dl	Rahm	Die Garflüssigkeit in einer Sauteuse zum Kochen bringen, Rahm zufügen und während die Sauce kocht, die kalte Butter in kleinen Flocken einschwingen, damit die Sauce eine Bindung erhält. Die Sauce vorsichtig mit Salz, einem Hauch Cayenne und ein paar Tropfen Zitronensaft würzen. Das Gemüse zufügen und ☛ **zugedeckt** ☛ am Herdrand warmstellen.
20 g	kalte Butter	
	Salz	
	Cayenne	
	Zitronensaft	
1 CL	Butter	Die Kaninchenfilets mit der Gewürzmischung würzen und in der ☛ **mässig heissen Butter bei mittlerer Hitze** ☛ sanft braten, dabei immer wieder mit der Bratbutter übergiessen. Die Filets von einem Jungkaninchen sind so klein, dass es höchstens 4-5 Minuten dauert, bis sie rosa gebraten sind. Dann ☛ **zugedeckt** ☛ auf einem Teller am Herdrand kurz durchziehen lassen.
	Gewürzmischung	
½ dl	Bouillon (oder Jus)	Bouillon (oder Kaninchenjus) zur Bratbutter geben und bei ☛ **grosser Hitze** ☛ zu einer kleinen, sirupartigen Sauce kochen.
		Das Gemüse kurz erhitzen, die Kerbelblättchen einstreuen und das Gemüse in die Mitte von grossen heissen Tellern verteilen. Das Fleisch in nicht zu dünne Scheiben schneiden, neben das Gemüsebett legen und mit der kleinen Sauce umgiessen.

PS Vielleicht nehmen Sie die Knöchlein mit nach Hause, weil es Sie nämlich reizt, daraus einen Jus herzustellen. Und geschieht das gar zum ersten Mal, wird die Sache besonders aufregend. Es muss wahrlich nicht sein – es war bloss ein kleiner Hinweis zur Steigerung des Kocherlebnisses.

Râble de lapereau
et les abats sautés au beurre

Mise en place		Kaninchenrückenfilet mit Kanincheninnereien
1	Kaninchenrücken (ca. 500 g)	Lassen Sie das Fleisch eines Jungkaninchens von Ihrem Händler aus den Knöchlein lösen und nehmen Sie die Kaninchenleber sowie die Nieren mit nach Hause.
2 CL	Butter Gewürzmischung	Die Rückenfilets mit der Gewürzmischung würzen und in einer Bratpfanne in der aufschäumenden Butter bei ☛ **mittlerer Hitze** ☚ allseitig goldbraun braten, dabei immer wieder mit der Bratbutter übergiessen. Die Rückenfilets sind so klein, dass 3-4 Minuten Bratzeit genügen, dann wird das Fleisch ☛ **zugedeckt** ☚ auf einem Teller am Herdrand warmgestellt.
		Die Leberflügel trennen. Leber und Nieren vorsichtig würzen und in der restlichen Bratbutter während ca. 1-2 Minuten steif und rosa braten und zum Fleisch legen.
½ dl	Fleischextrakt (oder Jus) kalte Butter	Bratsatz mit aufgelöstem Fleischextrakt (oder Kaninchenjus) auflösen, kurz durchkochen lassen und mit kalter Butter binden.
		Das Fleisch in nicht zu dünne Scheiben schneiden, zusammen mit Nieren und Leber auf grosse heisse Teller legen, mit der Sauce umgiessen und dazu ein Frühlingsgemüse servieren.

PS Jungkaninchen heissen die bis sechs Monate alten Hauskaninchen. Ihr Fleisch ist besonders zart und leicht verdaulich. Etwas deftiger und schmackhafter wird das Gericht mit einem Wildkaninchen oder Feldhasen. Weil das ausgelöste Rückenfilet ungeschützt in die Bratpfanne kommt, sollte der mässigen Hitze besondere Aufmerksamkeit geschenkt werden, damit das Fleisch nicht trocken wird.

Pot-au-feu de lapereau

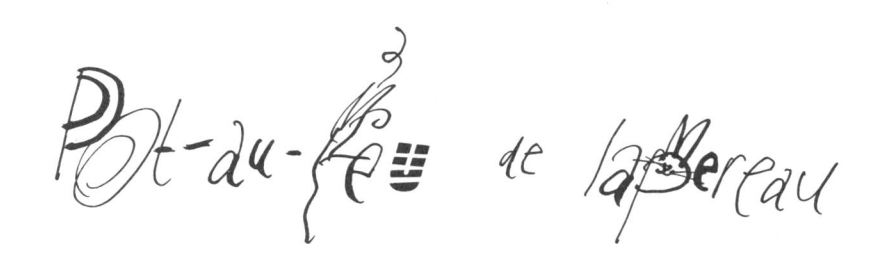

Mise en place   **Kaninchen-pot-au-feu**

300 g	Kaninchenfleisch (Rücken oder Schenkel)	Lassen Sie das Fleisch eines Jungkaninchens von Ihrem Händler aus den Knöchlein lösen, das dann in Würfel von ca. 2×2 cm geschnitten wird. Die Knöchlein sollten Sie mit nach Hause nehmen, denn sie werden für das Gericht verwendet.
1	kleine Karotte	Karotte, Lauch und Sellerie zurüsten und in kleine Würfel von ca. 1×1 cm schneiden. Sie brauchen davon die Menge von 150 g insgesamt. Kartoffel zurüsten und auch diese in ebenso kleine Würfel schneiden (ca. 100 g).
1	kleiner Lauch	
1	kleiner Sellerie	
1	kleine Kartoffel	
30 g	Frühstücksspeck	Speck sehr kleinwürfeln und vom Thymian die Blättchen zupfen.
1	Thymianzweiglein	
1 CL	Butter	Gemüse-, Kartoffel- sowie die Speckwürfelchen in einer Sauteuse in der aufschäumenden Butter kurz anziehen. Wasser, die mit Lorbeerblatt und Gewürznelke bestecke Zwiebel, den Petersilienstengel und die Kaninchenknöchlein zufügen und nun alles ➤ **so lange auf kleinem Feuer** ➤ leise köcheln lassen, bis das Wasser verdunstet und das Gemüse gar ist.
1 dl	Wasser	
1	kleine Zwiebel	
¼	Lorbeerblatt	
1	Gewürznelke	
1	Petersilienstengel	
1 EL	trockener Vermouth	Vermouth und Weisswein zufügen, kurz reduzieren lassen, mit der Bouillon auffüllen, das gewürfelte Kaninchenfleisch in das Gemüsebett legen und ➤ **zugedeckt** ➤ während ungefähr 5-6 Minuten auf ➤ **kleinstem Feuer** ➤ ziehen lassen.
½ dl	Weisswein	
½ dl	Bouillon	
20 g	kalte Butter	Bestecke Zwiebel, Petersilienstengel und die Knöchlein entfernen. Fleisch und Gemüse mit einem Schaumlöffel auf tiefe heisse Teller heben. Fond auf ➤ **grossem Feuer** ➤ sirupartig reduzieren lassen und dabei die kalte Butter in kleinen Mengen einschwenken. Das Gericht zum Schluss vorsichtig mit Salz und weissem Pfeffer aus der Mühle würzen, mit der kleinen Sauce überziehen und mit den gezupften Thymianblättchen bestreuen.
	Salz	
	Pfeffermühle	

PS In diesem Gericht werden die Knöchlein des Kaninchens verwendet, so könnte es durchaus passieren, dass Sie dadurch auf den Geschmack kommen, weil Sie nämlich merken, wieviel Kraft und Würze in diesen Knöchlein stecken.

Cuisse de lapereau au romarin

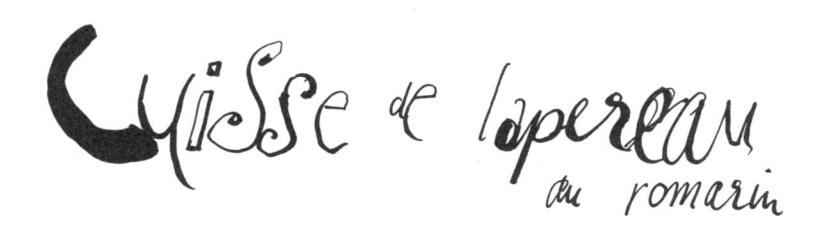

Mise en place

Kaninchenschenkel mit Rosmarin

1	kleine Karotte
1	kleiner Lauch
1	kleiner Sellerie
1	Schalotte

Karotte, Lauch und Sellerie zurüsten, und dann ist wieder einmal Handwerk gefragt, denn das Gemüse soll in allerfeinste Würfelchen (Brunoise) geschnitten werden, von denen Sie ungefähr einen Esslöffel voll brauchen. Die Schalotte wird ebenfalls feingewürfelt.

1 Tomate

Tomate während ca. 15 Sekunden in kochendes Wasser tauchen, Haut abziehen, entkernen und das Tomatenfleisch in kleine Würfel schneiden.

2	Kaninchenschenkel à ca. 250 g
1 EL	Traubenkernöl
1 CL	Butter
	Gewürzmischung
1	Rosmarinzweig

Die beiden Kaninchenschenkel mit der Gewürzmischung würzen und in einem Brattopf in der aufschäumenden Butter-Öl-Mischung bei ☛ **mittlerer Hitze** ☚ allseitig goldbraun braten, dann die feingeschnittene Schalotte, Gemüse und Tomate sowie den Rosmarinzweig zufügen und unter ständigem Wenden mitbraten.

½ dl	Weisswein
1 dl	Bouillon (oder Fond)

Nun mit Weisswein ablöschen, mit Bouillon (oder Fond) auffüllen und ☛ **zugedeckt auf kleinem Feuer** ☚ während ungefähr 25-30 Minuten leise köcheln lassen. Das Leise-köcheln-lassen ist hier besonders wichtig, weil sonst das Kaninchenfleisch zu trocken würde.

2 EL	Doppelrahm
	Salz
	Pfeffermühle

Schenkel aus dem Brattopf stechen, das Fleisch von den Knöchlein lösen, in Scheiben schneiden und auf heisse Teller legen. Rahm zur Sauce geben, bei grossem Feuer zu einer sämigen Konsistenz kochen, nach Bedarf salzen und mit wenig weissem Pfeffer aus der Mühle aromatisieren. Rosmarinzweiglein entfernen und die Sauce über das Fleisch verteilen.

PS Lernen Sie das ‹Leise-köcheln-lassen› als ein nicht zu unterschätzendes Geheimnis in der feinen Küche zu verstehen. Sie haben es dann völlig unter Kontrolle, wenn sich die Oberfläche einer Flüssigkeit durch winzige Bläschen, die durch die sanfte Hitze nach oben getrieben werden, nur sehr leise bewegt. Erleben Sie die langsame Kraft der Veränderung im Leben(digen).

Médaillons de chevreuil aux figues

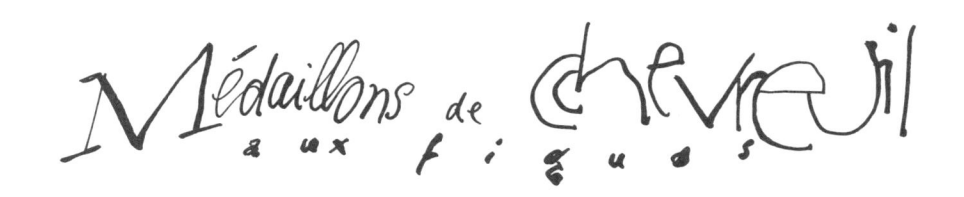

Mise en place   **Rehmédaillons mit frischen Feigen**

300 g	Rehrückenfleisch	Vom Fleisch mit einem feinen, scharfen Messer alle Häutchen ablösen und das Fleisch in kleine Médaillons schneiden.
3-5	frische Feigen (je nach Grösse)	Die Feigen waschen und dann im Porto und Rotwein in einer kleinen Sauteuse ☛ **zugedeckt und auf kleinstem Feuer** ☚ weichschmoren. 2 grosse (oder vier kleine) Feigen aus dem Fond heben und am Herdrand warmstellen. Die übriggebliebene Feige mit einer Gabel im Fond zerdrücken, mit dem Fond sirupartig reduzieren lassen und dann durch ein feines Sieb in ein Schüsselchen passieren.
2 EL	roter Porto	
½ dl	Rotwein	
1 CL	Butter Gewürzmischung	Die Médaillons mit der Gewürzmischung würzen und in einer Bratpfanne in der aufschäumenden Butter bei ☛ **relativ grosser Hitze** ☚ nur kurz sautieren, damit das Fleisch zart und saftig bleibt. Das Fleisch auf zwei heisse Teller verteilen und für einen kurzen Augenblick am Herdrand warmstellen.
½ dl	Fleischextrakt (oder Jus)	Bratsatz mit dem sirupartig eingekochten Feigenfond auflösen, Fleischextrakt (oder Wildjus) sowie den Rahm zufügen und alles zu einer sämigen Konsistenz kochen. Die Sauce zum Schluss vorsichtig mit Salz und wenig weissem Pfeffer aus der Mühle würzen, das Fleisch damit überziehen und die Feigen dazulegen.
2 EL	Doppelrahm Salz Pfeffermühle	

PS ‹Sautieren› steht generell für à la minute-Gerichte aus klein geschnittenen Produkten, wie beispielsweise geschnetzeltes Fleisch oder Geflügel, oder wie in diesem Rezept aus dünn geschnittenen Médaillons. Wichtig dabei ist, dass Sie in einer möglichst weiten Bratpfanne bei grosser Hitze arbeiten, damit erstens die Hitze nicht abfällt und zweitens die Fleischporen blitzartig geschlossen werden. Nur so bleibt das Fleisch saftig, und nur so kann verhindert werden, dass wertvolle Säfte verlorengehen. Médaillons übrigens werden mehr oder weniger dick aus dem Endstück von einem Filet geschnitten, und da, wo das Filet dicker wird, können die entsprechend dickeren Mignons geschnitten werden.

Côtelettes de chevreuil aux airelles rouges

Rehcôtelettes an Preiselbeersauce

Mise en place

6	Rehcôtelettes à ca. 70 g
1 EL	Traubenkernöl
1 CL	Butter
	Gewürzmischung
2 EL	roter Porto
½ dl	Rotwein
½ dl	Fleischextrakt
2 EL	Doppelrahm
1 EL	Preiselbeerconfiture
	Salz
	Pfeffermühle

Die Côtelettesknöchlein sauberschaben. Die Côtelettes mit Gewürzmischung würzen und in einer Bratpfanne in der aufschäumenden Butter-Öl-Mischung bei ☛ **mittlerer Hitze** ☚ beidseitig goldbraun braten, dabei immer wieder mit der Bratbutter übergiessen. Ein Vorgang, der höchstens 2-3 Minuten dauert. Dann die Côtelettes ☛ **zugedeckt** ☚ auf einem Teller am Herdrand rosa durchziehen lassen.

Überschüssiges Bratöl abgiessen. Bratsatz mit Porto und Rotwein auflösen und auf ☛ **grossem Feuer** ☚ auf mindestens die Hälfte reduzieren, aufgelösten Fleischextrakt und Preiselbeerconfiture sowie den Rahm zufügen und zu einer sämigen Konsistenz kochen lassen. Die Sauce zum Schluss vorsichtig mit Salz und wenig weissem Pfeffer aus der Mühle würzen.

Die Côtelettes in die Mitte von grossen heissen Tellern legen und mit der Sauce umgiessen. Dazu passt Rosenkohlgemüse ganz köstlich.

PS Früher pflegte man das Wild sehr lange an einem kühlen, luftigen Ort abhängen zu lassen, damit sich der sogenannte «Hautgout» kräftig entwickeln konnte. Heute allerdings wird einem zurückhaltenden Aroma der Vorzug gegeben, und unser Geschmackssinn hat sich danach zu richten. Versuchen Sie bei Gelegenheit Ihren Jäger, wobei es durchaus auch eine Jägerin sein darf, in ein Fachgespräch zu verwickeln und Sie werden dabei eine erstaunliche Erkenntnis machen. Wie wild wir es auch immer mögen: man muss nicht allem Vieh Hörner aufsetzen!

Bleibt dir von einem Kavalier
nur das Geschirr als Souvenir,
dann sei klug und merke dir:
er wollte nur ein Nachtquartier!

Sauté de foie de lapereau au vinaigre Balsamico

Mise en place **Kaninchenleber mit Balsamicoessig**

300 g	Kaninchenleber	Die Kaninchenleber mit einem Küchenpapier trockentupfen und die Leberflügel trennen.
1	Schalotte	Schalotte, Knoblauch und Speck möglichst kleinwürfeln und vom Majoran die Blättchen zupfen.
½	Knoblauchzehe	
30 g	Frühstücksspeck	
1	Majoranzweiglein	

1 CL	Butter	Die Leber kurz bevor sie gebraten wird mit der Gewürzmischung würzen und in einer Bratpfanne in der aufschäumenden Butter bei ☛ **mittlerer Hitze** ☛ goldbraun braten, dabei immer wieder mit der Bratbutter übergiessen, gleichzeitig die feingewürfelte Schalotte und Knoblauch sowie die Speckwürfelchen mitbraten. Leber ☛ **zugedeckt** ☛ auf einem Teller am Herdrand rosa durchziehen lassen.
	Gewürzmischung	
2 EL	Balsamicoessig	
½ dl	Bouillon	

Bratsatz mit Balsamicoessig auflösen und völlig reduzieren lassen, dann die Bouillon zufügen und auf die Menge von etwa 1 Esslöffel einkochen.

2 CL	Butter	Gleichzeitig die Butter in einer kleinen Pfanne goldbraun aufschäumen lassen, zur Sauce geben, die Majoranblättchen einstreuen, die Leber in die Mitte von heissen Tellern verteilen und mit der kleinen Sauce übergiessen.

PS Dieses Gericht ist eine echte Delikatesse, geht doch die Kaninchenleber mit diesem unvergleichlichen Balsamicoessig aus Modena eine harmonische Verbindung ein. Ob Kaninchenleber allerdings immer erhältlich ist, ist mehr als fraglich. Aber vielleicht finden Sie einen liebenswürdigen Gast mit einer Kaninchenzucht, der Ihnen bei Gelegenheit anstelle von roten Rosen diese wundervolle Leber mitbringt.

Foie de Veau à la sauce au coing

Mise en place

2	Kalbsleberschnitten à ca. 130 g
	Gewürzmischung
1 CL	Butter
2 EL	Rotwein
½ dl	roter Porto
2 CL	Quittengelée
1 dl	Fleischextrakt (oder Jus)
	Salz
	Pfeffermühle

Kalbsleber an Quittensauce

Die Leber mit einem Küchenpapier trockentupfen und allfällige Blutgefässe ausschneiden.

Die Leber kurz bevor sie gebraten wird vorsichtig mit der Gewürzmischung würzen und in einer Bratpfanne in der aufschäumenden Butter ☛ **bei mittlerer Hitze** ☛ beidseitig goldbraun braten, dabei immer wieder mit der Bratbutter übergiessen. Ein Vorgang, der nur kurze Zeit dauert, weil die Leber anschliessend ☛ **zugedeckt** ☛ auf einem Teller am Herdrand rosa durchziehen soll.

Bratsatz mit Rotwein und Porto auflösen und bei ☛ **grossem Feuer** ☛ um mindestens die Hälfte reduzieren, Quittengelée und aufgelösten Fleischextrakt (oder Fleischjus) zufügen und zu sirupartiger Konsistenz kochen. Die Sauce zum Schluss vorsichtig salzen und mit wenig weissem Pfeffer aus der Mühle aromatisieren.

Die Leber auf heisse Teller legen und mit der Sauce überziehen.

PS Es geistert durch viele Küchen das Märchen, Fleisch (oder wie in diesem Fall die Leber) dürfe immer erst nach dem Braten gewürzt werden. Märchen sind zwar liebenswerte Geschichten, erzählen aber erfahrungsgemäss stets ein bisschen an der Wirklichkeit vorbei. Es muss einleuchten, dass ein Produkt (Fleisch, Innereien, Geflügel, Fische), das vor dem Braten gewürzt wird, um einiges aromatischer schmeckt, weil das Salz beispielsweise die Eigenschaft hat, gewisse Aromastoffe freizusetzen. Weil nun aber das Salz andererseits wichtige Säfte auflösen kann, wird mit Vehemenz dafür gesorgt, dass dies nicht geschehen kann. Das ist auch richtig so. Aber ich meine, dass es sinnvoller wäre, anstatt das Märchen weiterzuerzählen, darauf hinzuweisen, dass ein Produkt zwar vor dem Braten gewürzt werden darf, dann aber sofort gebraten (oder gegart) werden muss, damit das Salz keine Gelegenheit hat, die köstlichen Säfte aufzulösen.

Sauté de ris de veau à la marjolaine

Mise en place		Kalbsmilkensauté mit Majoran
300 g	Herzmilken (Bries)	Milken in einer Schüssel während mindestens 6 Stunden wässern, wobei sie besonders schön weiss werden, wenn ein feiner Wasserstrahl ununterbrochen darüberläuft. Dann die Milkenröschen von Hand aus den feinen Häutchen schälen, von denen sie zusammengehalten werden, und auf einem Sieb gut abtropfen lassen.
200 g	Kartoffeln	Kartoffeln, Karotten und Sellerie zurüsten und in kleine Würfel von ca. 1×1 cm schneiden, dann in Salzwasser während ungefähr 5 Minuten blanchieren, auf ein Sieb schütten und gut abtropfen lassen. Vom Majoran die Blättchen zupfen.
100 g	Karotten	
100 g	Sellerie	
1	Majoranzweiglein	
30 g	Frühstücksspeck	Speck feinwürfeln und in einer beschichteten Bratpfanne in der Butter anziehen, die Gemüse- und Kartoffelwürfelchen zufügen und bei ☞ mittlerer Hitze ☜ allseitig zu einer schönen Farbe braten.
1 CL	Butter	
1 CL	Butter	Milkenröschen mit der Gewürzmischung würzen, durch Mehl ziehen, überschüssiges Mehl abklopfen und die Röschen in einer beschichteten Bratpfanne in der aufschäumenden Butter-Öl-Mischung bei ☞ mittlerer Hitze ☜ knusprig braten. Ein Vorgang, der ungefähr 8-10 Minuten dauert, bis die Milkenröschen gar sind.
1 EL	Traubenkernöl	
	Gewürzmischung	
	Mehl	
		Das gebratene Gemüse auf grosse heisse Teller verteilen und die Milkenröschen dazulegen.
1 CL	Butter	Ganz zum Schluss die Butter in der Bratpfanne nussbraun erhitzen, über das Gericht verteilen und alles mit Majoranblättchen bestreuen.

PS Milken (Bries) sind ein herrliches Produkt, das sein Aroma am besten behält, wenn es roh und nicht pochiert zubereitet wird. Da Milken, wie überhaupt Innereien, nur sehr frisch Träume Wirklichkeit werden lassen, ist es gut zu wissen, wann Ihr Händler sie frisch bekommt. Ausnahmsweise müssen Sie deshalb mittelfristig planen. Verlangen Sie aber stets Herzmilken, (die kleinen, runden Nüsschen), die um vieles delikater sind als die längliche Halsmilke.

Fricassée de ris de veau au champagne

Mise en place		Kalbsmilkenfricassée mit Champagner
400 g	Herzmilken (Bries)	

Milken in einer Schüssel während mindestens 6 Stunden wässern, wobei sie besonders schön weiss werden, wenn ein feiner Wasserstrahl ununterbrochen über die Milken läuft.

Anschliessend alle harten Teile ablösen und die Milkenröschen von Hand aus den feinen Häutchen lösen, von denen sie zusammengehalten werden. Auf einem Sieb gut abtropfen lassen.

1 CL	Butter	
1	Schalotte	
1	Karotte	
½	Tomate	
¼	Lorbeerblatt	
2	Petersilienstengel	
3	weisse Pfefferkörner	
½ dl	Champagner	
½ dl	Wasser	

In der Zwischenzeit kann der Sud vorbereitet werden. Schalotte, ein kleines Stück Karotte sowie die Tomate möglichst kleinschneiden und in einer Sauteuse in der aufschäumenden Butter kurz anziehen, mit Champagner und Wasser auffüllen, Lorbeerblatt, Petersilienstengel und Pfefferkörner zufügen und alles auf ☛ kleinem Feuer ☚ während ungefähr 5 Minuten leise köcheln lassen.

Jetzt die Milkenröschen zufügen, während ca. 10 Minuten auf ☛ kleinem Feuer ☚ in diesem Sud ziehen lassen und anschliessend ☛ zugedeckt ☚ auf einem Teller am Herdrand warmstellen.

Sud durch ein feines Drahtsieb in eine Sauteuse passieren und das Gemüse mit dem Rücken eines kleinen Schöpflöffels gut auspressen. Sud dann bei ☛ grosser Hitze ☚ auf die Menge von 2 Esslöffeln reduzieren.

4 EL	Doppelrahm
	Salz
	Cayenne
	Curry

Doppelrahm zufügen, Sauce vorsichtig mit Salz, einem Hauch Cayenne sowie einer Spur Curry würzen und zur gewünschten sämigen Konsistenz kochen lassen. Milkenröschen in die heisse Sauce geben und sofort auf heissen Tellern anrichten. Ganz köstlich schmecken grüne Spargeln zu diesem feinen Gericht.

PS Sie dürften längst bemerkt haben, dass in den meisten Rezepten Doppelrahm verwendet wird. Das hat seinen guten Grund: Doppelrahm kann in kürzester Zeit zur gewünschten Konsistenz reduziert werden, was, wenn alles ein bisschen schneller zu geschehen hat, von Vorteil ist. Nun ist aber Doppelrahm nicht immer und nicht überall erhältlich, er kann jedoch selbstverständlich durch ganz normalen Rahm ersetzt werden. Nur braucht es dann von der Menge her etwas mehr, es sei denn, Sie lassen die Sauce nicht reduzieren und binden sie mit kalter Butter.

Rosettes de ris de veau au Noilly Prat

Mise en place **Kalbsmilken auf Spinat an Vermouthsauce**

400 g	Herzmilken (Bries)	Milken während mindestens 6 Stunden in einer Schüssel wässern, damit das Blut ausgespült wird, wobei die Milken besonders schön weiss werden, wenn ein feiner Wasserstrahl ununterbrochen darüberläuft.

Anschliessend sämtliche harten Teile ablösen und die Milkenröschen von Hand aus den feinen Häutchen lösen, von denen sie zusammengehalten werden und auf einem Sieb gut abtropfen lassen.

500 g	Frühlingsspinat
1 EL	Butter
1	Knoblauchzehe
	Salz
	Muskatnuss
	Pfeffermühle

Spinat verlesen, entstielen, waschen und gut trockenschleudern. Butter in einer möglichst weiten Pfanne (es darf durchaus eine Bratpfanne sein) aufschäumen lassen, Spinat zufügen und mit einer Gabel, an der die Knoblauchzehe steckt, so lange durchrühren, bis der Spinat zusammenfällt und alle Flüssigkeit verdampft ist. Spinat vorsichtig mit Salz, frisch geriebener Muskatnuss und wenig weissem Pfeffer aus der Mühle würzen und ← zugedeckt → am Herdrand warmstellen.

2 EL	Weisswein
½ dl	trockener Vermouth
½ dl	Bouillon (oder Fond)
4 EL	Doppelrahm
	Salz
	Cayenne
	Curry
	Zitronensaft

Weisswein und Vermouth in einer Sauteuse bei ← grossem Feuer → auf die Hälfte reduzieren, Bouillon (oder Fond) zufügen und auf die Menge von 2 Esslöffeln einkochen lassen. Rahm zufügen, Sauteuse vom Herd ziehen und die Sauce vorsichtig mit Salz, einem Hauch Cayenne, einer Spur Curry sowie ein paar Tropfen Zitronensaft würzen.

1 CL	Butter
1 EL	Traubenkernöl
	Gewürzmischung
	Mehl

Milkenröschen mit der Gewürzmischung würzen, durch Mehl ziehen, überschüssiges Mehl abklopfen und in einer beschichteten Bratpfanne in der aufschäumenden Butter-Öl-Mischung bei ← mittlerer Hitze → während ungefähr 8-10 Minuten knusprig braten.

In der Zwischenzeit den Spinat erwärmen, die Sauce zur gewünschten sämigen Konsistenz kochen und den Spinat in die Mitte von grossen heissen Tellern verteilen. Milkenröschen auf dem Spinatbett anrichten und alles mit der heissen Sauce umgiessen.

PS Häufig benötigen Sie für die Zubereitung einer Sauce eine hocharomatische Ingredienz, wie in diesem Rezept. Obwohl es mittlerweile kein Geheimnis mehr sein dürfte: verwenden Sie bitte stets die beste Qualität des angegebenen (trockenen) Vermouths und nach Möglichkeit denselben Wein, der anschliessend das Essen begleitet. Nur derart entspricht dann eine Sauce Ihrer Vorstellung und kann unter Umständen einen nachhaltigen Eindruck hinterlassen.

Tripes à la julienne de légumes au safran

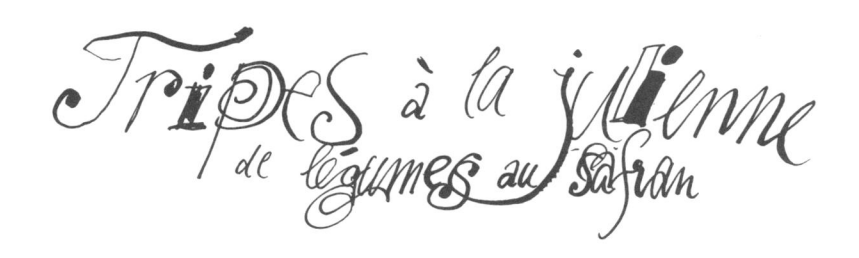

Mise en place		Kutteln an Safransauce
300 g	gekochte Kutteln (Pansen)	Gekochte Kutteln, wie sie beim Metzger erhältlich sind, in feine Streifen schneiden.
1	kleine Karotte	Karotte, Lauch und Sellerie zurüsten und in feine Streifen schneiden, von denen Sie ungefähr 100 g insgesamt brauchen.
1	kleiner Lauch	
1	Stück engl. Sellerie	
	Schnittlauch	Von sehr feinem Schnittlauch ein paar Fäden zum Bestreuen schneiden.
1	kleine Tomate	Tomate während ca. 15 Sekunden in kochendes Wasser tauchen, Haut abziehen, entkernen und das Tomatenfleisch kleinwürfeln. Schalotte und Knoblauch ebenfalls sehr feinschneiden.
1	Schalotte	
½	Knoblauchzehe	
1 CL	Butter	Die feingeschnittene Schalotte und Knoblauch in einer beschichteten Bratpfanne in der aufschäumenden Butter-Öl-Mischung goldgelb anziehen, dann die Gemüse- und Kuttelnstreifen sowie die feingewürfelte Tomate zufügen, mit einer Messerspitze Safran bestäuben, vorsichtig salzen und während ungefähr 5 Minuten vor sich hin dünsten lassen.
1 EL	feinstes Olivenöl	
1 Msp.	Safran	
	Salz	
½ dl	Weisswein	Kutteln mit Weisswein ablöschen, mit Bouillon auffüllen und alles ↝ **zugedeckt auf kleinem Feuer** ↝ während ca. 30 Minuten leise köcheln lassen.
1 dl	Bouillon	
2 EL	Doppelrahm	Rahm zufügen, ein paar Safranfäden einstreuen und das Gericht mit wenig Zitronensaft aromatisieren. Kutteln in die Mitte von grossen heissen Tellern anrichten und mit Schnittlauchfäden bestreuen.
	Safranfäden	
	Zitronensaft	

PS Um diese Anregung zu verwirklichen, muss Ihr Gegenüber wohl entweder ein ganz bodenständiges Wesen oder Typ ‹Nouvelle› sein. Manchmal gibt es aber auch die ganz seltene Spezies, die aus lauter Liebe alles isst. Dann ist einer von beiden ein Glückspilz, oder sogar beide.

Ein mancher hat zum Amüsement,
ein wunderhübsches Appartement.
Am Türschild steht als Alibi:
Gebrüder Schwarz und Compagnie.

Carottes au Coriandre

Mise en place **Caramelisiertes Karottengemüse mit Koriander**

300 g Karotten

Die Karotten schälen, waschen und in Form schneiden, wie beispielsweise in kleine Würfel, feine Scheiben oder Stäbchen. Am köstlichsten würden bei diesem Rezept junge Karotten schmecken!

1 CL Butter
1 CL Zucker
     Salz
     Koriander

Butter und Zucker in einer Sauteuse schmelzen, Karotten zufügen, vorsichtig salzen und ☛ **zugedeckt auf kleinem Feuer** ☚ während ca. 10-15 Minuten im eigenen Saft dünsten.

Danach das Gemüse bei ☛ **grosser Hitze ohne Deckel** ☚ und unter gelegentlichem Schütteln goldgelb caramelisieren. Die Karotten zum Schluss mit frisch gemahlenem Koriander aus der Mühle würzen.

PS Gemüse im eigenen Saft zu dünsten hat eine lange (asiatische) Tradition. Diese Methode ist für alle Gemüsearten zu empfehlen, weil so das Aroma ausgeprägter zum Tragen kommt. Grösseres Gemüse ist entsprechend kleinzuschneiden. Bei einem Blumenkohl zum Beispiel werden kleine Röschen abgetrennt und die Blütenstiele in Scheiben geschnitten. Wichtig sind für Sie vielleicht ein paar grundlegende Ratschläge dazu: das Gemüse muss immer nass zur aufschäumenden Butter gelegt werden, die Hitze ist wirklich klein zu halten, und der gut schliessende Deckel auf der Kasserolle ist wichtig, damit kein Dampf entweichen kann. Der Zucker im obenstehenden Rezept hat allerdings nur mit den Karotten etwas zu tun, der dazu dient, diese zu caramelisieren und das süssliche Aroma zu unterstützen.

Broccoli au beurre

Mise en place		Broccoligemüse
400 g	Broccoli	Vom Broccoli die Röschen abtrennen. Die Blütenstiele dünn abschälen und in Scheiben schneiden. Röschen und Scheiben in kochendem Salzwasser auf den Punkt garen. Das Gemüse mit einem Schaumlöffel aus dem Wasser heben und für einen kurzen Augenblick in kaltes Wasser legen, damit der Garprozess gestoppt und zugleich die schöne grüne Farbe erhalten bleibt.
1 CL	Butter Salz Pfeffermühle Muskatnuss	Broccoligemüse in einer Sauteuse in der aufschäumenden Butter gut heiss werden lassen. Zum Schluss vorsichtig mit Salz, wenig weissem Pfeffer aus der Mühle und frisch geriebener Muskatnuss würzen.

PS Derart blanchiertes Gemüse braucht nur noch sekundenschnell in heisser Butter geschwenkt zu werden. Die Methode eignet sich besonders gut für grünes Gemüse wie Erbsen, Kefen (Zuckererbsen), Bohnen, Grünkohl, Federkohl und jeden andern Kohl! Es handelt sich dabei nicht nur um eine schnelle und schonungsvolle Art des Garens, sondern dem Gemüse wird darüberhinaus das wunderschöne Grün erhalten, mit der man heute immer richtig liegt.

Épinards en Branches

Mise en place   **Spinatgemüse**

500 g	Spinat
½	Schalotte
1 EL	Butter
1	Knoblauchzehe
	Salz
	Pfeffermühle
	Muskatnuss

Spinat verlesen, entstielen, waschen und gut trockenschleudern. Die Schalotte in kleinste Würfelchen (Brunoise) schneiden.

Butter in einer möglichst weiten Pfanne (wobei es durchaus eine Bratpfanne sein darf) aufschäumen lassen und die feingewürfelte Schalotte goldgelb anziehen. Dann Spinat zufügen und mit einer Gabel, an der die geschälte Knoblauchzehe steckt, so lange durchrühren, bis der Spinat zusammenfällt und alle Flüssigkeit verdampft ist. Spinat vorsichtig mit Salz, wenig weissem Pfeffer aus der Mühle und frisch geriebener Muskatnuss würzen.

PS Dieses Rezept ist ein schönes Beispiel dafür, dass auch die gute Küche einfach und unkompliziert ist. Es braucht wirklich nur diese ‹Prise Leidenschaft›, dieses bisschen mehr an Einsatz, womit dann eben das Gemüse zugerüstet werden muss. Nach diesem Rezept können Sie übrigens auch Mangold zubereiten. Oder Lattich, der allerdings durch die Blattrippen etwas länger zum Garen braucht, aber ganz besonders köstlich schmeckt, wenn Sie feingeschnittenen Frühstücksspeck zufügen.

Les Haricots verts

Mise en place — **Bohnengemüse**

300 g	grüne Bohnen
½	Schalotte
¼	Knoblauchzehe
30 g	Frühstücksspeck

Von den Bohnen eventuell vorhandene Fäden abziehen, waschen und in kochendem Salzwasser auf den Punkt blanchieren. Bohnen dann auf ein Sieb schütten und gut abtropfen lassen.

Schalotte und Knoblauch in feinste Würfelchen, Speck in Streifen schneiden. Speck in einer beschichteten Bratpfanne knusprig braten und anschliessend auf ein kleines Sieb schütten, damit überflüssiges Fett ablaufen kann.

1 CL	Butter
	Salz
	Pfeffermühle
	Muskatnuss

Schalotte und Knoblauch in der aufschäumenden Butter kurz anziehen, Bohnen zufügen, vorsichtig mit Salz, wenig weissem Pfeffer aus der Mühle und frisch geriebener Muskatnuss würzen. Das Bohnengemüse unter gelegentlichem Schütteln während 2-3 Minuten in der heissen Butter schwenken und zum Schluss mit den knusprig gebratenen Speckstreifen bestreuen.

Diese Art der Gemüsezubereitung eignet sich auch besonders gut für Erbsen oder Kefen (Zuckererbsen).

PS Blanchiertes (überbrühtes) Gemüse sollte niemals im Kühlschrank aufbewahrt werden, da sich dadurch das Aroma zum Nachteil verändern würde. Sollten Sie aus irgendeinem Grund dennoch einmal blanchiertes Gemüse kurze Zeit aufbewahren wollen, dann kann es nach dem Abkühlen unter Klarsichtfolie verschlossen in der Küche stehenbleiben. Weil es nach Geschmack, Form und Farbe die verschiedensten Bohnensorten gibt, ist es vernünftig zu präzisieren, dass in diesem Rezept die feinen, winzigen Prinzessbohnen verwendet werden. Die schmecken dann allerdings so fein, dass sie keine Nebenrolle zu spielen brauchen. Sollten Ihnen die breiten, langen Stangenbohnen zur Verfügung stehen, dann kann ich Ihnen raten, diese in allerfeinste Streifen (Julienne) zu schneiden, kurz in Salzwasser zu überbrühen, in aufschäumender Butter zu schwenken und mit wenig weissem Pfeffer aus der Mühle zu würzen. Wie das schmeckt!

Poireaux à la Crème

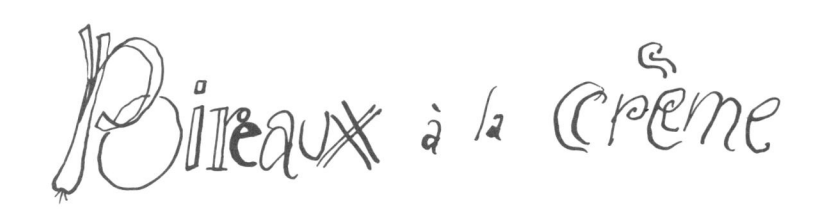

Mise en place | **Rahmlauch**

400 g	Lauch (nur weisser-hellgrüner Teil)
1 CL	Butter
1 dl	Rahm
	Salz
	Cayenne
	Zitronensaft

Vom Lauch die äusseren, allenfalls welken Blätter ablösen. Lauch der Länge nach halbieren, unter fliessendem Wasser waschen und dann in feine Streifen (Julienne) oder kleine Quadrate schneiden.

Lauch in einer Sauteuse in der aufschäumenden Butter so lange anziehen, bis er zusammenfällt und alle Flüssigkeit verdampft ist. Dann Rahm zufügen, vorsichtig mit Salz, einem Hauch Cayenne sowie ein paar Tropfen Zitronensaft würzen und auf ☛ **grossem Feuer** ☚ sämig einkochen lassen.

PS Für ein Rahmgemüse eignet sich ebenso gut Rosenkohl. Nur ist die Zubereitungsart etwas verschieden: Den gewaschenen Rosenkohl vierteln und zusammen mit einer feingeschnittenen Schalotte und wenig Knoblauch in Butter anziehen, mit Rahm auffüllen, mit Salz und wenig frisch geriebener Muskatnuss würzen, dann zugedeckt auf kleinem Feuer weichschmoren. Den Rosenkohl abschliessend mit wenig weissem Pfeffer aus der Mühle würzen und ein paar kalte Butterflocken dazuschwingen. Das schmeckt köstlich.

Les petits légumes à la crème de cerfeuil

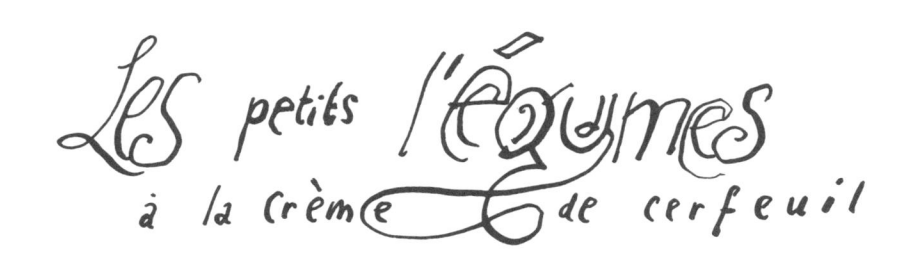

Mise en place   **Frühlingsgemüse an Kerbelsauce**

400 g	Frühlingsgemüse	
1	Sträusschen Kerbel	

Frühlingsgemüse, wie beispielsweise Kefen (Zuckererbsen), kleinste Karotten, feine Bohnen, grüne Spargeln, Frühlingszwiebeln, Frühlingslauch oder junger Kohlrabi, zurüsten und nur notfalls kleinschneiden. Vom Kerbel die Blättchen zupfen.

200 g neue Kartoffeln

Möglichst kleine Kartoffeln aus neuer Ernte unter fliessendem Wasser sauberbürsten, in der Schale weichkochen und dann die feine Haut abziehen.

1 CL Butter
1 dl Wasser
      Salz
      Zucker

Das Gemüse in der aufschäumenden Butter kurz durchschwenken, vorsichtig salzen und mit einer Prise Zucker bestreuen, mit dem Wasser auffüllen und ☛ **zugedeckt auf kleinem Feuer** ☚ weichgaren.

Ist dies geschehen, Gemüse auf ein Sieb schütten und gut abtropfen lassen, dabei ☛ **unbedingt** ☚ die Garflüssigkeit auffangen, da sie später für die Sauce weiterverwendet wird.

1 dl Rahm
      Garflüssigkeit
20 g kalte Butter
      Salz
      Cayenne
      Muskatnuss
      Zitronensaft

Die Garflüssigkeit in einer Sauteuse zum Kochen bringen, Rahm zufügen, aufkochen lassen und, während die Sauce kocht, die eiskalte Butter in kleinen Mengen einschwingen, damit eine schöne Bindung entsteht. Die Sauce vorsichtig mit Salz, einem Hauch Cayenne, wenig frisch geriebener Muskatnuss und ein paar Tropfen Zitronensaft würzen.

Kartoffeln und Gemüse in dieser Sauce während eines kurzen Momentes heiss durchziehen lassen, mit den gezupften Kerbelblättchen bestreuen und auf grossen heissen Tellern anrichten.

PS Der Markt bietet zur schönsten Jahreszeit eine überaus grosse Palette an jungem Gemüse. Wie vergnüglich, da zuzugreifen und ein Gericht zuzubereiten, das für den Frühling und seine zarten Seiten und Blätter spricht.

Poivrons à l'huile d'olive

Mise en place   **Peperonigemüse**

1	rote Peperoni
1	gelbe Peperoni
1	grüne Peperoni
2	Tomaten
1	Schalotte
1	Knoblauchzehe
1	Thymianzweiglein
1 EL	feinstes Olivenöl
	Salz
	Pfeffermühle

Von den Peperoni (Paprika) mit einem Sparschäler die Haut abziehen, weisse Häutchen und Kerne auslösen. Dann von den Peperoni kleine Quadrate von ca. 2×2 cm schneiden.

Die Tomaten während ca. 15 Sekunden in kochendes Wasser tauchen, Haut abziehen, entkernen und das Tomatenfleisch ebenfalls in Würfelchen schneiden. Schalotte und Knoblauch möglichst feinwürfeln und vom Thymian die Blättchen zupfen.

Schalotte und Knoblauch in einer Sauteuse im ☛ **mässig heissen** ☚ Olivenöl goldgelb anziehen, Peperoni- und Tomatenwürfelchen zufügen, vorsichtig salzen und ☛ **zugedeckt auf kleinem Feuer** ☚ im eigenen Saft weichschmoren. Das Gemüse zum Schluss mit weissem Pfeffer aus der Mühle aromatisieren und die gezupften Thymianblättchen einstreuen.

PS In den meisten Rezepten gebe ich aus ganz persönlicher Neigung der Schalotte den Vorzug, weil ich meine, dass sie im Geschmack feiner und delikater ist als die Zwiebel. Wer jedoch auf die Gaumenfreuden der Zwiebel nicht verzichten kann, soll nicht darauf verzichten müssen; denn zweifelsohne hat die Zwiebel ihre Reize und mit Sicherheit Heerscharen von Anhängern.

Lentilles au lard

Mise en place   **Linsengemüse**

1	kleine Karotte	
1	kleiner Lauch	
1	kleiner Sellerie	

Karotte, Lauch und Sellerie zurüsten und in feinste Würfelchen (Brunoise) schneiden. Sie brauchen davon ungefähr 30 g.

½	Schalotte	
1	Scheibe Frühstücksspeck	

Schalotte und möglichst mageren Frühstücksspeck ebenso feinschneiden.

100 g Linsen

Je nach Ernte müssen Sie die Linsen über Nacht in Wasser einweichen, dann auf ein Sieb schütten und gut abtropfen lassen.

1 CL	Butter
1	ungeschälte Knoblauchzehe
½ CL	Tomatenpurée
4 dl	Bouillon
½	Lorbeerblatt
	Salz
	Pfeffermühle
	Balsamicoessig
2 EL	Doppelrahm

Die feingeschnittene Schalotte in einer Sauteuse in der aufschäumenden Butter goldgelb anziehen, Speck und Gemüse sowie die ungeschälte Knoblauchzehe, die Linsen und das Tomatenpurée (Tomatenmark) zufügen und unter ☛ **ständigem Rühren** ☚ mit einem Holzlöffel kurz mitdünsten. Dann mit Bouillon auffüllen, Lorbeerblatt zufügen und ☛ **zugedeckt auf kleinstem Feuer** ☚ weichgaren.

Ist dies geschehen, Lorbeerblatt und Knoblauchzehe entfernen, das Linsengemüse vorsichtig mit Salz, weissem Pfeffer aus der Mühle und ein paar Tropfen Balsamicoessig (oder ersatzweise mit einem guten Rotweinessig) würzen. Abschliessend den Rahm zufügen oder, falls Sie es vorziehen, das Linsengemüse mit ein paar kalten Butterflocken sämigrühren.

PS Linsen eignen sich immer dann gut, wenn eine märchenhafte Stimmung herbeigezaubert werden soll. Immerhin haben sie Aschenputtel Glück gebracht. Leider verschwand diese schmackhafte Hülsenfrucht mancherorts vom Speisezettel, doch seit einigen Jahren erlebt sie eine richtige Renaissance. Richtig so, denn Aristophanes, ein griechischer Komödiendichter, hat schon damals die Linse als ein wundervolles, kräftigendes Liebesmittel empfohlen.

Sauté aux chanterelles

Mise en place

300 g	Eierschwämmchen (Pfifferlinge)
½	Schalotte
½	Knoblauchzehe
	flache Petersilie
1 CL	Traubenkernöl
1 CL	Butter
	Salz
	Pfeffermühle
	Zitronensaft

Eierschwämmchenragout

Von möglichst kleinen Pilzen erdige Teile wegschneiden, die Pilze mit einem Küchenpapier sauberreiben und nur notfalls unter sanft fliessendem Wasser abspülen. Sehr kleine Eierschwämmchen können ganz gelassen werden, andernfalls werden sie geviertelt.

Schalotte und Knoblauch in feinste Würfelchen (Brunoise) schneiden und von der Petersilie die Blättchen zupfen.

Das Öl in einer weiten beschichteten Bratpfanne erhitzen, die Pilze zufügen und bei ☛ **grosser Hitze** ☚ so lange sautieren, bis alle Flüssigkeit verdampft ist.

☛ **Erst dann** ☚ die Butter, Schalotte und Knoblauch beifügen und so lange weitersautieren, bis die Pilze eine schöne Farbe angenommen haben. Vorsichtig mit Salz, weissem Pfeffer aus der Mühle und ein paar Tropfen Zitronensaft würzen. Das Pilzgericht auf heisse Teller verteilen und mit den Petersilienblättchen bestreuen. (Es versteht sich, dass feingeschnittene krause Petersilie genauso gut verwendet werden kann — nur ist sie eben weniger aromatisch.)

PS Es gibt kaum ein Produkt, das man so unmissverständlich mit der Natur in Verbindung bringt, wie dieses Pilzgericht. Schon beim Zurüsten der frischen Pilze ziehen die Gerüche in die Nase und die Gedanken durch die Wälder, und wenn beim Sautieren das wundervolle Aroma alle Sinne erreicht, ist es vollends geschehen. Wir verstehen dann, dass den Pilzen eine ausserordentlich stimulierende Wirkung zugesprochen wird.

Paillasson de pommes de terre et légumes

Mise en place		Gemüserösti
1	kleine Karotte	Karotte, Lauch, Sellerie sowie Kartoffeln zurüsten und in feinste Streifen (Julienne) schneiden. Vom Gemüse brauchen Sie etwa 100 g, von den Kartoffeln die doppelte Menge, also 200 g.
1	kleiner Lauch	
1	kleiner Sellerie	
2	mittlere Kartoffeln	
	Salz	Gemüse- und Kartoffeljulienne in einem Küchentuch trocknen und vorsichtig mit Salz und wenig weissem Pfeffer aus der Mühle würzen.
	Pfeffermühle	
2 CL	Butter	Butter in einer möglichst weiten beschichteten Bratpfanne aufschäumen lassen, die Julienne zufügen, mit einigen Butterflocken belegen und **zugedeckt bei mittlerer Hitze** während ca. 5 Minuten knusprig backen. Die Rösti wenden und **ohne Deckel** während weiteren 5 Minuten fertigbacken.
	Butterflocken	

PS Sie wissen inzwischen längst, wie eine feine Julienne geschnitten wird, und dass sich dabei eine Aufschnittmaschine als hilfreich erweist. Nun steht gewiss nicht in jedem kleinen Haushalt eine Aufschnittmaschine zur Verfügung, als Ersatz aber mit Sicherheit eines der vielen Raffelgeräte, die auf dem Markt angeboten werden. Natürlich lässt sich die Julienne auch damit schneiden, nur ist ein wesentlicher Unterschied zu beachten: während feine Gemüse- oder Kartoffelstreifen durch das Zuschneiden mit einem scharfen Messer eine glatte Schnittfläche erhalten, ist diese mit einem Raffelgerät nicht gegeben, und leider nimmt eine rauhe Schnittfläche wesentlich mehr Fettstoffe auf. Je feiner die Klinge, umso besser der Koch.

Gratin de pommes de terre et légumes

Mise en place

200 g	Kartoffeln
100 g	Karotten
100 g	Sellerie
	eine Gratinform von ca. 18×24 cm weiche Butter
2 dl	Rahm
1,5 dl	Milch
1 CL	Butter
½	Knoblauchzehe
1	Thymianzweiglein Salz Cayenne Muskatnuss

Gemüsegratin

Kartoffeln, Karotten und Sellerie zurüsten und in allerfeinste Scheiben von ca. 1 mm Dicke schneiden. (Am besten geschieht dies mit der Aufschnittmaschine, falls eine solche zur Verfügung steht oder mit einem Gemüsehobel, der entsprechend fein eingestellt werden kann.) Die Gemüsescheiben auf einem Küchentuch trocknen.

Eine flache Gratinform grosszügig mit weicher Butter auspinseln und den Backofen auf 200° vorheizen.

Rahm, Milch und Butter in einer Kasserolle zum Kochen bringen, Knoblauch dazupressen, Thymianzweiglein zufügen und mit Salz, einem Hauch Cayenne und frisch geriebener Muskatnuss würzen.

Gemüsescheiben in die Milch-Rahm-Mischung geben und **zugedeckt auf kleinem Feuer** während ca. 10 Minuten leise köcheln lassen.

Dann das Gemüse in die Gratinform geben und während ca. 30 Minuten bei 200° auf **mittlerer Rille** goldgelb überbacken.

PS Ein Gemüsegratin ist sicher eine herrliche Beilage zu einem kurz gebratenen oder grilliertem Fleisch oder Geflügel, zugleich aber auch ein eigenständiges Gericht, begleitet von einem Salat. Vielleicht aber nützen Sie die Garzeit dazu, ein köstliches Dessert zuzubereiten. Nach diesem Rezept übrigens kann auch ein Kartoffelgratin zubereitet werden, wobei Sie auf die Zugabe von Sellerie und Karotten verzichten und dafür die doppelte Menge Kartoffeln, also 400 Gramm, verwenden.

Gratin de pommes de terre

Mise en place | **Kartoffelgratin**

400 g Kartoffeln

Kartoffeln schälen, waschen und in feinste Scheiben von ca. 1 mm Dicke schneiden. (Am besten geschieht dies mit der Aufschnittmaschine, falls eine solche zur Verfügung steht, oder mit einem Gemüsehobel, der entsprechend fein eingestellt werden kann.) Die Kartoffelscheiben auf einem Küchentuch trocknen.

eine Gratinform von ca. 18×24 cm
weiche Butter

Eine flache Gratinform grosszügig mit weicher Butter auspinseln und den Backofen auf 120° vorheizen.

2 dl Rahm
1 dl Milch
1 CL Butter
½ Knoblauchzehe
1 Thymianzweiglein
Salz
Cayenne
Muskatnuss

Rahm, Milch und Butter in einer kleinen Kasserolle zum Kochen bringen, Knoblauch dazupressen, Thymianzweiglein zufügen und mit Salz, einem Hauch Cayenne und frisch geriebener Muskatnuss würzen.

Die Kartoffelscheiben in die Gratinform schichten, die Rahm-Milch-Mischung über die Kartoffeln verteilen und den Gratin auf ← **mittlerer Rille** → während ungefähr 2 Stunden bei dieser ← **erstaunlich milden Hitze** → überbacken. Sollte der Gratin wider Erwarten zu schnell Farbe annehmen, schützt eine Alufolie vor weiterer Bräunung.

PS Ein Kartoffelgratin nach dieser Methode bei milder Hitze zubereitet, ist eine besonders köstliche Beilage zu Fleisch oder Geflügel. Durch das langsame Garen verbinden sich alle Zutaten auf ideale Weise. Noch schöner formulieren würden es unsere westlichen Nachbarn, weil sie dazu sagen: ‹le mariage des ingrédients.› Falls Ihnen für diese Vermählung nicht so viel Zeit zur Verfügung steht, und Sie dennoch Lust auf einen Kartoffelgratin haben, dann würde ich Ihnen raten, sich an das Rezept auf S. 246 zu halten.

Paillasson de pommes de terre

Mise en place | **Rösti aus rohen Kartoffeln**

400 g Kartoffeln

Kartoffeln schälen, waschen und in feinste Streifen (Julienne) schneiden. Vielleicht steht Ihnen eine Aufschnittmaschine zur Verfügung, mit der die Kartoffeln in feinste Scheiben und dann von Hand in feinste Streifen geschnitten werden. Oder Sie verwenden ein Raffelgerät auf die Gefahr hin, dass eine nicht so glatte Schnittfläche entsteht, die dann mehr Butter aufnimmt.

Salz
Pfeffermühle
Thymianzweiglein

Die Kartoffelstreifen in einem Küchentuch trocknen. Vom Thymian die Blättchen zupfen, unter die Kartoffeln mischen, mit Salz und wenig weissem Pfeffer aus der Mühle würzen.

2 CL Butter
Butterflocken

In einer möglichst weiten beschichteten Bratpfanne die Butter aufschäumen lassen, Kartoffeljulienne zufügen, mit ein paar Butterflocken belegen und ☛ **zugedeckt bei mittlerer Hitze** ☚ während ca. 5 Minuten knusprig backen. Die Rösti wenden und ☛ **ohne Deckel** ☚ während weiteren 5 Minuten fertigbacken.

PS Vielleicht stehen Ihnen zwei Eierpfännchen zur Verfügung, mit denen Sie die Rösti portionenweise zubereiten können. Damit Sie die Rösti problemlos wenden können, würde ich Ihnen raten, sie nicht wie ein Profi in die Luft zu werfen, sondern auf einen Teller gleiten zu lassen, um sie dann auf der ungebackenen Seite in die Bratpfanne zurückzulegen.

Gnocchi de pommes de terre

Mise en place

400 g	Kartoffeln
1	Ei
2 EL	Mehl (ca. 30 g)
	Salz
	Cayenne
	Muskatnuss
	eine Gratinform von ca. 18×24 cm
	weiche Butter
2 EL	geriebener Parmesan
4 EL	Doppelrahm

Kartoffelgnocchi

Kartoffeln waschen und in der Schale weichkochen. Haut abziehen und die Kartoffeln durch ein Passevite oder durch eine Kartoffelpresse in eine Schüssel drücken und auskühlen lassen.

Mit einem Holzlöffel Ei und Mehl unter die Kartoffeln arbeiten und mit Salz, einem Hauch Cayenne und wenig frisch geriebener Muskatnuss würzen. Diesen Teig dann auf einem bemehlten Tisch zu fingerdicken Rollen formen und in ca. 3 cm lange Stücke schneiden.

Gratinform grosszügig mit weicher Butter auspinseln und den Backofen auf 250^0 vorheizen.

In einem Kochtopf mild gesalzenes Wasser zum Kochen bringen, die Gnocchi zufügen und während ungefähr 2-3 Minuten ☛ **leise köcheln lassen** ☛ Dann die Gnocchi mit einem Schaumlöffel aus dem Wasser heben und in die Gratinform verteilen.

Die Gnocchi mit Parmesan bestreuen, mit dem Rahm überziehen und im heissen Ofen während ca. 15 Minuten goldgelb überbacken.

PS Gnocchi sind Kartoffeln in einer ihrer schönsten Verwandlungen! Vielleicht ist das Gericht für manch einen zu deftig, aber Gnocchi noch leichter machen? Muss das sein? Wo sie doch so gut schmecken! Übrigens nicht nur überbacken. Ebenso gut können Gnocchi in Salbeibutter geschwenkt oder auf einem Bett von Tomatengemüse angerichtet werden. Für ersteres brauchen Sie nichts anderes als Butter und ein paar Blätter frischen Salbei — das schmeckt himmlisch! Für letzteres werden etwa 400 Gramm Tomaten geschält, entkernt und feingewürfelt, kurz in feinstem Olivenöl, gewürzt mit Salz, weissem Pfeffer aus der Mühle und einem Hauch Knoblauch, sekundenschnell sautiert.

Galettes de pommes de terre

Mise en place — **Kartoffelreibeküchlein**

1	Schalotte	Schalotte und Frühstücksspeck in kleinste Würfelchen (Brunoise) schneiden und die Petersilie feinschneiden.
1	Scheibe Frühstücksspeck	
1	Petersilienzweiglein	

400 g Kartoffeln

Kartoffeln schälen, waschen und auf einer Reibe sehr feinreiben, auf einem Sieb gut auspressen, in ein Geschirrtuch rollen und so möglichst viel Saft aus den Kartoffeln pressen. All dies sollte schnell geschehen, damit sich die Kartoffeln nicht unansehnlich verfärben. Jetzt die Kartoffeln in eine Schüssel geben.

1 Ei
Salz
Muskatnuss
Pfeffermühle

Ei, die feingewürfelte Schalotte, Frühstücksspeck sowie die feingeschnittene Petersilie unter die Kartoffeln mischen und vorsichtig mit Salz, frisch geriebener Muskatnuss sowie wenig weissem Pfeffer aus der Mühle würzen.

1 EL Butter

In einer möglichst weiten beschichteten Bratpfanne die Butter aufschäumen lassen, die Kartoffelmasse esslöffelweise zufügen und mit dem Rücken des Esslöffels Küchlein formen. Diese Küchlein beidseitig bei ← **mittlerer Hitze** → während je 5 Minuten goldbraun und knusprig backen.

PS Als die Spanier dieses seltsame Knollengewächs im 16. Jahrhundert aus Südamerika mitbrachten, wurde es vor allem wegen den Blüten als Zierpflanze geschätzt. Die Engländer waren dann die ersten, welche die Kartoffel als Speisefrucht kultivierten, zu deren Anerkennung und Verbreitung es allerdings die schrecklichen Hungersnöte in Europa und die Geschichte der zweiten Hälfte des 19. Jahrhunderts brauchte. So wurde die Kartoffel (neben Getreide) über Jahrhunderte zum Hauptnahrungsmittel auf unserem Kontinent. Und heute? Heute dürfen wir uns an vielen Sorten und unzähligen Rezepten freuen, mit denen köstliche Gerichte zubereitet werden können.

Crêpes de pommes de terre

Mise en place		Kartoffelcrêpes

Mise en place

150 g Kartoffeln

Kartoffelcrêpes

Die Kartoffeln waschen und in der Schale weichkochen. Ist das geschehen, die Haut abziehen und die Kartoffeln durch ein Passevite oder durch die Kartoffelpresse in eine Schüssel drücken.

2 EL Doppelrahm
1 Ei
1 CL Mehl
 Salz
 Cayenne
 Muskatnuss

Doppelrahm, Ei sowie Mehl unter die Kartoffeln mischen und vorsichtig mit Salz, einem Hauch Cayenne und wenig frisch geriebener Muskatnuss würzen. Die Konsistenz dieses Kartoffelbreis soll Sie an ein zu dünn geratenes Kartoffelpürée erinnern und kann mit mehr oder weniger Rahm beeinflusst werden.

1 EL Butter

In einem beschichteten oder emaillierten Eierpfännchen Butter aufschäumen lassen, esslöffelweise Kartoffelteig zufügen, mit dem Rücken des Esslöffels glattstreichen und die Kartoffelcrêpes ☛ **bei mittlerer Hitze** ☚ beidseitig goldgelb backen. Die Crêpes können ☛ **zugedeckt** ☚ auf einem Teller am Herdrand so lange warm gehalten werden, bis der Teig aufgearbeitet ist.

PS Bei vielen typischen Mehlspeisen ist die Variante, das Mehl durch Kartoffeln zu ersetzen, sehr zeitgemäss. Bei diesem Rezept allerdings können Sie nicht ganz auf das Mehl verzichten, da die Kartoffeln alleine zu wenig binden. Wussten Sie übrigens, dass sich Saucen sehr gut durch fein pürierte Kartoffeln binden lassen?

Pommes de terre à l'ail et du thym

Mise en place

400 g	Kartoffeln
1 dl	Bouillon
1,5 dl	Rahm
1	Knoblauchzehe
1	Thymianzweiglein
	Salz
	Cayenne
	Muskatnuss

Knoblauchkartoffeln mit Thymian

Kartoffeln schälen, waschen und kleinschneiden.

Bouillon und Rahm in einer Kasserolle zum Kochen bringen, Knoblauchzehe dazupressen, Thymianzweiglein zufügen und mit Salz, einem Hauch Cayenne und frisch geriebener Muskatnuss würzen. Die Kartoffeln in dieser Mischung auf ☛ **kleinem Feuer so lange leise köcheln** ☚ lassen, bis sie weich sind und fast alle Flüssigkeit aufgesogen haben.

Dann die Kartoffeln durch ein Passevite oder durch eine Kartoffelpresse drücken und heiss servieren.

Ein unkompliziertes, schnelles Rezept, das sich besonders als Beilage zu Lamm, aber auch zu jedem anderen Fleisch (ob gegrillt oder kurz gebraten) vorzüglich eignet.

PS Lassen Sie mich an dieser Stelle ein paar Worte zum Würzen sagen: die Rede ist immer wieder von einer Prise, einer Spur oder gar einem Hauch. Dies sind alles Begriffe, die sehr wohl differenzieren. Eine Prise ist, was zwischen drei Fingerspitzen Platz hat, eine Spur ist, was zwischen zwei Fingerspitzen Platz hat und ein Hauch ist, weil er eben nur ein Hauch ist, ganz einfach nicht erklärbar. Doch üben Sie dieses Fingerspiel, denn nichts muss man beim Kochen so sehr im Gefühl und in den Fingerspitzen haben wie das Würzen.

Pommes de terre en bouillon

Mise en place		Bouillonkartoffeln
400 g	Kartoffeln	Kartoffeln schälen, waschen und in kleine Würfel von ca. 2×2 cm schneiden.
1	kleine Karotte	Karotte, Lauch und Stangensellerie (auch englischer Sellerie genannt) zurüsten und in kleinste Würfelchen (Brunoise) schneiden, von denen Sie ca. 50 g brauchen.
1	kleiner Lauch	
1	kleiner Stangensellerie	
½	Knoblauchzehe	Die Knoblauchzehe ebenfalls in feinste Würfelchen schneiden und vom Thymian die Blättchen zupfen.
1	Thymianzweiglein	
1 CL	Butter	Gemüsebrunoise und den feingeschnittenen Knoblauch in der aufschäumenden Butter kurz anziehen, mit Bouillon auffüllen, Kartoffelwürfel und Thymianblättchen zufügen und ☛ **zugedeckt auf kleinem Feuer** ☚ so lange leise köcheln lassen, bis die Kartoffeln gar sind und alle Flüssigkeit aufgesogen haben. Erst zum Schluss mit wenig weissem Pfeffer aus der Mühle aromatisieren.
4 dl	Bouillon	
	Pfeffermühle	

PS Es ist beinahe selbstverständlich, dass das Gericht mit einer hausgemachten Bouillon besonders aromatisch schmeckt. Nun ist aber kaum anzunehmen, dass Sie diese Bouillon stets zur Verfügung haben und deshalb sollen Sie auch ein entsprechend gutes Produkt, wie es im Handel angeboten wird, jederzeit verwenden dürfen. Wichtig ist dabei allerdings, dass Sie die Bouillon mit Hilfe eines fettsaugendem Papier vor Gebrauch entfetten. Weil Küchenpapier zu viel Flüssigkeit aufsaugen würde, sollte das genarbte Plattenpapier verwendet werden, wie es in den Restaurants für Fettgebackenes gebraucht wird.

Pommes de terre au lard fumé

Mise en place | **Speckkartoffeln**

400 g Kartoffeln

Die Kartoffeln schälen, waschen, der Länge nach vierteln und dann in feine Scheiben schneiden. Die Kartoffeln in einem Küchentuch gut trocknen.

50 g Frühstücksspeck
1 Schalotte
½ Knoblauchzehe
1 Thymianzweiglein

Möglichst mageren Frühstücksspeck in kleinste Würfelchen schneiden. Genauso klein sollte die Schalotte sowie die Knoblauchzehe geschnitten werden. Vom Thymian die Blättchen zupfen.

2 EL Traubenkernöl
1 CL Butter
Salz
Pfeffermühle

Die Speckbrunoise in einer möglichst weiten beschichteten Bratpfanne ☛ im **mässig** ☚ heissen Öl knusprig braten. Kartoffelscheiben, Schalotte, Knoblauch, Thymianblättchen und die Butter zufügen und alles vorsichtig salzen. Die Kartoffeln während ungefähr 20 Minuten bei ☛ **mittlerer Hitze** ☚ unter gelegentlichem Wenden schön knusprig braten. Erst ganz zum Schluss das Gericht mit wenig weissem Pfeffer aus der Mühle aromatisieren.

Diese Kartoffeln eignen sich vorzüglich als Beilage zu einem kurz gebratenen, kräftigen Fleisch.

PS Wer weiss, dass der Knoblauch ein Liliengewächs ist und zudem gar noch ein entfernter Verwandter des Maiglöckchens, wird, wenn Letzteres verblüht ist, versuchen, mit einem Strauss von jungem Knoblauch ebenso tiefsinnigen Eindruck zu machen. Und wer darüberhinaus auch noch weiss, dass dem Duft der feinen Knoblauchzehe durch Kauen von Petersilie beizukommen ist, wird den Strauss zusätzlich mit Petersilie schmücken!

Pommes de terre aux oignons

Mise en place		Kartoffeln mit Zwiebeln
400 g	Kartoffeln	Kartoffeln schälen, waschen und in Scheiben von ungefähr 3 mm Dicke schneiden. (Dazu eignet sich eine geschickte Hand und ein scharfes Messer, ein Gemüsehobel oder eine Aufschnittmaschine.)
1	Zwiebel (ca. 100 g)	Zwiebel schälen, halbieren und in sehr dünne Streifen schneiden.
1 EL 1 CL	Traubenkernöl Butter Salz Pfeffermühle	In einer möglichst weiten beschichteten Bratpfanne das Öl mässig erhitzen, die Kartoffelscheiben zufügen, vorsichtig salzen und ☛ **zugedeckt bei mittlerer Hitze** ☚ während ungefähr 2-3 Minuten braten. Dann die Zwiebelstreifen zufügen und ☛ **zugedeckt** ☚ während weiteren 5-6 Minuten mitbraten. Erst jetzt kommt die Butter hinzu, und das Kartoffel-Zwiebel-Gemüse wird unter ☛ **ständigem Wenden** ☚ fertiggebraten. Zum Schluss mit wenig weissem Pfeffer aus der Mühle aromatisieren.

PS Sie begegnen in vielen Rezepten immer wieder der Aufforderung, eine beschichtete Bratpfanne zu verwenden. Nun gibt es unter diesem Begriff auf dem Markt eine Menge unterschiedlicher Produkte, und die Auswahl ist nicht leicht. Aber Unterschiede zwischen gut und besser gibt es zweifelsohne. Bewährt hat sich eine Alu-Guss-Pfanne, die aus hochwertigem Aluminium von Hand gegossen wird. Durch ein spezielles Verfahren erhält die Pfanne aus Kristallen und Schiefer eine Oberflächenveredelung, die nicht nur eine Antihaftwirkung bewirkt, sondern durch die Körnigkeit gleichzeitig einzigartige Brateigenschaften mit herrlichen Krusten garantiert. Weitere Kennzeichen sind ein dicker Thermoboden, der die Hitze gleichmässig verteilt, sowie die Möglichkeit, das Ganze mit Deckel in den Ofen zu stellen bei maximalen Temperaturen bis 280 Celsius. Es ist wichtig, dass Sie sich in einem Fachgeschäft über dieses Produkt beraten lassen, das selbst in die Küchen der grossen Profis Eingang gefunden hat.

Welch ein Schmaus! Mein lieber Otto
rührt den köstlichsten Risotto,
rührt und rührt ununterbrochen,
lässt den Reis ganz leise kochen,
hat den Wein am Herdrand stehn,
lässt Gedanken bummeln gehn,
pfeift ein Liedchen vor sich hin,
zwar furchtbar falsch, doch immerhin
bleibt er beim runden Rühren heiter,
rührt und schlürft auch ruhig weiter,
bis er anfängt zu begreifen,
dass das Rühren und das Pfeifen,
schlicht zu gar nichts Gutem führt,
weil er im falschen Topfe rührt!

Les nouilles merveilleuses

Mise en place

200 g	Mehl
½ CL	Salz
2	Eier
2 EL	feinstes Olivenöl
2 EL	Wasser

Nudeln – einfach nur so

Mehl und Salz in eine Schüssel geben, ein Ei nach dem andern dazuschlagen, das Öl esslöffelweise dazufügen und gut unter den Teig mischen.

Teig auf den leicht bemehlten Arbeitstisch geben, mit den Händen durchkneten und das Wasser langsam zufügen. Je nach Beschaffenheit des Mehls brauchen Sie mehr oder weniger Wasser, die angegebene Menge dürfte in etwa ausreichen. Nun den Teig mit dem Handballen so lange bearbeiten, bis er gut zusammenhält und sich geschmeidig anfühlt, dann auf einen Teller legen, mit Klarsichtfolie verschliessen und während ungefähr 2 Stunden im Kühlschrank ruhen lassen. Der Teig verliert in dieser Zeit seine Elastizität und lässt sich dann besser verarbeiten.

Anschliessend den Teig in 4 gleichmässige Stücke schneiden. Jedes einzelne Stück auf dem leicht bemehlten Arbeitstisch in mehreren Arbeitsgängen möglichst gleichmässig und dünn ausrollen, dazwischen immer wieder etwas ruhen lassen. Sind die Teigflecken entsprechend dünn ausgerollt, werden sie mit einem Hauch Mehl bestäubt, aufgerollt und sofort in mehr oder weniger breite Nudeln geschnitten. Es entstehen dabei kleine «Schnecken», die dann einzeln wieder gelockert werden.

Die Nudeln in kochendem Salzwasser auf den Punkt kochen, ein Vorgang, der höchstens 2-3 Minuten dauert, jedenfalls sollte der Garpunkt ständig kontrolliert werden, damit er nicht verpasst wird.

Werden die Nudeln nicht sofort gekocht, können sie auf einem bemehlten Tuch getrocknet werden.

Für dieses ganz, ganz köstliche Gericht braucht es nicht viel mehr als nussbraun geschmolzene Butter und geriebenen Parmesan (Reggiano)!

PS An dieser Stelle könnte ich Sie fragen: haben Sie schon jemals selbst genudelt oder lassen Sie nudeln? Wer es schon einmal getan hat, wird es immer wieder tun; denn nichts schmeckt köstlicher als selbstgemachte Nudeln! Sie sind der Beweis von echtem Bemühen und einem tiefen Verständnis für die einfachsten Produkte dieser Welt. Es kommt hinzu, dass Nudeln – sieht man von der Ruhezeit im Kühlschrank ab – im Nu zubereitet sind. Hilfreich dabei ist ein möglichst schweres Teigholz, damit der Teig mühelos dünn ausgerollt werden kann. Wollen Sie ganz sicher gehen, dann legen Sie die Teigflecken vor dem letzten Arbeitsgang auf ein leicht bemehltes Küchentuch, auf dem sie garantiert dünn genug ausgerollt werden können.

Nouilles aux légumes à la crème

Mise an place   **Nudeln mit Gemüsestreifen**

1	kleine Karotte
1	kleiner Lauch
1	kleiner Sellerie
1	Basilikumzweiglein

Karotte, Lauch und Sellerie zurüsten und in feine Streifen von ca. 10 cm Länge schneiden. Sie brauchen davon insgesamt 100 g. Vom Basilikum die Blättchen zupfen.

1 CL   Butter

Die Gemüsestreifen in einer Sauteuse in der aufschäumenden Butter unter gelegentlichem Wenden ▸ zugedeckt ◂ während ca. 2 Minuten dünsten.

1 dl	Bouillon
1 dl	Rahm
	Salz
	Cayenne
	Pfeffermühle
	Zitronensaft

Mit der Bouillon auffüllen und das Gemüse auf den Punkt garen, was in kurzer Zeit geschehen ist, weil es — so darf ich doch hoffen — fein genug geschnitten wurde! Jetzt den Rahm zufügen, vorsichtig mit Salz, einem Hauch Cayenne, wenig weissem Pfeffer aus der Mühle und ein paar Tropfen Zitronensaft würzen, dann die Sauteuse vom Herd ziehen.

200 g   frische Nudeln

Nudeln in viel kochendem Salzwasser auf den Punkt (al dente) garen. Bei frischen Nudeln dauert dieser Vorgang nur sehr kurze Zeit, wogegen getrocknete Nudeln entsprechend länger benötigen. Am besten ist, Sie stehen dabei und kontrollieren den Garpunkt in kurzen Abständen, damit er nicht verpasst wird. Nudeln anschliessend auf ein Sieb schütten und gut abtropfen lassen.

Die Gemüsesauce kurz erhitzen, die Nudeln mit zwei Gabeln untermischen, in heisse tiefe Teller verteilen und mit den Basilikumblättchen bestreuen.

PS Ich kann es mir nicht verkneifen, Sie darauf aufmerksam zu machen, wie köstlich dieses Gericht schmeckt, wenn sich eine kleine schwarze Trüffel (in feinste Streifen geschnitten) unter den Nudeln verstecken darf! Vielleicht ist es sein (ihr) Geburtstag und die Trüffel sein (ihr) Geburtstagsgeschenk. Es muss wahrlich nicht sein, aber an einem besonderen Tag, wenn alles nach dem Irdischen strebt, und der Duft der Trüffel unsere Nase zu den wesentlichen Dingen hinzieht?

Nouilles à la tomate et basilic

Mise en place **Nudeln an Basilikumsauce**

2	Tomaten	Tomaten während ca. 15 Sekunden in kochendes Wasser tauchen, Haut abziehen, entkernen und das Tomatenfleisch feinwürfeln. Die Schalotte sehr feinschneiden und vom Basilikum die Blättchen zupfen.
½	Schalotte	
1	Sträusschen Basilikum	
1 CL	Butter	Die feingeschnittene Schalotte in einer Sauteuse in der aufschäumenden Butter goldgelb anziehen, mit Vermouth und Weisswein ablöschen und um mindestens die Hälfte reduzieren lassen. Ist dies geschehen, mit Rahm auffüllen, kurz durchkochen lassen und mit Salz, einem Hauch Cayenne sowie wenig weissem Pfeffer aus der Mühle würzen. Dann die Sauteuse vom Herd ziehen.
1 EL	trockener Vermouth	
½ dl	Weisswein	
1 dl	Rahm	
	Salz	
	Cayenne	
	Pfeffermühle	
200 g	frische Nudeln	Nudeln in viel kochendem Salzwasser auf den Punkt (al dente) kochen, wobei Sie darauf achten müssen, dass der Garpunkt nicht verpasst wird, was sich durch ständiges Kontrollieren vermeiden lässt. Anschliessend die Nudeln auf ein Sieb schütten und gut abtropfen lassen.
1 CL	feinstes Olivenöl	Tomatenwürfelchen in einer Sauteuse im ☞ mässig heissen ☜ Öl kurz durchschwenken, mit Salz und wenig weissem Pfeffer aus der Mühle würzen.
	Salz	
	Pfeffermühle	

Die Sauce kurz erhitzen, die Nudeln mit zwei Gabeln unter die Sauce mischen und Basilikum zufügen. Nudeln auf zwei heisse tiefe Teller verteilen und die Tomaten abschliessend auf das Gericht legen. Nach Wunsch können Sie geriebenen Parmesan dazureichen.

PS In diesem Rezept wird Alkohol, nämlich Weisswein und Vermouth, reduziert. Generell meint ‹Reduzieren›, eine Flüssigkeit durch Einkochen bis zur gewünschten Konsistenz zu verringern, wie beispielsweise bei einer Sauce. Wann immer jedoch Weine und Spirituosen im Spiel sind, geht es zusätzlich darum, das köstliche Aroma der spezifischen Ingredienz zu verstärken, die natürliche Säure und den Alkohol hingegen abzubauen.

Spätzli aux fines herbes

Mise en place   **Kräuterspätzli**

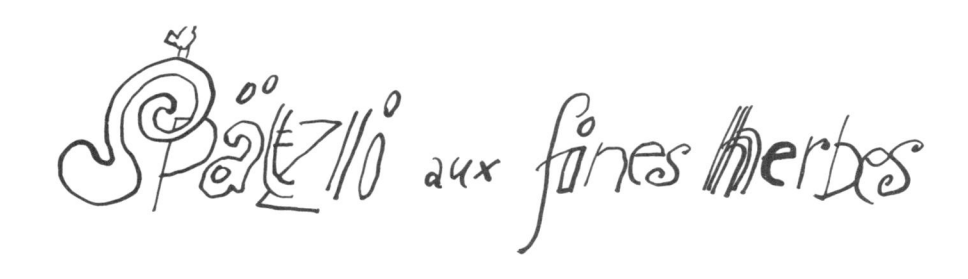

150 g Mehl 2 Eier ½ dl Milch Salz Muskatnuss	Mehl und Eier in einer Schüssel mit dem Holzlöffel schlagen, langsam so viel Milch zufügen, bis der Teig schwer vom Löffel fällt und Blasen wirft, dann vorsichtig mit Salz und frisch geriebener Muskatnuss würzen.
gemischte Kräuter	Kräuter, wie beispielsweise flache Petersilie, Schnittlauch, Majoran, Basilikum, Kerbel, in Blättchen zupfen beziehungsweise feinschneiden. Sie brauchen davon ungefähr einen Esslöffel voll. Diese Kräutermischung unter den Teig mischen.
	In einem Kochtopf mild gesalzenes Wasser zum Kochen bringen. Teig durch ein Spätzlisieb (Knöpflisieb) ins kochende Wasser drücken — oder gar vom Brett schneiden, falls Sie darin Übung haben. Sobald die Spätzli an die Oberfläche steigen, mit einem Schaumlöffel aus dem Wasser heben und in eine Schüssel mit kaltem Wasser geben. Ist aller Teig aufgearbeitet, Spätzli auf ein Sieb schütten und gut abtropfen lassen.
2 CL Butter	Die Spätzli anschliessend in einer weiten beschichteten Bratpfanne in der aufschäumenden Butter kurz sautieren.

PS Mit oder ohne Kräuter — das ist hier die Frage. Beide Varianten schmecken köstlich, die eine vielleicht etwas aromatischer, die andere umso zurückhaltender. Auf jeden Fall sind Spätzli (Knöpfli, wie sie mancherorts auch heissen) eine feine Beilage, nicht nur zu einem Saucenfleisch. Wer in die Teigwaren vernarrt ist, wird die Erfahrung längst gemacht haben, dass Spätzli im Handumdrehen zubereitet sind.

Spätzli aux échalotes et bolets

Mise en place   **Spätzli mit Steinpilzen**

150 g	Mehl	Mehl und Eier in einer Schüssel mit dem Holzlöffel schlagen, langsam so viel Milch einfügen, bis der Teig schwer vom Löffel fällt und Blasen wirft, dann vorsichtig mit Salz und wenig frisch geriebener Muskatnuss würzen.
2	Eier	
½ dl	Milch	
	Salz	
	Muskatnuss	In einem Kochtopf mild gesalzenes Wasser zum Kochen bringen, Teig durch ein Spätzlisieb (Knöpflisieb) ins kochende Wasser drücken. Sobald die Spätzli an die Oberfläche steigen, werden sie mit einem Schaumlöffel in kaltes Wasser gehoben. Ist der Teig aufgearbeitet, Spätzli auf ein Sieb schütten und gut abtropfen lassen.
250 g	feste Steinpilze	Erdige Teile von den Pilzen wegschneiden, Pilze mit einem Küchenpapier sauberreiben und nur notfalls unter sanft fliessendem Wasser abspülen. Dann werden die Pilze in nicht zu dünne Scheiben geschnitten.
2	Schalotten	
	flache Petersilie	
		Die Schalotten schälen, halbieren, in feinste Streifen schneiden und von der Petersilie Blättchen zupfen.
1 CL	Butter	Die Schalotten in einer weiten beschichteten Bratpfanne in der aufschäumenden Butter goldgelb anziehen, die Spätzli zufügen und zu goldgelber Farbe braten.
1 CL	Traubenkernöl	Die Pilze in einer Bratpfanne im ☛ **mässig heissen** ☚ Öl so lange sautieren, bis alle Flüssigkeit verdampft ist und die Pilze eine schöne Farbe angenommen haben. Vorsichtig salzen, mit wenig weissem Pfeffer aus der Mühle aromatisieren und die Pilzscheiben zum Schluss unter die Spätzli mischen. Das Gericht abschliessend mit der Petersilie bestreuen.
	Salz	
	Pfeffermühle	

PS Spätzli, Knöpfli, wie immer diese zarten Dinge heissen mögen, sind eine beliebte Beilage, oder, wie im obigen Rezept, gar als eigenständiges Gericht denkbar. Nur: in Rezepten, in denen Eier verwendet werden, gibt es eine wesentliche Sache zu beachten. In meinen Rezepten beispielsweise wiegt ein Ei ungefähr 60 Gramm. Wenn man nun weiss, dass Eier in verschiedensten Grössen und von unterschiedlichstem Gewicht zwischen 40-80 Gramm im Handel sind, ist es klug, Eier mit der nötigen Aufmerksamkeit einzukaufen, damit auch diese Verhältnisse in Ordnung bleiben. Ob das Ei vom Huhn ist oder das Huhn vom Ei, einerlei: ich vermisse jedenfalls ein Denkmal für das Huhn, das so vielseitig und fleissig ist.

Crêpes aux épinards et tomates

Crêpes mit Spinat und Tomaten

Mise en place

50 g	Mehl
4 EL	Milch
2 EL	Wasser
1 EL	flüssige Butter
1	Ei
	Salz
	Cayenne
	Muskatnuss

Aus Mehl, Milch, Wasser, flüssiger Butter sowie Ei mit dem Schneebesen einen glatten Teig rühren, vorsichtig mit Salz, einem Hauch Cayenne und wenig frisch geriebener Muskatnuss würzen. Crêpeteig durch ein feines Drahtsieb in eine kleine Schüssel laufen lassen und ca. 30 Minuten im Kühlschrank kaltstellen. In der Zwischenzeit können Sie den Spinat und das Tomatengemüse zubereiten.

300 g	Spinat
2 CL	Butter
1	Knoblauchzehe
	Salz
	Pfeffermühle
	Muskatnuss

Spinat verlesen, entstielen, waschen und gut trockenschleudern. Butter in einer möglichst weiten und beschichteten Bratpfanne aufschäumen lassen. Spinat zufügen und mit einer Gabel, an der die Knoblauchzehe steckt, so lange dünsten, bis der Spinat zusammenfällt und alle Flüssigkeit verdampft ist. Spinat mit Salz, wenig weissem Pfeffer aus der Mühle und frisch geriebener Muskatnuss würzen und ☞ **zugedeckt** ☜ am Herdrand warmstellen.

2	Tomaten à ca. 100 g
½	Schalotte
½	Knoblauchzehe
1	Basilikumzweiglein

Die Tomaten während ca. 15 Sekunden in kochendes Wasser tauchen, Haut abziehen, entkernen und das Tomatenfleisch kleinwürfeln. Schalotte und Knoblauch feinschneiden und vom Basilikum die Blättchen zupfen.

1 CL	feinstes Olivenöl
	Salz
	Pfeffermühle

Schalotte und Knoblauch in einer Sauteuse im ☞ **mässig heissen** ☜ Öl kurz anziehen, die gewürfelten Tomaten zufügen, mit Salz und weissem Pfeffer aus der Mühle würzen. Zum Schluss Basilikum zufügen, alles kurz durchschwenken und ☞ **zugedeckt** ☜ am Herdrand warmstellen.

Grillschlange im Backofen aufheizen.

In einem beschichteten oder emaillierten Eierpfännchen von ca. 16 cm Durchmesser die Crêpes backen und ☞ **zugedeckt** ☜ auf einem Teller am Herdrand warmhalten, bis aller Teig aufgearbeitet ist.

2 EL	geriebener Parmesan (Reggiano)
4 EL	Doppelrahm

Tomaten und Spinat kurz erhitzen, die Crêpes damit füllen, einmal falten, auf feuerfeste Teller legen, mit Parmesan bestreuen, mit Rahm überziehen und unter dem sehr heissen Grill goldgelb gratinieren.

PS Ersetzen Sie bei Gelegenheit die Tomaten durch ein feines Ragù aus gehacktem Fleisch, und Sie werden auch diese Variante gern mögen. Allerdings sollten Sie dann nicht auf den Spinat verzichten.

Risotto aux poivrons

Mise en place   **Peperonirisotto**

1	grüne Peperoni	
1	rote Peperoni	
1	gelbe Peperoni	

Peperoni (Paprika) mit dem Kartoffelschäler schälen, die weissen Häutchen und die Kerne auslösen und von den bunten Peperoni kleinste Würfelchen (Brunoise) schneiden, von denen Sie insgesamt 150 g brauchen.

1 Tomate
1 Schalotte

Tomate während ca. 15 Sekunden in kochendes Wasser tauchen, Haut abziehen, entkernen und ebenfalls feinwürfeln. Genauso fein wird die Schalotte geschnitten.

150 g Rundkornreis (Arborio oder Vialone)
2 CL Butter
½ Knoblauchzehe
1 dl Weisswein

Schalotte in einer Kasserolle in der aufschäumenden Butter goldgelb anziehen, Reis zufügen, Knoblauchzehe dazupressen und unter ständigem Rühren mit einem Holzlöffel bei ☛ **mittlerer Hitze** ☚ mitdünsten. Mit dem Weisswein ablöschen und diesen fast völlig reduzieren lassen.

5 dl Bouillon

Die Menge eines Schöpflöffels Bouillon zum Reis geben und reduzieren lassen, dabei jedoch ☛ **ununterbrochen** ☚ mit dem Holzlöffel rühren. Erneut wenig Bouillon zufügen, wieder reduzieren lassen und ☛ **weiterrühren** ☚ Diese Vorgänge wiederholen, bis die Flüssigkeit aufgebraucht und der Reis gar ist, was ungefähr 20-25 Minuten dauert. Dann den Risotto ☛ **zugedeckt** ☚ am Herdrand während ca. 5 Minuten ruhen lassen.

1 CL feinstes Olivenöl
Salz
Pfeffermühle

Das Olivenöl in einer Sauteuse mässig erhitzen. Peperoni- und Tomatenbrunoise zufügen, vorsichtig mit Salz und weissem Pfeffer aus der Mühle würzen und alles sekundenschnell anziehen.

1 EL geriebener Parmesan (Reggiano)

Abschliessend die Peperoni- und Tomatenbrunoise sowie den geriebenen Käse unter den Risotto mischen und auf tiefen heissen Tellern anrichten.

PS Mit einem Risotto lassen sich liebenswerte Erinnerungen an eine Italienreise oder an Tage im Tessin wiederbeleben, sofern Sie den Aufwand des ständigen Rührens mit einem Holzlöffel auch wirklich auf sich nehmen. Nur dann wird der Risotto nämlich so wunderbar sämig, weil durch das Rühren immer etwas Reismehl vom Reiskorn abgelöst wird, das sich dann mit der Bouillon bindet. Nur die fleissige Hand erobert neues Land!

Risotto au Champagne

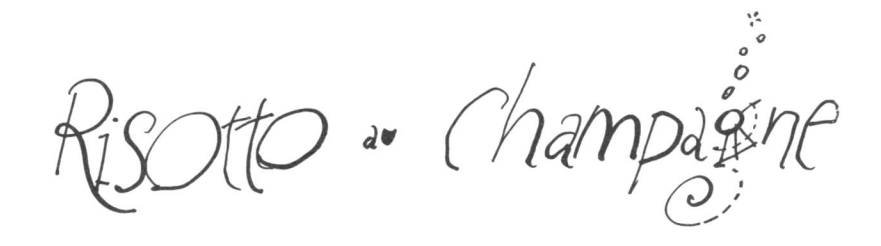

Mise en place

150 g	Rundkornreis (Arborio oder Vialone)
1	Schalotte
2 CL	Butter
½	Knoblauchzehe
1 dl	Champagner
5 dl	Bouillon

Champagnerrisotto

Die Schalotte in feinste Würfelchen (Brunoise) schneiden und in einer Kasserolle in der aufschäumenden Butter goldgelb anziehen, Reis zufügen, Knoblauch dazupressen und unter ständigem Rühren mit einem Holzlöffel mitdünsten. Mit dem Champagner auffüllen. (Jetzt könnten die nächsten 20-25 Minuten zu einem heiteren Vergnügen werden: die Champagnerflasche ist geöffnet, ein Glas ist zur Hand, und weshalb sollten Sie während des Risottorührens nicht ein prickelndes Gefühl zu Kopf steigen lassen?)

Einen Schöpflöffel Bouillon zum Reis geben und bei ☛ **mittlerer Hitze** ☚ reduzieren lassen, dabei ununterbrochen mit dem Holzlöffel rühren. Erneut wenig Bouillon zufügen, weiterrühren, wieder reduzieren lassen und diesen Vorgang so lange wiederholen, bis die Flüssigkeit aufgebraucht und der Reis gar ist. Den Risotto ☛ **zugedeckt** ☚ am Herdrand ungefähr 5 Minuten ruhen lassen.

Mit Glück sind ein paar Tropfen Champagner in der Flasche zurückgeblieben, damit können Sie den Risotto abschliessend noch eindrücklicher aromatisieren.

PS Im Oktober, November oder Dezember gibt es die weisse Trüffel aus der Gegend von Alba, die roh in hauchdünne Scheiben gehobelt, auf Ihren Risotto einen rätselhaften Duft zaubern könnte. Wie das schmecken würde! Vielleicht aber haben Sie auch Lust auf einen Safranrisotto. Dann brauchen Sie bloss eine Messerspitze von allerfeinstem Safran zum Reis zu geben, nachdem mit dem Champagner abgelöscht wurde. Es ist beinahe selbstverständlich, dass Sie jederzeit auf den Champagner verzichten können, denn ein guter Sekt oder Weisswein eignet sich ebenfalls hervorragend. Nur verwenden Sie bitte nicht billige Weine; es wäre eine Enttäuschung, und sie sind des Rührens nicht wert.

Risotto aux légumes

Mise en place		Gemüserisotto
1	kleine Karotte	Karotte, Lauch und Sellerie rüsten, waschen und in feinste Würfelchen (Brunoise) schneiden, von denen Sie insgesamt die Menge von 100 g brauchen. Die Schalotte ebenfalls in feinste Würfelchen schneiden.
1	kleiner Lauch	
1	kleiner Sellerie	
1	Schalotte	
150 g	Rundkornreis (Arborio oder Vialone)	Die feingeschnittene Schalotte in einer Kasserolle in der aufschäumenden Butter goldgelb anziehen, dann die Gemüsebrunoise zufügen, den Knoblauch dazupressen und kurz mitdünsten. Erst jetzt kommt der Reis dazu und wird unter ständigem Rühren bei ☛ **mittlerer Hitze** ☚ mitgedünstet, mit Weisswein ablöschen und diesen reduzieren.
2 CL	Butter	
½	Knoblauchzehe	
1 dl	Weisswein	
5 dl	Bouillon	Einen Schöpflöffel Bouillon zum Reis fügen, unter ☛ **ständigem Rühren** ☚ mit einem Holzlöffel reduzieren lassen, dann wieder Bouillon zufügen, weiterrühren, wieder reduzieren lassen und diesen Vorgang so lange wiederholen, bis alle Bouillon aufgebraucht und der Reis gar ist. In 20-25 Minuten ist dies geschehen, dann soll der Risotto ☛ **zugedeckt** ☚ am Herdrand während 5 Minuten ruhen.
1 EL	geriebener Parmesan (Reggiano)	Erst zum Schluss wird der Parmesan unter den Risotto gemischt und das einfache, jedoch köstliche Gericht kann in heissen tiefen Tellern serviert werden.

PS Sollte Ihnen der Sinn mehr nach einem Tomatenrisotto stehen, dann verzichten Sie auf die Gemüsebrunoise und ersetzen diese durch 2 geschälte, entkernte und feingewürfelte Tomaten. Häufig (und ganz besonders bei den Risottorezepten) benötigen Sie am Schluss noch etwas geriebenen Parmesan. Wenn Sie mit offenen Augen einkaufen gehen, finden Sie vielleicht bei nächster Gelegenheit den berühmten Parmigiano Reggiano, den eigentlichen Parmesankönig aus der Provinz Parma in Italien. Da er sehr gut haltbar ist und auch auf einer Käseplatte herrlich schmeckt, ist es ratsam, gleich ein grosses Stück einzukaufen. Nach der besten Regel: vom Guten viel, vom Schlechten nichts!

Risotto aux herbes du jardin

Mise en place **Kräuterrisotto**

1	Schalotte	
	gemischte Kräuter	

Schalotte sehr feinwürfeln. Kräuter, wie beispielsweise flache Petersilie, Schnittlauch, junge Spinatblätter, Basilikum, Majoran und Thymian, in Blättchen zupfen beziehungsweise kleinschneiden. Sie brauchen davon ungefähr eine Tasse voll.

150 g	Rundkornreis (Arborio oder Vialone)
2 CL	Butter
½	Knoblauchzehe
1 dl	Weisswein

Schalotte in einer Kasserolle in der aufschäumenden Butter goldgelb anziehen, Reis zufügen, Knoblauchzehe dazupressen und alles unter ständigem Rühren mit einem Holzlöffel mitdünsten. Mit Weisswein ablöschen und diesen fast völlig reduzieren.

(Weil ich nun annehmen darf, dass Sie inzwischen längst begriffen haben, wie wichtig es ist, den Risotto ununterbrochen zu rühren, kann ich im Grunde auf die sich ständig wiederholende Erklärung verzichten. Kann ich es tatsächlich?)

5 dl	Bouillon

Selbstverständlich wissen Sie, dass jetzt bei ☛ **mittlerer Hitze** ☛ wenig Bouillon zum Reis kommt, die unter ☛ **ständigem Rühren** ☛ reduzieren soll, und dass dieser Vorgang so lange wiederholt wird, bis die Flüssigkeit aufgebraucht und der Reis gar ist. Nach ca. 20-25 Minuten ist dies geschehen und dann soll der Risotto ☛ **zugedeckt** ☛ am Herdrand während ungefähr 5 Minuten ruhen.

1 CL	Butter
1 EL	geriebener Parmesan (Reggiano)

Die Kräuter in einer Sauteuse in der aufschäumenden Butter dünsten, bis sie zusammenfallen. Dann Kräuter und Parmesan unter den Risotto mischen und auf heisse tiefe Teller anrichten.

PS Durch meine Kräuterfrau in Saas, die wohl die schönsten und feinsten Kräuter der Welt aufzieht, ist es leicht, immer wieder in Versuchung zu kommen und grosszügig mit diesen einzigartigen Köstlichkeiten umzugehen. Sehe ich dann in den Auslagen, welch armselige Pflänzchen oft zum Verkauf angeboten werden, weiss ich auch, dass Sie das daran hindern könnte, solche Rezepte nachzukochen. Vielleicht aber besitzen Sie einen Garten oder einen Balkon, die richtige Saat, die erforderliche Geduld und die eigenartige Fähigkeit, mit den Kräutern sprechen zu können.

Polenta

Mise en place

4 dl	Bouillon
3 dl	Milch
125 g	grobgemahlener Mais (Bramata)
	Salz
1 EL	Butter
2 EL	geriebener Parmesan (Reggiano)

Polenta

Bouillon, Milch und wenig Salz in einer Kasserolle zum Kochen bringen, die Bramata (grob gemahlener Mais) im «Regen» einstreuen und auf ➤ **kleinem Feuer unter ständigem Rühren** ➤ mit einem Holzlöffel während ca. 40 Minuten leise köcheln lassen.

Zum Schluss Butter und Käse unter die Polenta mischen und ➤ **zugedeckt** ➤ am Herdrand während ungefähr 15 Minuten ruhen lassen. Zu einem Saucenfleisch schmeckt die Polenta köstlich. Im Grunde genommen aber kann sie sogar die Hauptrolle spielen und braucht nur von einem Salat begleitet zu werden.

Dieses Rezept eignet sich aber auch zum Gratinieren. Dazu wird die Polenta in eine feuerfeste Form gefüllt, mit gehobeltem Sbrinzkäse belegt, mit wenig geschlagenem Rahm überzogen und kurz unter dem ➤ **sehr heissen** ➤ Grill gratiniert.

PS Lassen Sie sich durch die Aufforderung zum ständigen Rühren nicht davon abhalten, diese herrliche Polenta nachzukochen, denn es kann dabei sehr gut geträumt werden! Im übrigen lässt sich die Polenta auch vorbereiten und gut warmhalten. Die Polenta dazu im Kochtopf belassen und in einen grösseren Topf stellen, der mit heissem Wasser gefüllt ist. Die Polenta mit einem Deckel oder Teller zudecken, damit sie nicht austrocknet, und das Ganze auf kleinem Feuer warmhalten. Für alle, die unter einer Polenta einen festen Brei verstehen, muss ich hier anmerken, dass meine Polenta in der Konsistenz etwas flüssiger ist und sich deshalb besonders gut zum Gratinieren eignet.

Quiche aux Oignons

Mise en place		Zwiebelkuchen

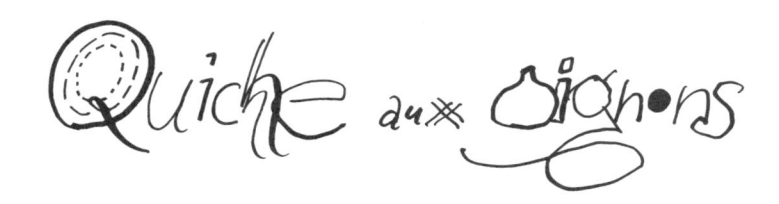

Mise en place

Zwiebelkuchen

200 g Kuchenteig
weiche Butter

Kuchenteig auf einem bemehlten Tisch dünn ausrollen. Ein Backblech von ca. 20 cm Durchmesser mit weicher Butter auspinseln und mit dem Teig auslegen. Damit die Rahm-Eier-Mischung nicht unter den Teig fliessen kann, sollten Sie den Teig über den Rand des Bleches hinausziehen und am äusseren Rand gut andrücken. Teig anschliessend mit einer Gabel dicht einstechen und bis zum Gebrauch kaltstellen.

Den Backofen auf 200° vorheizen.

1 kleine Zwiebel
40 g Frühstücksspeck

Zwiebel und Speck in feine Streifen schneiden. Weil der Speck genügend eigenes Fett besitzt, kann er in einer trockenen, beschichteten Bratpfanne problemlos knusprig gebraten werden. Speck anschliessend auf einem Küchenpapier entfetten.

Die Zwiebelstreifen im zurückgebliebenen Fett goldgelb dünsten. Sollte dafür das Fett nicht ausreichen, kann mit wenig Butter nachgeholfen werden. Dann auch die Zwiebelstreifen auf Küchenpapier entfetten und auskühlen lassen.

2 Eier
50 g Magerquark
1 dl Rahm
1 dl Milch
Salz
Pfeffermühle
Cayenne
Muskatnuss

Alle Zutaten mit einem Schneebesen zu einer glatten Masse rühren und vorsichtig mit Salz, wenig weissem Pfeffer aus der Mühle, einem Hauch Cayenne sowie frisch geriebener Muskatnuss würzen.

Speck- und Zwiebelstreifen auf dem Teigboden verteilen, mit der Eier-Rahm-Masse auffüllen und während ca. 30-35 Minuten bei 200° auf der ☛ **untersten Rille** ☚ backen. Begleitet von einem Salat, schmeckt dieser Kuchen köstlich.

PS Die Quiche kann nach Belieben mit anderen Zutaten hergestellt werden. Wenn Sie Zwiebeln nicht mögen, dann ersetzen Sie diese durch 100 Gramm gedünstete Lauchstreifen oder durch 100 Gramm sautierten Spinat oder gar durch kurz blanchierte Spargelspitzen. Auch mit 50 Gramm geriebenem Gruyère schmeckt der Kuchen köstlich und lässt die Zeit durch den behaglichen Duft aus Grossmutters Küche gleichsam stillstehen.

Millefeuilles aux asperges vertes

Mise en place | **Grüne Spargeln im Blätterteig**

150 g	Blätterteig
300 g	grüne Spargeln (Spargel)
1 CL	Butter
1 dl	Wasser
	Salz
	Zucker
½	Schalotte
1	Kerbelsträusschen
1 CL	Butter
2 EL	trockener Vermouth
½ dl	Weisswein
	Spargelfond
4 EL	Doppelrahm
	Salz
	Cayenne
	Curry
	Zitronensaft
1	Eigelb

Blätterteig auf einem bemehlten Tisch ca. 3 mm dick ausrollen und mit einem scharfen Messer in zwei Quadrate von ca. 10×10 cm schneiden. Behutsam auf ein bebuttertes Backblech legen und kaltstellen.

Den Backofen auf 220⁰ vorheizen. Frische Spargeln mit einem Sparschäler sparsam schälen und das weniger zarte Ende wegschneiden. Spargeln unter fliessendem Wasser waschen.

In einer möglichst weiten, eventuell beschichteten Bratpfanne die Butter aufschäumen lassen, die Spargeln einordnen, Wasser zufügen, vorsichtig salzen, mit einer Prise Zucker bestreuen und ☛ **zugedeckt auf kleinem Feuer** ☛ weichgaren. Ist dies geschehen, den Spargelfond aus der Pfanne in ein Gefäss abgiessen, weil er später für die Sauce verwendet wird. Die Spargeln selbst in der Pfanne lassen und ☛ **zugedeckt** ☛ neben dem Herd warmstellen.

Die Schalotte in feinste Würfelchen (Brunoise) schneiden und vom Kerbel die Blättchen zupfen.

Die feingeschnittene Schalotte in einer Sauteuse in der aufschäumenden Butter goldgelb anziehen, mit Vermouth und Weisswein ablöschen, um mindestens die Hälfte reduzieren, mit Spargelfond auffüllen und auf die Menge von ungefähr 2 Esslöffeln einkochen lassen. Dann den Rahm zufügen, die Sauteuse vom Herd ziehen und die Sauce vorsichtig mit Salz, einem Hauch Cayenne, einer Spur Curry sowie ein paar Tropfen Zitronensaft würzen.

Das Eigelb in einer Tasse mit ein paar Tropfen Wasser zerquirlen. Die Teigoberfläche damit bepinseln, wobei Sie darauf achten müssen, dass das Eigelb nicht über den Teigrand läuft, was den Teig am Aufgehen hindern würde. Auf der ☛ **mittleren Rille** ☛ während ca. 10–12 Minuten bei 220⁰ goldgelb backen.

Anschliessend die Blätterteigkissen quer durchschneiden und die untere Hälfte auf grosse heisse Teller legen. Die Sauce nochmals kurz erhitzen, die Spargeln auf dem Blätterteigboden verteilen, mit der heissen Sauce überziehen und mit den Kerbelblättchen bestreuen. Abschliessend den Blätterteigdeckel aufsetzen.

PS Diese Methode des Spargelkochens weicht ein bisschen von der herkömmlichen Art ab, weil sich dadurch das köstliche Aroma intensivieren lässt. Oft ist es anregend und mit erhöhtem Genuss verbunden, von den ausgetretenen Wegen abzuweichen und Neuland zu erleben.

Feuilleté aux Morilles

Mise en place | **Blätterteigpastetchen mit Morcheln**

150 g Blätterteig	Blätterteig auf dem bemehlten Arbeitstisch ca. 5 mm dick ausrollen, mit einem scharfen Messer zwei Rechtecke von ungefähr 8×10 cm schneiden, behutsam auf ein Backblech legen und kaltstellen.
100 g frische Morcheln ½ Schalotte ½ Knoblauchzehe	Die Morcheln aufschneiden und unter fliessendem Wasser sorgfältig waschen, dabei alle Fältchen öffnen, damit kein Sand zurückbleibt. Die Morcheln auf einem Sieb gut abtropfen lassen. Schalotte und Knoblauch feinwürfeln.
1 Eigelb	Den Backofen auf 220° vorheizen. An den vier Seiten der Teigrechtecke einen Rand von ca. 1 cm Breite einschneiden, damit sich beim Backen ein Deckelchen bildet. Eigelb mit ein paar Tropfen Wasser zerquirlen, die Pastetchen damit bepinseln und im Ofen auf der ☛ **mittleren Rille** ☚ während ungefähr 10-12 Minuten goldgelb backen.
1 CL Butter ½ dl Weisswein ½ dl Bouillon 4 EL Doppelrahm Salz Cayenne Pfeffermühle Zitronensaft	Die feingeschnittene Schalotte und Knoblauch in der aufschäumenden Butter goldgelb anziehen, Morcheln zufügen und bei ☛ **grosser Hitze** ☚ so lange sautieren, bis alle Flüssigkeit verdampft ist und die Morcheln wenig Farbe annehmen. Weisswein zufügen, um mindestens die Hälfte reduzieren, mit Bouillon auffüllen und sirupartig einkochen lassen. Rahm zufügen, die Sauteuse vom Herd ziehen und jetzt die Sauce vorsichtig mit Salz, einem Hauch Cayenne, wenig weissem Pfeffer aus der Mühle sowie ein paar Tropfen Zitronensaft würzen.

Der Rand, den Sie bei den Blätterteigpastetchen eingeschnitten haben, ist nach dem Backen immer noch sichtbar. Wenn Sie diesen Linien entlangschneiden, lässt sich der kleine Blätterteigdeckel auslösen. Die Blätterteigpastetchen auf heisse Teller legen, die Morchelsauce zur gewünschten Konsistenz kochen, in die Pastetchen füllen und abschliessend den Deckel dekorativ aufsetzen.

PS Natürlich dürfen Sie bei diesem Gericht auch getrocknete Morcheln verwenden, die allerdings zuerst in wenig warmem Wasser eingeweicht werden müssen, bevor sie gewaschen werden. Aber aufgepasst: Sie brauchen dann wesentlich weniger, nämlich nur ungefähr 15-20 Gramm! Nun sind Morcheln aber nicht die einzige Möglichkeit, dieses köstliche Rezept nachzukochen. Ebenso gut eignen sich Eierschwämmchen, frische Steinpilze, Austernpilze oder was der Markt gerade anbietet. Nur die Zubereitungsart ist immer dieselbe.

Wer den Liebsten will verführen,
braucht den Teig nicht selbst zu rühren.
Alles, was es dazu braucht,
ist beim Krämer schnell gekauft:

Teig und Butter, Zucker, Zimt,
von Äpfeln man die schönsten nimmt.
Ein Ofen brauchts, ein Blech dazu,
das buttert, zuckert man im Nu.

Den Blätterteig roll man ganz fein
und lege ihn ins Blech hinein.
Drauf schichte man mit sehr viel Sinn
die dünnen Apfelscheiben hin.

Drauf kommt der Zucker und der Zimt,
damit die Tarte Geschmack annimmt.
Und ohne viel Zeit zu versäumen,
lass man sie im Ofen bräunen.

Wird dann der Liebste schwach, wie immer,
entführ man ihn ins Gästezimmer.
Schnarcht da schon ein Gast, oh Jammer,
dann bleibt ja noch die Apfelkammer.

Parfait glacé au rhum
sauce aux mangues

Mise en place **Rumparfait auf Mangosauce**

1¼ dl Rahm

Rahm in einer ⇒ kalten ⇒ Schüssel mit dem Schneebesen von Hand steifschlagen und bis zum Gebrauch kaltstellen.

2 Eigelb
50 g Zucker
2 EL weisser Rum

Eigelb und Zucker mit dem Schneebesen oder Handmixer weiss- und schaumigschlagen. Rum zufügen und den geschlagenen Rahm sorgfältig unterheben.

eine Parfait- oder Terrinenform von ca. 2,5 dl Inhalt

Die Masse in die Form füllen, Oberfläche glattstreichen, mit dem Deckel oder einer Alufolie verschliessen und die Form während mindestens 6 Stunden ins Tiefkühlfach stellen.

1 vollreife Mangofrucht
Puderzucker
Limonensaft
Mineralwasser

Mango schälen. Das Fruchtfleisch vom Stein ablösen, im Mixer oder mit dem Mixstab feinpürieren und das Purée durch ein feines Drahtsieb in eine kleine Schüssel streichen. Je nach Zuckergehalt der Frucht Puderzucker zufügen, das Purée mit ein paar Tropfen Limonensaft aromatisieren und mit Mineralwasser zu einer dickflüssigen Sauce verlängern, dann kaltstellen.

Vor dem Servieren die Form kurz in heisses Wasser stellen, damit sich das Parfait besser auf ein Schneidebrett stürzen lässt.

Mangosauce in die Mitte von grossen Tellern ausgiessen, das Parfait in Scheiben schneiden und dekorativ auf die Sauce legen.

PS Natürlich braucht es nicht Mango zu sein, auch Ananas, frische Feigen, Kiwi und viele andere exotische Früchte können an unvergessliche Stunden auf einer Insel erinnern. Und gibt es solche Stunden bisher nur in Ihrer Vorstellung, dann haben Sie noch mehr Grund, Träume mit diesem Dessert an Land zu holen.

Parfait glacé aux framboises

Mise en place | **Himbeerparfait auf Himbeersauce**

1¼ dl Rahm

Rahm in einer ▸ kalten ◂ Schüssel mit dem Schneebesen von Hand steifschlagen und bis zum Gebrauch kaltstellen.

200 g Himbeeren

Himbeeren verlesen, kurz unter sanft fliessendem Wasser abspülen, im Mixer oder mit dem Mixstab feinpürieren. Anschliessend das Purée durch ein feines Drahtsieb streichen, damit die Kernchen zurückbleiben. Am besten geschieht dies mit der Rundung eines kleinen Schöpflöffels.

2 Eigelb
50 g Zucker
1 EL Himbeerliqueur

Eigelb und Zucker mit dem Schneebesen oder Handmixer weiss- und schaumigschlagen. Himbeerliqueur und die Hälfte des Himbeerpurées zufügen und den geschlagenen Rahm vorsichtig unterheben.

eine Parfait- oder Terrinenform von ca. 2,5 dl Inhalt

Die Masse in die Form füllen, die Oberfläche glattstreichen, mit dem Deckel oder einer Alufolie verschliessen und die Form während mindestens 6 Stunden ins Tiefkühlfach stellen.

Puderzucker
Zitronensaft
Mineralwasser

Je nach Zuckergehalt der Früchte Puderzucker zu den restlichen pürierten Beeren geben, mit ein paar Tropfen Zitronensaft aromatisieren und mit wenig Mineralwasser zu einer Sauce verlängern.

Vor dem Servieren die Form kurz in heisses Wasser stellen, damit sich das Parfait besser auf ein Schneidebrett stürzen lässt. An sich genügt schon ein heisser Lappen, der für einen kurzen Augenblick um die Form gelegt wird.

Himbeersauce in die Mitte von grossen Tellern ausgiessen, das Parfait in Scheiben schneiden und auf die Sauce legen.

PS Von der sehr weisen Voraussetzung ausgehend, dass Sie die ‹Mise en place› immer auch als Einkaufsliste benützen, haben Sie sich folgerichtig für den heutigen Einkauf Himbeeren notiert. Sollten sich diese Beeren dann in der Auslage als traurige, rote Häufchen präsentieren, dann haben Sie bitte den Mut zur Spontaneität. Denn es könnte durchaus sein, dass sich auch vollreife Erdbeeren oder Brombeeren anbieten. Und somit wäre es klug, schnell zu begreifen, wo es zwischen einem sichtbar frischeren und einem weniger frischen Produkt zu entscheiden gilt. Atmen Sie den Duft von reifen, aromatischen Beeren tief ein, und Ihre feine Nase wird Ihnen den Weg weisen.

Parfait glacé à la cannelle, sauce aux pommes

Zimtparfait auf Apfelsauce

Mise en place

1 dl	Wasser
50 g	Zucker
2	Zimtstangen

Wasser, Zucker und die zerbrochenen Zimtstangen auf ☛ **allerkleinstem Feuer** ☚ auf die Menge von ca. 1 Esslöffel reduzieren. Es ist ☛ **sehr, sehr** ☚ wichtig, dass die Reduktion langsam geschieht, damit der Zucker nicht kristallisiert und sich das volle Zimtaroma entwickeln kann. Hilfreich dabei ist ein möglichst kleines Pfännchen und eine kontrollierte Wärmezufuhr.

1¼ dl	Rahm

Rahm in einer ☛ **kalten** ☚ Schüssel mit dem Schneebesen von Hand steifschlagen und bis zum Gebrauch kaltstellen.

2	Eigelb

Zimtsirup durch ein feines Sieb in eine Schüssel passieren, kurz auskühlen lassen, Eigelb zufügen und mit dem Schneebesen oder Handmixer schaumigschlagen. Dann den geschlagenen Rahm sorgfältig unterheben.

eine Parfait- oder Terrinenform von ca. 2,5 dl Inhalt

Die Masse in die Form füllen, Oberfläche glattstreichen, mit dem Deckel oder Alufolie verschliessen und die Form während mindestens 6 Stunden ins Tiefkühlfach stellen.

1	aromatischer Apfel
2 EL	Zucker (ca. 30 g)
¼	Vanillestange
	Zitronensaft
	Mineralwasser

Apfel waschen, Stielansatz und Kernhaus entfernen. Apfel kleinschneiden, Zucker, aufgeschnittene Vanillestange und Saft einer halben Zitrone zufügen und alles ☛ **zugedeckt auf kleinstem Feuer** ☚ zu einem Mus kochen. Dieses Apfelmus anschliessend durch ein feines Drahtsieb streichen, was am besten mit der Rundung einen kleinen Schöpflöffels geschieht. Das Apfelpürée mit wenig Mineralwasser zu einer dickflüssigen Sauce verlängern und kaltstellen.

Vor dem Servieren die Form kurz in heisses Wasser stellen, damit sich das Parfait besser auf das Schneidebrett stürzen lässt.

Apfelsauce in die Mitte von grossen Tellern ausgiessen, Parfait in Scheiben schneiden und auf die Sauce setzen.

PS Zimtduft und Äpfel – Advents- und Weihnachtszeit – steigen da nicht schöne Erinnerungen an die Kindheit in die Nase? Wie gut das tut, in einer kalten Winternacht bei einem wärmenden Kaminfeuer darüber zu berichten und dieses Parfait zu geniessen.

Parfait glacé au chocolat, sauce à l'orange

Schokoladenparfait mit Orangensauce

Mise en place		
1¼ dl	Rahm	

Rahm in einer ☛ **kalten** ☚ Schüssel mit dem Schneebesen von Hand steifschlagen und bis zum Gebrauch kaltstellen.

2	Eigelb
2 EL	Zucker (ca. 30 g)
1 CL	Vanillezucker

Eigelb mit Zucker und Vanillezucker in einer Schüssel mit dem Schneebesen oder Handmixer weiss- und schaumigschlagen.

| 50 g | Zartbitterschokolade |
| 1 EL | Grand-Marnier (Orangenliqueur) |

Schokolade mit dem Grand-Marnier in einem Pfännchen auf ☛ **kleinstem Feuer und unter ständigem Rühren** ☚ schmelzen und anschliessend unter die Eier-Zucker-Masse mischen. Erst wenn alles ausgekühlt ist, den geschlagenen Rahm vorsichtig unterheben.

eine Parfait- oder Terrinenform von ca. 2,5 dl Inhalt

Die Masse in die Form füllen, Oberfläche glattstreichen, mit Deckel oder Alufolie verschliessen und die Form während mindestens 6 Stunden ins Tiefkühlfach stellen.

| 2 | Orangen |

Orangen schälen und die Filets auslösen. Filets dabei auf ein Sieb fallen lassen, das auf einer Schüssel liegt, damit der Saft aufgefangen wird.

| 2 EL | Zucker (ca. 30 g) |
| 2 EL | Grand-Marnier (Orangenliqueur) |

Zucker in einer Sauteuse bei ☛ **mässiger Hitze** ☚ goldbraun caramelisieren, mit dem aufgefangenen Orangensaft (ca. ½ dl) ablöschen und nun so lange kochen lassen, bis der Zucker vollständig aufgelöst ist. Grand-Marnier zufügen, die Sauce in eine kleine Schüssel passieren und die ausgelösten Orangenfilets bis zum völligen Erkalten in dieser Sauce durchziehen lassen.

Vor dem Servieren die Form kurz in heisses Wasser stellen, damit sich das Parfait besser auf ein Schneidebrett stürzen lässt. Parfait in Scheiben schneiden, in die Mitte von grossen kalten Tellern legen, mit den Orangenfilets umlegen und mit der Sauce umgiessen.

PS Vanillezucker lässt sich auf einfache Weise herstellen und schmeckt mit Sicherheit besser als alle angebotenen Fertigprodukte. Geben Sie 200 Gramm Zucker in ein gut verschliessbares Glas, fügen Sie eine aufgeschnittene Vanillestange hinzu und lassen Sie das herrliche Aroma vom Zucker aufnehmen: La dolce vita!

Parfait Glacé au thé et les pruneaux soulés

Mise en place **Théparfait mit Rotweinzwetschgen**

½ dl	Wasser	Wasser in einem kleinen Pfännchen aufkochen, Théblätter oder -spitzen zufügen und alles ☞ **zugedeckt** ☜ neben dem Herd während ungefähr 10 Minuten ziehen lassen. Dann durch ein feines Sieb in eine Tasse passieren.
3 CL	Théblätter- oder Théspitzen (ca. 15 g)	
1¼ dl	Rahm	Rahm in einer ☞ **kalten** ☜ Schüssel mit dem Schneebesen von Hand steifschlagen und bis zum Gebrauch kaltstellen.
2	Eigelb	Eigelb und Zucker in einer Schüssel mit dem Schneebesen oder Handmixer weiss- und schaumigschlagen, das Thékonzentrat zufügen und den geschlagenen Rahm vorsichtig unterheben.
50 g	Zucker	
	eine Parfait- oder Terrinenform von ca. 2,5 dl Inhalt	Die Masse in die Form füllen, Oberfläche glattstreichen, mit dem Deckel oder Alufolie verschliessen und die Form während mindestens 6 Stunden ins Tiefkühlfach stellen.
10	Dörrzwetschgen	Rotwein, Porto, aufgeschnittene Vanillestange und Zucker zum Kochen bringen. Die gewaschenen Dörrzwetschgen zufügen und auf ☞ **kleinstem Feuer** ☜ leise köcheln lassen. Weil die Flüssigkeit dabei zu einem Sirup reduzieren muss, ist nicht bloss eine möglichst ☞ **sanfte Hitze** ☜ von Bedeutung, sondern die Reduktion muss auf jeden Fall ☞ **ohne Deckel** ☜ geschehen. Geben Sie den Zwetschgen Zeit, möglichst viel des hocharomatischen Alkohols aufzunehmen — es lohnt sich!
1¼ dl	Rotwein	
1¼ dl	roter Porto	
¼	Vanillestange	
50 g	Zucker	
		Anschliessend die Vanillestange entfernen und die Zwetschgen im Sirup erkalten lassen.
2 EL	Doppelrahm	Vor dem Servieren die Form kurz in heisses Wasser stellen, damit sich das Parfait besser auf ein Schneidebrett stürzen lässt. Parfait in Scheiben schneiden und auf grosse, möglichst kalte Teller legen. Die Rotweinzwetschgen dazulegen und mit Sirup überziehen. Abschliessend je einen Esslöffel Doppelrahm über die Zwetschgen fliessen lassen.

PS Das Théparfait ist von der Kombination her eine so köstliche Sache, dass Sie sich diesen Genuss nicht entgehen lassen sollten. Entscheidend dabei ist die Qualität der verwendeten Thésorte, aber da haben Sie vielleicht Ihre ganz besondere Vorliebe, mit der sich Ihr Parfait von allen anderen eindrücklich unterscheidet.

Parfait glacé au croquant, sauce au chocolat

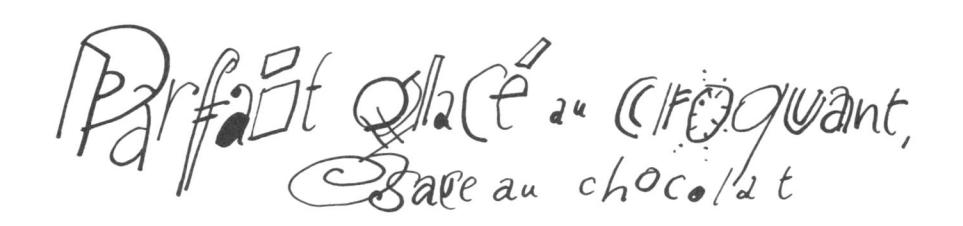

Mise en place | **Knusperparfait auf Schokoladensauce**

25 g	Zartbitter-Schokolade
25 g	Krokant
25 g	kandierte Orangenschale

Schokolade, Krokant und kandierte Orangenschale mit einem Messer feinhacken. (Krokant wird aus Mandeln und Zucker hergestellt und ist beim Confiseur erhältlich.)

1¼ dl	Rahm

Rahm in einer ☛ **kalten** ☚ Schüssel mit dem Schneebesen von Hand steifschlagen und bis zum Gebrauch kaltstellen.

50 g	Zucker
2	Eigelb
1 EL	Grand-Marnier (Orangenliqueur)

Zucker und Eigelb in einer Schüssel mit dem Schneebesen oder Handmixer weiss- und schaumigschlagen. Dann Grand-Marnier, Krokant, Schokolade und kandierte Orangenschale zufügen und den geschlagenen Rahm sorgfältig unterheben.

eine Parfait- oder Terrinenform von ca. 2,5 dl Inhalt

Die Masse in die Form füllen, Oberfläche glattstreichen, mit Deckel oder Alufolie verschliessen und während mindestens 6 Stunden ins Tiefkühlfach stellen.

50 g	Zartbitter-Schokolade
2 EL	Wasser
½ dl	Rahm

Schokolade und Wasser in einem Pfännchen auf ☛ **kleinstem Feuer** ☚ schmelzen, Rahm zufügen und erkalten lassen.

Vor dem Servieren die Form kurz in heisses Wasser stellen, damit sich das Parfait besser auf das Schneidebrett stürzen lässt. Parfait in Scheiben schneiden, in die Mitte von grossen kalten Tellern legen und mit der Schokoladensauce umgiessen.

PS Dieses Knusperparfait schmeckt verführerisch gut und ist für alle Schleckmäuler gedacht, die mit allen Sinnen eine feine Sache ohne Wenn und Aber zu geniessen verstehen. Das sind die beneidenswerten Lebenskünstler! Gioacchino Rossini, der nicht nur ein grossartiger Komponist, sondern ein ebenso bedeutender Feinschmecker war, hat uns folgende Erkenntnis zurückgelassen: «Essen und Lieben, Singen und Verdauen, das sind im wahrsten Sinne des Wortes die vier Akte der Opera buffa, die man gemeinhin das Leben nennt — und das vergeht wie der Schaum einer Champagnerflasche. Wer es dahinschwinden lässt, ohne es genossen zu haben, ist ein Erznarr.»

Soufflé glacé au Grand-Marnier

Mise en place | **Eisauflauf mit Grand-Marnier**

1 dl	Rahm	Rahm in einer ⇀ kalten ↼ Schüssel mit dem Schneebesen von Hand steifschlagen und bis zum Gebrauch kaltstellen.
2	Eigelb	Eigelb und Zucker in einer Schüssel mit dem Schneebesen oder Handmixer weiss- und schaumigschlagen, Grand-Marnier und das Abgeriebene einer (ungespritzten) Orange zufügen.
60 g	Zucker	
2 EL	Grand-Marnier (Orangenliqueur)	
1	Orange	
2	Eiweiss	Eiweiss mit dem Schneebesen oder Handmixer steifschlagen. Den geschlagenen Rahm und das Eiweiss in dieser Reihenfolge sehr sorgfältig unter die Eier-Zucker-Masse ziehen.
	eine Auflaufform von ca. 4 dl Inhalt	Die Masse in eine Auflaufform füllen, Oberfläche glattstreichen und die Form während mindestens 6 Stunden ins Tiefkühlfach stellen.
	ungesüsstes Kakaopulver	Vor dem Sevieren die Oberfläche mit Hilfe eines kleinen Drahtsiebs grosszügig mit Kakaopulver bestäuben. Am besten lässt sich das Eissoufflé mit zwei heissen Esslöffeln anrichten, die abwechslungsweise in ein Gefäss mit kochend heissem Wasser getaucht werden.

PS Unter einem Soufflé versteht man meistens eine Köstlichkeit, die über den Rand einer Form hinaussteigt. Bei einem warmen Soufflé ist es das geschlagene Eiweiss, welches die Soufflémasse hochsteigen lässt. Wie aber geschieht das bei einem gefrorenen Soufflé? Die Wirkung wird durch eine Manschette erzielt, die sehr gekonnt an der Form angebracht werden muss, damit das Auffüllen einer Masse über den Rand hinaus möglich wird. Ob das Soufflé dann allerdings besser schmeckt und wesentlich mehr Eindruck zu hinterlassen vermag, wage ich zu bezweifeln.

Gugelhupf glacé aux fraises

Mise en place

1 dl	Rahm
100 g	Erdbeeren
1	Eigelb
40 g	Zucker
	kleine Gugelhupfform (oder Savarinring)
200 g	Frühlingsrhabarber
2 EL	Zucker (ca. 30 g)
1 EL	Wasser
	Zitronensaft

Erdbeereisgugelhupf auf Rhabarbersauce

Rahm in einer ▸ **kalten** ◂ Schüssel mit dem Schneebesen von Hand steifschlagen und bis zum Gebrauch kaltstellen.

Erdbeeren verlesen, unter sanft fliessendem Wasser kurz abspülen, entstielen und im Mixer oder mit dem Mixstab feinpürieren.

Eigelb und Zucker mit dem Schneebesen oder Handmixer weiss- und schaumigschlagen.

Das Erdbeerpürée unter die Eier-Zucker-Masse ziehen, den geschlagenen Rahm sorgfältig unterheben, in eine entsprechende Form füllen und während mindestens 4 Stunden ins Tiefkühlfach stellen.

Vom Rhabarber den weniger zarten Teil wegschneiden und die feinen Häutchen abziehen. Rhabarber in Stücke schneiden und mit Zucker, Wasser und ein paar Tropfen Zitronensaft zum Kochen bringen. Rhabarber ▸ **zugedeckt und auf kleinstem Feuer** ◂ zu einem Mus köcheln lassen.

Ist dies geschehen, den Rhabarber mit einem Schneebesen kurz schlagen, damit er sich mit der Flüssigkeit verbindet, dann durch ein feines Sieb in eine kleine Schüssel streichen, was am besten mit der Rundung eines kleinen Schöpflöffels geschieht. Diese Sauce völlig erkalten lassen.

Rhabarbersauce auf Tellerspiegel ausgiessen. Die Form aus dem Tiefkühlfach nehmen und kurz in heisses Wasser stellen, damit sich der Inhalt besser stürzen lässt. Gugelhupf aufschneiden und auf die Rhabarbersauce setzen.

PS Sehr apart sieht dieses Dessert aus, wenn Ihnen zwei kleine Gugelhupfformen von etwa 1,25 dl Inhalt zur Verfügung stehen. Allerdings entgeht Ihnen dann der Spass, um das letzte Stück zu streiten! Übrigens: der Tellerspiegel ist die Fläche innerhalb des Tellerrandes.

Mousse au fromage blanc, sauce aux fraises des bois

Mise en place		**Quarkmousse auf Walderdbeerensauce**

Mise en place   **Quarkmousse auf Walderdbeerensauce**

1 dl	Rahm	Rahm in einer ← **kalten** → Schüssel mit dem Schneebesen von Hand steifschlagen und bis zum Gebrauch kaltstellen.
1	Blatt Gelatine	Gelatine in wenig kaltem Wasser einweichen.
1	Eigelb	Eigelb und Zucker mit dem Schneebesen oder Handmixer weiss- und schaumigschlagen. Mit entsprechendem Beerenliqueur aromatisieren und den Quark dazurühren.
2 EL	Zucker (ca. 30 g)	
2 EL	Beerenliqueur	
100 g	Rahmquark	
		Gelatine mit ein paar Tropfen Wasser in einem Pfännchen bei milder Hitze auflösen, langsam dazufügen und dann den geschlagenen Rahm sorgfältig unterheben.
	zwei Auflaufförmchen von ca. 1,25 dl Inhalt	Die Mousse in die Förmchen füllen und während mindestens 3 Stunden kaltstellen.
100 g	Walderdbeeren Puderzucker Zitronensaft Mineralwasser	Walderdbeeren verlesen und im Mixer oder mit dem Handmixer feinpürieren. Je nach Zuckergehalt Puderzucker dazugeben, mit ein paar Tropfen Zitronensaft aromatisieren und nach Bedarf mit wenig Mineralwasser zu einer dickflüssigen Sauce verlängern.
		Die Förmchen vor dem Servieren kurz in heisses Wasser stellen, damit der Inhalt besser auf den Teller gleitet. Die Mousse abschliessend mit der Sauce umgiessen.

PS Natürlich haben Walderdbeeren das köstlichste Aroma aller Beeren überhaupt — aber nur deshalb auf das Rezept zu verzichten, weil diese Köstlichkeit nicht gerade zur Hand ist, ergibt keinen Sinn. Denn ob Sie nun Walderdbeeren, Gartenerdbeeren, Himbeeren oder Brombeeren verwenden, ist gar nicht so wichtig, sondern allein das Aroma von möglichst vollreifen Beeren, die nach Sonne schmecken. Es spricht aber auch vieles für selbstgesuchte Beeren: das unerreichte Aroma, die frische Luft, das Aufgeregtsein, die körperliche Betätigung beim Sammeln und schliesslich das Erfolgserlebnis. Wer pflückt, der liebt.

Mousse au Citron

Mise en place

1 dl	Rahm
1	Eigelb
2 EL	Zucker (ca. 30 g)
1	Zitrone
100 g	Rahmquark

Zitronenmousse

Rahm in einer ⇨ kalten ⇨ Schüssel mit dem Schneebesen von Hand steifschlagen und bis zum Gebrauch kaltstellen.

Eigelb und Zucker in einer Schüssel mit dem Schneebesen oder Handmixer weiss- und schaumigschlagen, das Abgeriebene einer (ungespritzten) Zitrone sowie 2 Esslöffel Zitronensaft zufügen.

Den Quark mit dem Schneebesen unter die Eier-Zucker-Masse rühren, Rahm sorgfältig unterheben, die Mousse in schöne Gläser füllen und während mindestens 2 Stunden kaltstellen.

Steht Ihnen der Sinn mehr nach einer leichten Crème, dann können Sie den Quark durch 2 Esslöffel Joghurt ersetzen, das Eiweiss mit 1 Esslöffel Zucker steifschlagen und dieses geschlagene Eiweiss nach dem Unterheben von Rahm unter die geschlagene Eigelb-Zucker-Masse abschliessend unterziehen. Diese Crème darf dann aber nur etwa 30 Minuten kaltgestellt werden, damit der Zitronensaft nicht absinkt.

PS Sie wundern sich vielleicht über die sich ständig wiederholende Formulierung ‹Rahm in einer kalten Schüssel mit dem Schneebesen von Hand steifschlagen›. Wozu hat man denn so wunderbare Küchenmaschinen? Nun, ich kann Ihnen versichern, dass dieses Von-Hand-Schlagen wirklich schnell geht, vorausgesetzt, die Schüssel wird vor Gebrauch kurz im Tiefgefrierer oder im Kühlschrank kaltgestellt, und Sie verwenden kalten Vollrahm. Die Mühe lohnt sich, weil so geschlagener Rahm den Vorteil hat, nicht nur luftiger und lockerer zu werden, sondern auch länger in diesem Zustand haltbar zu bleiben.

Mousse aux framboises

Mise en place | **Himbeermousse auf Himbeersauce**

1 dl	Rahm	Rahm in einer ☛ **kalten** ☚ Schüssel mit dem Schneebesen von Hand steifschlagen und bis zum Gebrauch kaltstellen.
1	Blatt Gelatine	Gelatine in wenig kaltem Wasser einweichen.
200 g	Himbeeren	Himbeeren verlesen und im Mixer oder mit dem Mixstab feinpürieren, dann durch ein feines Drahtsieb in eine Schüssel streichen, was am besten mit der Rundung eines kleinen Schöpflöffels geschieht.
60 g	Puderzucker Zitronensaft Mineralwasser	Puderzucker zum Himbeerpürée geben und mit ein paar Tropfen Zitronensaft aromatisieren. Die Hälfte dieses Purées mit wenig Mineralwasser zu einer dickflüssigen Sauce verlängern und kaltstellen.

Die Gelatine mit ein paar Tropfen Wasser in einem Pfännchen bei milder Hitze schmelzen und langsam unter das restliche Himbeerpürée mischen. ☛ **Erst jetzt** ☚ den geschlagenen Rahm sorgfältig unterheben, die Crème in eine Schüssel füllen und während mindestens 3 Stunden kaltstellen.

Sauce auf kalte Teller ausgiessen, die Himbeermousse mit einem heissen Löffel ausstechen und auf die Sauce legen.

PS Dieses Dessert ist zweifelsohne auch mit allen andern Beeren eine Sünde wert. Stellen Sie sich beispielsweise einen romantischen Spaziergang im Frühsommer vor, den Sie mit der aufregenden Suche nach Walderdbeeren verbinden — welch süsse Offenbarung! Sei es nun aber eine Beerenmousse oder eine Schokoladenmousse: eine so fragile Sache ist immer eine Schleckerei, an die sich die meisten Schleckmäuler sehr gerne und sehr schnell gewöhnen. Jedenfalls ist eine Mousse ein wunderbares Mittel, junge Freundschaften anzuheizen und alte wieder aufzuwärmen!

Mousse au miel, sauce aux mûres

Honigmousse auf Brombeersauce

Mise en place

1 dl	Rahm	Rahm in einer ☛ **kalten** ☚ Schüssel mit dem Schneebesen von Hand steifschlagen und bis zum Gebrauch kaltstellen.
1	Blatt Gelatine	Gelatine in wenig kaltem Wasser einweichen.
2 EL	Honig (ca. 40 g)	Honig in einem Pfännchen auf ☛ **kleinstem Feuer** ☚ schmelzen und anschliessend mit dem Eigelb schaumigschlagen.
2	Eigelb	

Gelatine mit ein paar Tropfen Wasser in einem Pfännchen bei milder Hitze auflösen, langsam zur Eier-Honig-Masse geben und den Rahm sorgfältig unterheben. Honigmousse in eine Schüssel füllen und während mindestens 3 Stunden kaltstellen.

100 g	Brombeeren
	Puderzucker
	Zitronensaft
	Mineralwasser

Brombeeren verlesen und unter sanft fliessendem Wasser kurz abspülen, im Mixer oder mit dem Handmixer feinpürieren und durch ein feines Sieb streichen, damit die Kernchen zurückbleiben. Je nach Zuckergehalt der Beeren Puderzucker zufügen, mit ein paar Tropfen Zitronensaft aromatisieren und mit wenig Mineralwasser zu einer dickflüssigen Sauce verlängern.

Sauce dann auf Tellerspiegel ausgiessen, die Mousse mit einem heissen Löffel ausstechen und auf die Sauce setzen.

PS Häufig begegnen Sie der Formulierung ‹durch ein feines Sieb streichen›. An sich ist diese Aufforderung nicht von weltbewegender Bedeutung, doch Purées aus Früchten oder Gemüsen werden nun einmal feiner, wenn sie mit der Rundung eines kleinen Schöpflöffels durch ein feines, halbrundes Drahtsieb gestrichen werden. Das sind die kleinen Details, die am Ende oft mehr zählen, als man vielleicht glauben mag.

Mousse au chocolat

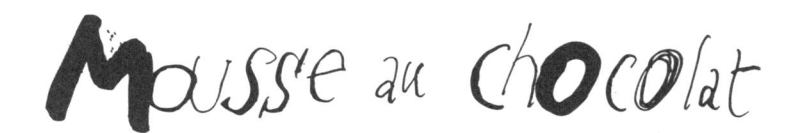

Mise en place		Schokoladenmousse

Mise en place

1¼ dl	Rahm
1	Ei
1	Eigelb
2 EL	Zucker (ca. 30 g)
75 g	Zartbitter-Schokolade
1 EL	Wasser
1 EL	Grand-Marnier (Orangenliqueur)

Schokoladenmousse

Rahm in einer ☛ **kalten** ☚ Schüssel mit dem Schneebesen von Hand steifschlagen und bis zum Gebrauch kaltstellen.

Ei, Eigelb und Zucker in einer Schüssel mit dem Schneebesen oder Handmixer weiss- und schaumigschlagen.

Schokolade, Wasser und Grand-Marnier in einem Pfännchen unter ☛ **ständigem Rühren auf kleinstem Feuer** ☚ schmelzen und ☛ **erst dann** ☚ unter die Eier-Zucker-Masse mischen. Erst wenn alles völlig abgekühlt ist, wird der Rahm sorgfältig untergehoben, die süsse Köstlichkeit in schöne Gläser gefüllt und für eine Weile kaltgestellt.

PS Rezepte über die Mousse au chocolat gibt es wie Sand am Meer, und deshalb ist es denkbar, dass Sie schon längst Ihr ganz persönliches Geheimrezept unter Verschluss halten. Das Rezept hier also kann nur noch für die Neugierigen gedacht sein. Im übrigen ist Schokolade ein wunderbares Mittel, die Seele zu trösten, und man mag sich dabei wundern, weshalb die Chemie nicht schon längst auf die Idee gekommen ist, Schokolade tropfenweise als Antidepressivum teuer zu verkaufen.

Mousse Williamine, sauce au chocolat

Mise en place **Williamsmousse auf Schokoladensauce**

1 dl	Rahm	Rahm in einer ☛ **kalten** ☚ Schüssel mit dem Schneebesen von Hand steifschlagen und bis zum Gebrauch kaltstellen.
2	Blatt Gelatine	Gelatine in wenig kaltem Wasser einweichen.
2 2 EL	Eigelb Zucker (ca. 30 g)	Eigelb und Zucker in einer Schüssel mit dem Schneebesen oder Handmixer weiss- und schaumigschlagen.
1 dl 2 EL	Milch Williamine (Birnenbranntwein)	Die Milch zum Kochen bringen, zur Eier-Zucker-Masse geben, kurz durchmischen und zurück in die Kasserolle giessen. Diese Eiermilch soll sich nun bei ☛ **mittlerer Hitze unter ständigem Rühren** ☚ mit einem Holzlöffel verdicken, ohne zu kochen, was die Gerinnung der Eier zur Folge hätte. Sobald Sie einen leisen Widerstand spüren, wird die Crème vom Herd gezogen und soll nun auskühlen.
		Gelatine mit ein paar Tropfen Wasser in einem Pfännchen bei milder Hitze auflösen. Williamine zur Crème fügen und die aufgelöste Gelatine langsam unterziehen. Abschliessend den geschlagenen Rahm sorgfältig unterheben und die Crème in einer Schüssel während mindestens 3 Stunden kaltstellen.
50 g 2 EL ½ dl	Zartbitter-Schokolade Wasser Rahm	Die Schokolade mit Wasser in einem Pfännchen auf ☛ **kleinem Feuer** ☚ schmelzen und Rahm zufügen. Diese Sauce erkalten lassen.
		Die Mousse mit einem heissen Esslöffel aus der Form stechen, auf kalte Teller setzen und mit der Schokoladensauce umgiessen.

PS Mousse ausstechen ist keine Kunst und deshalb lernbar: tauchen Sie zwei entsprechend grosse Löffel (Café-, Dessert- oder Esslöffel) in ein Gefäss mit kochend heissem Wasser. Dann einen heissen Löffel zur Hand nehmen, damit senkrecht in die Masse tauchen, eine Drehung ausführen, die überflüssige Menge am Gefässrand abstreifen und den Inhalt des Löffels auf den Teller gleiten lassen. Stellen Sie den gebrauchten Löffel in das Gefäss mit heissem Wasser zurück und wiederholen Sie den Vorgang mit dem zweiten Löffel. Diese Methode findet ihre Anwendung nicht nur bei Mousses, sondern auch bei Sorbets und Glacen.

Crème aux groseilles renversée

Mise en place **Gestürzte Crème auf Johannisbeeren**

1 dl	Rahm	Rahm in einer ⮕ kalten ⮕ Schüssel mit dem Schneebesen von Hand steifschlagen und bis zum Gebrauch kaltstellen.
2	Blatt Gelatine	Gelatine in wenig kaltem Wasser einweichen.
2 2 EL	Eigelb Zucker (ca. 30 g)	Eigelb und Zucker in einer Schüssel mit dem Schneebesen oder Handmixer weiss- und schaumigschlagen.
1 dl 1	Milch Vanillestange	Milch zum Kochen bringen, eine aufgeschnittene Vanillestange zufügen und ⮕ zugedeckt ⮕ neben dem Herd während ungefähr 5 Minuten ziehen lassen. Vanillemilch anschliessend zur Eier-Zucker-Masse geben, kurz durchmischen und zurück in die Kasserolle giessen. Nun soll sich die Masse bei ⮕ mittlerer Hitze und unter ständigem Rühren ⮕ mit einem Holzlöffel verdicken, ohne zu kochen, was die Gerinnung der Eier zur Folge hätte. Die Crème durch ein feines Sieb passieren und auskühlen lassen.
		Gelatine mit ein paar Tropfen Wasser in einem kleinen Pfännchen bei milder Hitze auflösen, langsam unter die Crème mischen und den geschlagenen Rahm sorgfältig unterheben.
	zwei Auflaufförmchen à ca. 1,25 dl Inhalt	Die Crème in die Förmchen füllen und während mindestens 3 Stunden sehr kaltstellen.
200 g	Johannisbeeren Puderzucker	Die Johannisbeeren von den Stielen zupfen und auf einem Sieb kurz unter sanft fliessendem Wasser abspülen. Die eine Hälfte im Mixer oder mit dem Handmixer feinpürieren und je nach Zuckergehalt der Beeren Puderzucker zufügen. Die pürierten Beeren durch ein feines Drahtsieb streichen, was am besten mit der Rundung eines kleinen Schöpflöffels geschieht. Die restlichen Beeren unter die pürierten Früchte mischen und in kalte tiefe Teller verteilen.
		Die Förmchen vor dem Servieren kurz in heisses Wasser stellen, damit der Inhalt besser auf den Teller gleitet. Macht das Mühe, kann mit einem Spachtel nachgeholfen werden.

PS Leidenschaftliche Kochbuchvernascher werden in diesem Rezept die klassische bayerische Crème erkennen. Nun weiss ich zwar nicht, worin diese ursprüngliche Bezeichnung gründet, vorstellen kann ich mir aber, was es mit der gestürzten Crème auf sich hat: Man hat in Bayern die Umstürze auf die Crème beschränkt.

Crème renversée à l'ananas

Gestürzte Ananascrème

Mise en place	
1 dl	Rahm

Rahm in einer ☛ **kalten** ☛ Schüssel mit dem Schneebesen von Hand steifschlagen und bis zum Gebrauch kaltstellen.

2	Blatt Gelatine

Gelatine in wenig kaltem Wasser einweichen.

2	Eigelb
2 EL	Zucker (ca. 30 g)
1 dl	Milch

Eigelb und Zucker in einer Schüssel mit dem Schneebesen oder Handmixer weiss- und schaumigschlagen. Die Milch zum Kochen bringen, zur Eier-Zucker-Masse geben, kurz durchmischen und zurück in die Kasserolle giessen. Nun soll sich die Masse bei ☛ **mittlerer Hitze und unter ständigem Rühren** ☛ mit einem Holzlöffel verdicken, ohne zu kochen, was die Gerinnung der Eier zur Folge hätte. Sobald ein leiser Widerstand zu spüren ist, muss die Crème deshalb ☛ **sofort** ☛ vom Herd gezogen werden. Die Crème durch ein feines Sieb passieren und auskühlen lassen.

1	Ananas

Von der geschälten Ananas allerkleinste Würfelchen (Brunoise) zuschneiden, von denen Sie ungefähr 2 gehäufte Esslöffel brauchen.

Gelatine mit ein paar Tropfen Wasser in einem Pfännchen bei milder Hitze auflösen, langsam unter die Crème mischen, die Ananaswürfelchen sowie den geschlagenen Rahm vorsichtig unterheben.

zwei Auflaufförmchen von ca. 1,25 dl Inhalt

Die Crème in die Auflaufförmchen füllen und während mindestens 3 Stunden sehr kaltstellen.

Limonensaft
Puderzucker
Mineralwasser

Vom restlichen Ananasfleisch Würfel schneiden. Die Hälfte davon im Mixer oder mit dem Handmixer feinpürieren. Je nach Zuckergehalt der Frucht Puderzucker zufügen, mit Limonensaft aromatisieren und mit wenig Mineralwasser zu einer dickflüssigen Sauce verlängern.

Die Förmchen vor dem Servieren kurz in heisses Wasser stellen, damit der Inhalt besser auf grosse kalte Teller gleitet. Die restlichen Ananaswürfel dekorativ dazulegen und mit der Ananassauce umgiessen.

PS Dieses Dessert ist für alle Weltenbummler mit Fernweh geeignet, aber auch für die Daheimgebliebenen, denen der Traum von einer Insel und die Ananascrème dazu völlig genügen.

Crème yogourt aux framboises

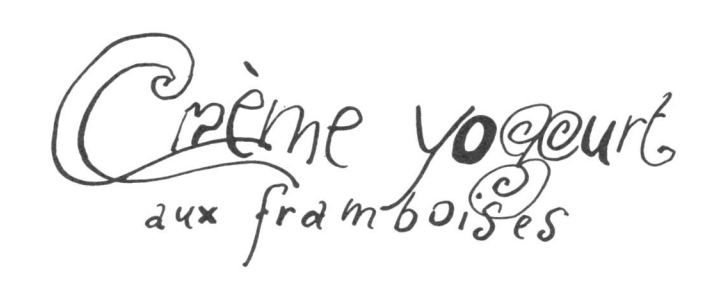

Mise en place | **Joghurtcrème mit Himbeeren**

1 dl	Rahm	Rahm in einer ▸ kalten ◂ Schüssel mit dem Schneebesen von Hand steifschlagen und bis zum Gebrauch kaltstellen.
1	Blatt Gelatine	Gelatine in wenig kaltem Wasser einweichen.
200 g 1 EL	Himbeeren Himbeerliqueur Puderzucker	Himbeeren verlesen, in einer flachen Schüssel mit Himbeerliqueur beträufeln und je nach Zuckergehalt der Früchte mit Puderzucker bestreuen.
100 g 1 EL	Joghurt nature Puderzucker (ca. 15 g)	Joghurt mit Puderzucker glattrühren. Gelatine mit ein paar Tropfen Wassser in einem Pfännchen bei milder Hitze schmelzen und langsam unter die Joghurtmasse mischen. Rahm sorgfältig unterheben.

Himbeeren in schöne Gläser verteilen, mit der Joghurtcrème auffüllen und während mindestens 2 Stunden kaltstellen.

PS ‹Unterheben› oder ‹Unterziehen› bedeutet weder ‹Rühren› noch ‹Mischen›. Es meint vielmehr die besonders sorgfältige Art, zwei Massen miteinander zu verbinden. Man hält dazu den Schneebesen waagerecht und zieht damit Rahm oder Eiweiss unter eine Masse, darum ‹Unterziehen›. Weil dabei die Masse hochgezogen wird, heisst die Tätigkeit auch ‹Unterheben›. Wann immer Sie geschlagenen Rahm oder geschlagenes Eiweiss unter die Masse ziehen, sollten Sie stets darauf achten, dass diese völlig kalt ist. Denn schon das Auflösen von Gelatine genügt, um eine Masse leicht zu erwärmen. Da ist es vernünftig, ein paar Minuten Geduld zu haben und erst dann Rahm oder Eiweiss unterzuziehen, wenn man sich vergewissert hat, dass die Masse wirklich kalt ist.

Crème brûlée

Mise en place | **Gebrannte Crème**

3 Eigelb
20 g Zucker
1 CL Maizena (ca. 5 g)

Eigelb und Zucker in einer Schüssel mit dem Schneebesen oder Handmixer weiss- und schaumigschlagen und das Maizena zum Schluss zufügen.

60 g Zucker
2 dl Milch

Zucker in einer Sauteuse bei ☛ **mittlerer Hitze** ☚ mutig caramelisieren, dann mit der Milch ablöschen und so lange kochen lassen, bis der Zucker vollständig aufgelöst ist.

Die heisse Caramelmilch zur Eier-Zucker-Masse geben, kurz durchmischen, zurück in die Sauteuse giessen und nun bei ☛ **mittlerer Hitze unter ständigem Rühren** ☚ mit einem Holzlöffel kurz vors Kochen bringen. Die Masse soll sich dabei langsam verdicken, ohne zu kochen, was die Gerinnung der Eier zur Folge hätte. Die Crème durch ein feines Drahtsieb in eine Schüssel passieren und kaltstellen.

1 dl Rahm

Rahm in einer ☛ **kalten** ☚ Schüssel mit dem Schneebesen von Hand steifschlagen und sorgfältig unter die ☛ **völlig** ☚ erkaltete Caramelcrème ziehen.

PS Damit eine gebrannte Crème möglichst viel an Geschmack gewinnt, sollten Sie beim Caramelisieren des Zukkers ein bisschen Mut beweisen: Zucker bei mittlerer Hitze langsam Farbe nehmen lassen, über goldgelb hin bis zu goldbraun. In dem Moment, wo er eine schöne braune Farbe annimmt, lassen Sie ihn ruhen, bis sich ein kleiner Schaum bildet, der plötzlich die ganze Oberfläche überzieht. Das feine Schaumkrönchen muss unbedingt abgewartet werden, bevor mit Flüssigkeit abgelöscht wird, damit das Aroma intensiviert wird. Es braucht ein bisschen Fingerspitzengefühl für diese Gratwanderung, die aber ein jeder hat, der aufmerksam ist.

Soupe aux mûres

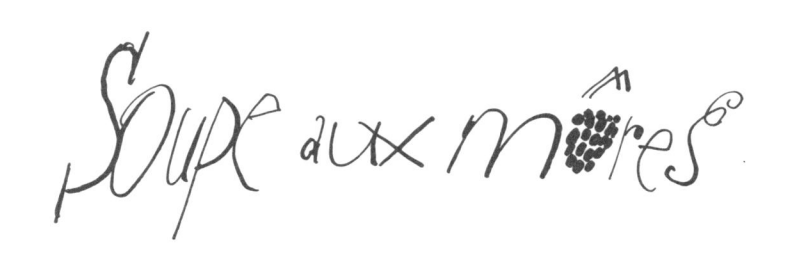

Mise en place | **Brombeersuppe**

300 g	Brombeeren

Brombeeren verlesen und auf einem Sieb unter sanft fliessendem Wasser kurz abspülen und gut abtropfen lassen.

2 EL	Cassisliqueur
½ dl	Rotwein
2 EL	roter Porto
1 EL	Zucker (ca. 15 g)
¼	Zimtstange
1	Gewürznelke
1	Orange

Cassisliqueur, Rotwein und Porto in einer Sauteuse zum Kochen bringen. Zucker, Zimtstange, Gewürznelke und das Abgeriebene einer halben (ungespritzten) Orange zufügen. Die Brombeeren in dieser aromatischen Flüssigkeit ☛ **auf kleinstem Feuer** ☚ während ungefähr 3-4 Minuten leise köcheln lassen.

Anschliessend die Beeren mit einem Schaumlöffel aus dem Sirup heben und auf tiefe heisse Teller verteilen. Die Pochierflüssigkeit ☛ **auf grossem Feuer** ☚ sirupartig einkochen lassen und die Beeren damit überziehen.

2 EL	Doppelrahm

Zum Schluss Doppelrahm über die Beeren fliessen lassen. Wer Lust hat, kann dazu Honig- oder Vanilleglace servieren.

PS Weshalb sollte ein Postskriptum nicht dafür geeignet sein, Sie auf eine weitere Köstlichkeit mit Brombeeren aufmerksam zu machen? Im Frühherbst nämlich, wenn die frischen Feigen auf den Markt kommen, haben die herrlichen schwarzen Beeren ihren höchsten Reifegrad erreicht und können mit den Feigen zu einem aparten Dessert kombiniert werden. 150 Gramm Brombeeren werden mit Puderzucker feinpüriert, durch ein Sieb gestrichen und mit wenig Cassisliqueur aromatisiert. Die Haut von den Feigen abziehen, die Feigen je nach Grösse achteln oder vierteln. Die Brombeersauce auf dem Teller ausgiessen, die geschnittenen Feigen dekorativ auf die Sauce setzen und mit Doppelrahm überziehen. Voilà c'est tout.

Soupe tiède à l'orange

Mise en place   **Orangensuppe mit Pistazien und Pinien**

4	Orangen	Die Filets aus den Orangen lösen, dabei die Filets auf ein Sieb fallen lassen, das auf einer Schüssel liegt, damit der auslaufende Saft aufgefangen wird.
50 g 3 EL	Zucker Grand-Marnier (Orangenliqueur)	Zucker in einer Sauteuse bei ☛ **mittlerer Hitze** ☚ goldbraun caramelisieren, mit dem aufgefangenen Orangensaft (ca. 0,75 dl) ablöschen und so lange kochen lassen, bis der Zucker vollständig aufgelöst ist. Grand-Marnier zufügen. Die Sauce in tiefe heisse Teller verteilen und die Orangenfilets in der Sauce durchziehen lassen.
1 EL 1 EL	Pistazien Pinienkerne	Pistazien und Pinienkerne in einer trockenen beschichteten Pfanne rösten und über die Orangen verteilen.
1 EL	kandierte Orangenjulienne	Vielleicht haben Sie tatsächlich ein Glas mit kandierter Orangenjulienne im Kühlschrank stehen — jedenfalls würde diese die köstliche Orangensuppe auf idealste Weise vervollständigen.

PS Wenn ich Sie nur überzeugen könnte, diese herrliche, kandierte Orangenjulienne herzustellen! Es steckt ein wenig Arbeit dahinter, das Resultat jedoch ist köstlich. Um einen kleinen Vorrat herzustellen (der über Monate im Kühlschrank aufbewahrt werden kann), gehen Sie folgendermassen vor: mit einem Sparschäler von 4 Orangen die Schale abschälen und darauf achten, dass nicht zuviel der weissen Haut mit abgezogen wird. Die Orangenschalen mit einem scharfen Messer in feinste Streifen (Julienne) schneiden und kurz in kochendem Wasser blanchieren, damit allfällige Chemie eliminiert wird. 125 Gramm Zucker und 2,5 Deziliter Wasser in einer Sauteuse aufkochen lassen, die Orangenstreifen zufügen und nun auf kleinstem Feuer während ca. 2 Stunden leise, sehr leise sogar, köcheln lassen. Dabei ist es von grösster Bedeutung, dass die Reduktion nicht zu schnell vor sich geht, weil sonst der Zucker kristallisieren könnte. Anschliessend die Julienne im Zuckersirup auskühlen lassen und dann in ein gut verschliessbares Glas füllen.

Fruits exotiques, sauce au citron vert

Mise en place | **Exotische Früchte auf Limonensauce**

3 vollreife Limonen
50 g Puderzucker

Mit einem Sparschäler von den Limonen hauchdünne Schalen abziehen und diese in allerfeinste Würfelchen (Brunoise) schneiden. Die Brunoise in wenig kochendem Wasser kurz blanchieren und auf einem kleinen Sieb gut abtropfen lassen.

Die Limonen zu Saft pressen, Sie brauchen davon etwa ½ dl. Den Limonensaft mit dem Puderzucker kurz aufkochen, Limonenbrunoise zufügen und dann kaltstellen.

Exotische Früchte

Exotische, vollreife Früchte wie beispielsweise Ananas, frische Feigen, Mango, Kiwi, Lychees, Orangen und Grapefruits schälen, in entsprechende Form schneiden und dekorativ auf grosse Teller legen.

Die Früchte abschliessend mit der kalten Limonensauce umgiessen.

PS Der Reiz dieses Desserts liegt in der Limonensauce, welche das Aroma der exotischen Früchte sehr harmonisch unterstreicht. Es versteht sich deshalb von selbst, dass sich jede exotische Frucht auch einzeln für dieses Rezept eignet. Denken Sie dabei an eine frisch aufgeschnittene Ananas — das schmeckt inslisch! Ist der Teller allerdings bunt, freuen sich alle Sinne schon vor dem Essen. Vielleicht finden Sie bei Ihrem nächsten Einkauf von exotischen Früchten zwei Passionsfrüchte. Mit ihrem herrlich duftenden, geléeartigen Saft lässt sich ein köstliches, unkompliziertes Dessert zubereiten: die Passionsfrüchte halbieren, den Inhalt mit einem kleinen Löffel auslösen, unter die in Form geschnittenen exotischen Früchte mischen, alles mit wenig Puderzucker bestäuben und mit ein paar Tropfen Limonensaft aromatisieren. Auch das schmeckt inslisch!

Tarte aux cerises

Mise en place   **Kirschentarte**

2	Tarteförmchen weiche Butter Zucker	Tarteförmchen mit Butter grosszügig auspinseln, den Boden mit Zucker bestreuen und kaltstellen. (Tarteförmchen sind kleine Backbleche aus Schwarzblech mit einem Durchmesser von ca. 16 cm.)
		Den Backofen auf 220° vorheizen.
150 g	Blätterteig	Blätterteig auf einem bemehlten Arbeitstisch sehr dünn ausrollen, auf die Grösse der Förmchen zuschneiden und damit den Boden belegen. Die Ränder bleiben völlig frei! Teig mit einer Gabel mehrmals einstechen, damit er sich beim Backen nicht zu sehr aufbläht.
300 g	Kirschen Zucker Zimt Butterflocken	Die Kirschen entstielen, kurz unter fliessendem Wasser abspülen, gut abtropfen lassen. Die Kirschen unter Umständen auf einem Küchenpapier trocknen, damit nicht unnötigerweise Wasser an den Teig abgegeben wird. Den Teigboden eng mit den Kirschen belegen, diese mit Zucker und Zimt bestreuen, einzelne Butterflocken auf die Kirschen legen und die Tartes im heissen Ofen auf ☛ **mittlerer Rille** ☚ während ungefähr 20 Minuten backen.
	Kirschenconfiture	Die Tartes nach dem Backen ☛ **sofort** ☚ auf Teller heben, mit Kirschenconfiture bepinseln und noch warm servieren.

PS Diese herrlichen Tartes sind von einem sehr wichtigen Prinzip abhängig: sie müssen nach dem Backen sofort aus den Förmchen gelöst werden, weil sie sonst fürchterlich kleben würden, da der Zucker (mit dem die Förmchen ausgestreut wurden), bei der grossen Backofenhitze logischerweise caramelisiert. Also schnell handeln und langsam geniessen! Sollte Ihr Gegenüber mehr Freude an paradiesischen Äpfeln haben, dann wird die Tarte, wie im Rezept beschrieben, zubereitet, nur werden dann zwei Äpfel geschält, entkernt und in hauchdünne Scheiben geschnitten, mit denen der Teigboden dünn belegt wird. Es versteht sich beinahe von selbst, dass in diesem Fall auf das Bepinseln mit Kirschenconfiture verzichtet werden kann.

Millefeuilles aux framboises

Mise en place | **Millefeuilles mit Himbeeren**

| 150 g | Blätterteig |
| | Zucker |

Blätterteig auf einem bemehlten Tisch zu einem Rechteck von etwa 12×20 cm und 3 mm dick ausrollen, behutsam auf ein bebuttertes Backblech legen und während ca. 30 Minuten kaltstellen. Den Backofen auf 220⁰ vorheizen. Die Teigplatte mit einer Gabel dicht einstechen, damit sich der Teig beim Backen nicht aufblähen kann, mit Zucker bestreuen und auf ☛ **mittlerer** ☚ Rille während ca. 10-12 Minuten goldbraun backen, dann auf einem Kuchengitter auskühlen lassen.

| 1 | Blatt Gelatine |
| ¾ dl | Rahm |

Gelatine in wenig kaltem Wasser einweichen. Den Rahm in einer ☛ **kalten** ☚ Schüssel mit dem Schneebesen steifschlagen und bis zum Gebrauch kaltstellen.

2	Eigelb
2 EL	Zucker (ca. 30 g)
1 dl	Milch
½	Vanillestange

Eigelb und Zucker in einer Schüssel mit dem Schneebesen oder Handmixer weiss- und schaumigschlagen. Milch mit der Vanillestange zum Kochen bringen und anschliessend während ungefähr 10 Minuten ☛ **zugedeckt** ☚ am Herdrand ziehen lassen. Die Milch dann zur Eier-Zucker-Masse geben, kurz durchmischen und bei ☛ **mittlerer** ☚ Hitze so lange erwärmen, bis eine Crème entsteht. Die Crème durch ein feines Sieb passieren und kaltstellen.

150 g	Himbeeren
	Puderzucker
	Zitronensaft
	Mineralwasser

Himbeeren (oder auch andere Beeren) verlesen und je nach Zuckergehalt mit Puderzucker und ein paar Tropfen Zitronensaft im Mixer oder mit dem Handmixer feinpürieren, durch ein Sieb streichen und nach Bedarf mit wenig Mineralwasser zu einer Sauce verlängern.

| | Himbeerliqueur |

Die inzwischen erkaltete Vanillecrème mit wenig Himbeerliqueur parfümieren. Gelatine mit ein paar Tropfen Wasser auf kleinem Feuer schmelzen, langsam unter die Crème mischen und abschliessend den geschlagenen Rahm sorgfältig unterziehen. Die Ränder der Blätterteigplatte mit einem Sägemesser ausgleichen und in vier gleichmässige Stücke schneiden. Zwei davon ca. 4 cm hoch mit Crème bestreichen, die beiden andern mit Puderzucker bestäuben und als Deckel aufsetzen. Die Crème mit einem Spachtel, der kurz in Wasser getaucht wurde, auf allen Seiten glattstreichen.

Die Millefeuilles in die Mitte von grossen Tellern heben und mit der Himbeersauce umgiessen.

PS Ich gebe es freimütig zu: dieses Rezept ist tatsächlich etwas aufwendig und kaum dazu gemacht, es einfach nur so hinzuzaubern. Was aber halten Sie von einem Wochenende, wenn die Beeren zwar reif, der Sonntag hingegen verregnet ist? (Ein Schleckermaul ist niemals faul!)

Feuilleté aux fraises

Mise en place | **Erdbeeren im Blätterteig**

150 g Blätterteig

Den Backofen auf 250⁰ vorheizen.

Blätterteig auf einem bemehlten Tisch ca. 3 mm dick ausrollen und in zwei Quadrate von ungefähr 8×8 cm schneiden. Behutsam auf ein bebuttertes Backblech legen und im Ofen auf ☛ **mittlerer Rille** ☚ während ca. 10-12 Minuten goldgelb backen. Ist dies geschehen, mit einem Sägemesser Deckel vom Boden trennen und auf einem Kuchengitter auskühlen lassen.

1 dl Rahm
1 CL Vanillezucker

Rahm in einer ☛ **kalten** ☚ Schüssel mit dem Schneebesen von Hand steifschlagen, mit dem Vanillezucker aromatisieren und bis zum Gebrauch kaltstellen.

250 g Erdbeeren
Puderzucker
Zitronensaft
Mineralwasser

Erdbeeren verlesen. Die besonders schönen Beeren für die Füllung aussortieren. Die restlichen Beeren (ca. 100 g) im Mixer oder mit dem Handmixer feinpürieren, je nach Zuckergehalt der Früchte Puderzucker zufügen, mit ein paar Tropfen Zitronensaft aromatisieren und mit wenig Mineralwasser zu einer dickflüssigen Sauce verlängern. Die Sauce durch ein kleines Drahtsieb in eine kleine Schüssel passieren.

Blätterteigboden in die Mitte von grossen Tellern legen und mit dem geschlagenen Rahm bedecken. Die aussortierten Beeren auf den Rahm setzen, mit wenig Erdbeersauce überziehen, Blätterteigdeckel aufsetzen, mit Puderzukker bestäuben und alles mit der restlichen Sauce umgiessen.

PS Blätterteig ist eine himmlische Sache, und seine Luftigkeit kann leicht verführen. Um dieses Ziel zu erreichen, müssen Sie jedoch zwei einfache Dinge beachten. Zunächst sollte beim Schneiden von ungebackenem Blätterteig stets ein scharfes Messer verwendet und zugleich wenig Druck auf den Teig ausgeübt werden. Nur so ist ein Zusammendrücken der Teigschichten zu verhindern. Geradezu listig ist die zweite Hürde: beim Bestreichen mit Eigelb müssen Sie sehr sorgfältig vorgehen, denn über die Blätterteigkanten hinauslaufendes Eigelb verklebt die Ränder — mit der Luftigkeit ist es dann leider vorbei. Aber wer immer sich bemüht, wird mit Glück belohnt.

Soufflé chaud au chocolat

Mise en place | **Schokoladensoufflé mit Vanillesauce**

1 Eigelb	
1 EL Zucker (ca. 15 g)	Für die Vanillesauce Eigelb und Zucker mit dem Schneebesen oder Handmixer weiss- und schaumigschlagen.
1 dl Rahm	
½ Vanillestange	Rahm zum Kochen bringen, die aufgeschnittene Vanillestange zufügen und ☛ zugedeckt ☚ am Herdrand während ungefähr 10 Minuten ziehen lassen, dann zur Eier-Zucker-Masse geben, kurz durchmischen und zurück in die Kasserolle giessen. Die Crème soll sich nun bei ☛ mittlerer Hitze und unter ständigem Rühren ☚ mit einem Holzlöffel langsam verdicken, ohne zu kochen, was die Gerinnung der Eier zur Folge hätte. Die Crème anschliessend durch ein feines Sieb in eine Schüssel passieren und erkalten lassen.

eine Souffléform von ca. 1 Liter Inhalt
weiche Butter
Zucker

Den Backofen auf 200° vorheizen und auf ☛ mittlerer Rille ☚ ein Backblech einschieben. Eine Souffléform (von ca. 16 cm Durchmesser und 8 cm Höhe) grosszügig mit weicher Butter auspinseln und mit Zucker ausstreuen, der dann beim Backen herrlich caramelisiert.

2 Eigelb
75 g Butter
2 EL Zucker (ca. 30 g)
75 g Zartbitter-Schokolade
1 EL Kirsch

Eigelb, weiche Butter und Zucker mit dem Schneebesen oder Handmixer weiss- und schaumigschlagen. Schokolade und Kirsch in einem Pfännchen bei ☛ kleinster Hitze ☚ schmelzen und unter die Butter-Zucker-Masse mischen.

2 Eiweiss
2 EL Zucker (ca. 30 g)

Eiweiss mit dem Schneebesen oder Handmixer steifschlagen und gleichzeitig den Zucker langsam einrieseln lassen. ☛ Ein Drittel ☚ dieser Eiweissmasse vorsichtig unter die Schokoladenmasse ziehen und ☛ erst dann ☚ das restliche Eiweiss sorgfältig mit einem Gummischaber unterheben.

Soufflémasse in die Form füllen, Oberfläche glattstreichen und mit dem Daumen die restliche Butter-Zucker-Mischung am Rand der Form lösen, damit das Soufflé besser aufgehen kann.

Form auf das Backblech stellen, ca. 1 Liter ☛ heisses Wasser ☚ in das Backblech giessen. Backofentüre sofort schliessen und das Soufflé bei 200° während ungefähr 25-30 Minuten backen.

Puderzucker

Abschliessend das Soufflé mit Puderzucker bestäuben und mit der Vanillesauce servieren.

PS Bei allen Soufflérezepten finden Sie den Hinweis, heisses Wasser in das Backblech zu giessen. Die Betonung liegt auf heiss und darin steckt wieder einmal der kleine Unterschied. Das heisse Wasser bewirkt, dass das Soufflé sofort erwärmt wird und gleichsam eine Initialzündung zum gewünschten Steigflug erhält.

Soufflé chaud au Citron vert

Mise en place   **Limonensoufflé**

3	vollreife Limonen	Von den Limonen mit dem Sparschäler hauchdünne Schalen abziehen und diese in feinste Würfelchen (Brunoise) schneiden. Brunoise in wenig kochendem Wasser kurz blanchieren und auf einem kleinen Sieb gut abtropfen lassen. Die Limonen zu Saft pressen.
50 g	Puderzucker	Puderzucker und Limonensaft kurz zum Kochen bringen, die blanchierte Limonenbrunoise zufügen und dann die Sauce erkalten lassen.
½ dl	Limonensaft	
	eine Souffléform von ca. 1 Liter Inhalt weiche Butter Zucker	Den Backofen auf 200⁰ vorheizen und auf ← mittlerer Rille → ein Backblech einschieben. Souffléform (von ca. 16 cm Durchmesser und ca. 8 cm Höhe) grosszügig mit weicher Butter auspinseln und mit Zucker ausstreuen, der beim Bakken herrlich caramelisiert.
2	Eigelb	Eigelb und Zucker in einer Schüssel mit dem Schneebesen oder Handmixer weiss- und schaumigschlagen und anschliessend den Limonensaft zufügen.
2 EL	Zucker (ca. 30 g)	
1 EL	Limonensaft	
2	Eiweiss	Eiweiss mit dem Schneebesen oder Handmixer steifschlagen und gleichzeitig den Zucker langsam einrieseln lassen. ← **Ein Drittel** → von dieser Eiweissmasse vorsichtig unter die Eigelbmasse ziehen und ← **erst dann** → das restliche Eiweiss mit einem Gummischaber sorgfältig unterheben.
2 EL	Zucker (ca. 30 g)	
		Soufflémasse in die Form füllen, Oberfläche glattstreichen und mit dem Daumen die restliche Butter-Zucker-Mischung am Rand der Form lösen, damit das Soufflé besser aufgehen kann.
		Form auf das Backblech stellen, ca. 1 Liter ← **heisses Wasser** → in das Backblech giessen, Backofentüre sofort schliessen und das Soufflé bei 200⁰ während ungefähr 25-30 Minuten goldgelb backen.
	Puderzucker	Limonensauce kurz erwärmen, das Soufflé mit Puderzucker bestäuben, mit einem möglichst grossen Löffel aus der Form auf Teller stechen und mit der Limonensauce umgiessen.

PS Ich könnte mir vorstellen, dass der Erfinder des Backofenfensters ein begeisterter Soufflégeniesser gewesen ist. Vermutlich haben seine Nerven der Belastung ganz einfach nicht mehr standgehalten: geht es auf oder geht es nicht auf, das ist hier die Frage! Welch eine Freude aber, mitanzusehen, wenn dann das Soufflé steigt und steigt und steigt!

Soufflé chaud au fromage blanc

Mise en place		Quarksoufflé mit Mangosauce
1	Mangofrucht	Mango schälen und das Fleisch vom Stein lösen. Das Fruchtfleisch im Mixer oder mit dem Mixstab feinpürieren, durch ein feines Sieb streichen und mit dem Saft einer halben Limone aromatisieren. (Auf Puderzucker können Sie wahrscheinlich verzichten, da die Frucht, wenn sie sehr reif ist, genügend eigenen Zuckergehalt mitbringt.) Das Fruchtpurée mit wenig Mineralwasser zu einer dickflüssigen Sauce verlängern.
1	Limone	
	Mineralwasser	
	eine Souffléform von ca. 1 Liter Inhalt	Den Backofen auf 200⁰ vorheizen und auf ☞ mittlerer Rille ☜ ein Backblech einschieben. Souffléform (von ca. 16 cm Durchmesser und ca. 8 cm Höhe) grosszügig mit weicher Butter auspinseln und mit Zucker ausstreuen, der beim Bakken köstlich caramelisiert.
	weiche Butter	
	Zucker	
2	Eigelb	Eigelb und Zucker in einer Schüssel mit dem Schneebesen oder Handmixer weiss- und schaumigschlagen.
2 EL	Zucker (ca. 30 g)	
1 EL	weisser Rum	Quark zur Eigelb-Zucker-Masse mischen, Rum zufügen und mit ein paar Tropfen Limonensaft und wenig Abgeriebenem der Limonenschale aromatisieren.
80 g	Rahmquark	
2	Eiweiss	Eiweiss mit dem Schneebesen oder Handmixer steifschlagen und gleichzeitig den Zucker langsam einrieseln lassen. ☞ Ein Drittel ☜ dieser Eiweissmasse vorsichtig unter die Eier-Quark-Masse mischen und ☞ erst dann ☜ das restliche Eiweiss mit dem Gummischaber vorsichtig unterheben.
2 EL	Zucker (ca. 30 g)	
		Soufflémasse in die Form füllen, Oberfläche glattstreichen und mit dem Daumen die restliche Butter-Zucker-Mischung am Rand der Form lösen, damit das Soufflé besser aufgehen kann.
		Die Form auf das Backblech stellen, ca. 1 Liter ☞ heisses Wasser ☜ in das Backblech giessen und Backofentüre sofort schliessen. Das Soufflé bei 200⁰ während ungefähr 25-30 Minuten backen.
	Puderzucker	Das Soufflé zum Schluss mit Puderzucker bestäuben und mit der Mangosauce servieren.

PS Alle Süssigkeit auf Erden. Nur lassen Sie sich bei der Zubereitung dieser aufgeblasenen Geschichte durch nichts, aber auch durch gar nichts ablenken, auch wenn es noch so schwerfällt; wie schnell könnte dann nämlich der Sache die Luft ausgehen!

Soufflé chaud aux pommes

Mise en place		Apfelsoufflé

Mise en place

Apfelsoufflé

2 aromatische Äpfel

Äpfel (Boskoop, Reinetten, Gravensteiner) schälen, Stielansatz entfernen und Kernhaus auslösen. Äpfel in Würfel schneiden.

¼ Vanillestengel
½ Zitrone
1 EL Aprikosenconfiture

Apfelwürfel mit dem Saft einer halben Zitrone, einem Stück Zitronenschale und Zucker zum Kochen bringen und ☛ **zugedeckt auf kleinstem Feuer** ☚ zu einem Mus köcheln lassen. Anschliessend bei ☛ **grosser Hitze** ☚ alle Flüssigkeit verdampfen lassen, dann Zitronenschale sowie Vanillestengel entfernen. Aprikosenconfiture unter das Mus mischen und auskühlen lassen.

eine Souffléform von ca. 1 Liter Inhalt
weiche Butter
Zucker

Den Backofen auf 200° vorheizen und auf ☛ **mittlerer Rille** ☚ ein Backblech einschieben. Souffléform (von ca. 16 cm Durchmesser und ca. 8 cm Höhe) mit weicher Butter grosszügig auspinseln und mit Zucker ausstreuen, der beim Backen köstlich caramelisiert.

2 Eigelb
2 EL Zucker (ca. 30 g)
80 g Quark

Eigelb und Zucker in einer Schüssel mit dem Schneebesen oder Handmixer weiss- und schaumigschlagen. Quark dazumischen und das Apfelmus sorgfältig unterheben.

2 Eiweiss
2 EL Zucker (ca. 30 g)

Eiweiss mit dem Schneebesen oder Handmixer steifschlagen und gleichzeitig den Zucker langsam einrieseln lassen. ☛ **Ein Drittel** ☚ von dieser Eiweissmasse mit aller Vorsicht unter die Apfel-Quark-Mischung ziehen und ☛ **erst dann** ☚ das restliche Eiweiss sorgfältig mit einem Gummischaber unterheben.

Soufflémasse in die Form füllen, Oberfläche glattstreichen und mit dem Daumen die restliche Butter-Zucker-Mischung am Rand der Form lösen, damit das Soufflé besser aufgehen kann.

Form auf das Backblech stellen, ca. 1 Liter ☛ **heisses** ☚ Wasser in das Backblech giessen, Backofentüre sofort schliessen und das Soufflé bei 200° während ungefähr 30 Minuten goldgelb backen.

Puderzucker

Abschliessend das Soufflé mit Puderzucker bestäuben und sofort servieren. Wie das schmeckt!

PS Soufflés sind eine besondere Art der Liebeserklärung. Wenn Sie genau nach dem Rezept arbeiten, wird das Soufflé mit Sicherheit steigen und die Wirkung nicht verfehlen.

Crêpes à l'Orange

Mise en place

1	Ei
1 EL	Mehl
2 EL	Rahm
1 EL	flüssige Butter
	Salz
	Vanillezucker
	Orangenschale

Crêpes mit Orangen

Aus Ei, Mehl, Rahm und Butter einen glatten Teig rühren, der keinenfalls zu lange bearbeitet werden darf, damit er zart bleibt. Teig mit einem Hauch Salz, einer Prise Vanillezucker und dem Abgeriebenem einer Orange aromatisieren und anschliessend während ungefähr 30 Minuten ruhen lassen.

2	Orangen

Die Filets aus den Orangen lösen, dabei die Filets auf ein Sieb fallen lassen, das auf einer Schüssel liegt, damit der auslaufende Saft aufgefangen wird.

2 EL	Zucker (ca. 30 g)
2 EL	Grand-Marnier (Orangenliqueur)

Zucker in einer Sauteuse bei ☛ **mittlerer Hitze** ☚ goldbraun caramelisieren, mit dem aufgefangenen Orangensaft (ca. 1 dl) ablöschen und nun so lange kochen lassen, bis der Zucker vollständig aufgelöst ist. Grand-Marnier zufügen, die Orangenfilets in dieser heissen Sauce kurz durchziehen lassen und dekorativ auf warmen Tellern anordnen.

In einem beschichteten oder emaillierten Eierpfännchen von ca. 16 cm Durchmesser hauchdünne Crêpes backen und ☛ **zugedeckt** ☚ auf einem Teller am Herdrand warmstellen.

Die Sauce nochmals kurz erhitzen, die Crêpes 2 × falten und in der heissen Sauce kurz durchziehen lassen. Abschliessend die gefalteten Crêpes zu den Orangenfilets legen, mit der restlichen Sauce überziehen und, wenn Sie Lust haben, mit einer Kugel Vanilleglace servieren.

PS Zu den Crêpes habe ich eine hübsche Geschichte aus Frankreich gehört. Bei traditionsreichen Familien sei es üblich, dass die junge Ehefrau am Hochzeitstag eine Crêpe bäckt. Gelänge ihr das Kunststück, beim mehr oder weniger eleganten Wenden in der Luft die Crêpe wieder mit der Pfanne einzufangen, so würde die Ehe ein Leben lang glücklich sein.

Crêpes aux fraises, sauce à la vanille

Mise en place

1	Ei
1 EL	Mehl
2 EL	Rahm
1 EL	flüssige Butter
	Salz
	Vanillezucker
	Zitrone
150 g	Erdbeeren
	Puderzucker
	Zitronensaft
1	Eigelb
1 EL	Zucker (ca. 15 g)
½	Vanillestengel
1 dl	Rahm
	Puderzucker

Crêpes mit Erdbeeren auf Vanillesauce

Aus Ei, Mehl, Rahm und Butter einen glatten Teig rühren, der keinenfalls geschlagen werden darf, damit er zart bleibt. Teig mit einem Hauch Salz, einer Prise Vanillezucker und dem Abgeriebenem einer halben (ungespritzten) Zitrone aromatisieren und während ungefähr 30 Minuten ruhen lassen.

Erdbeeren kurz unter sanft fliessendem Wasser abspülen, Stielansatz entfernen und Erdbeeren in feine Würfel oder Scheiben schneiden, in eine kleine Schüssel legen und je nach Zuckergehalt der Früchte mit Puderzucker bestäuben, mit ein paar Tropfen Zitronensaft beträufeln und alles während einer halben Stunde durchziehen lassen. Diese Erdbeeren sind für die Füllung gedacht.

Für die Vanillesauce Eigelb und Zucker mit dem Schneebesen oder Handmixer weiss- und schaumigschlagen, Vanillestengel der Länge nach aufschneiden, mit dem Rahm in einer Kasserolle zum Kochen bringen und dann ☛ zugedeckt ☚ am Herdrand während etwa 10 Minuten ziehen lassen.

Diesen vanillierten Rahm zur Eier-Zucker-Masse geben, kurz durchmischen, zurück in die kleine Kasserolle giessen und bei ☛ **mittlerer Hitze unter ständigem Rühren** ☚ mit einem Holzlöffel kurz vors Kochen bringen. Die Crème soll sich dabei langsam verdicken, ohne zu kochen, was die Gerinnung der Eier zur Folge hätte. Crème anschliessend durch ein feines Sieb in eine kleine Schüssel passieren und kaltstellen.

In einem beschichteten oder emaillierten Eierpfännchen von ca. 16 cm Durchmesser hauchdünne Crêpes backen. (Weil sich im Teig flüssige Butter befindet, brauchen Sie zum Backen der Crêpes keine zusätzlichen Fettstoffe, wichtig ist, dass das Pfännchen ☛ **mässig heiss** ☚ ist, bevor Sie mit dem Backen beginnen.)

Die eiskalte Vanillecrème in tiefe Teller verteilen. Crêpes mit den geschnittenen Erdbeeren füllen, falten, auf die Sauce legen und mit Puderzucker bestreuen.

PS Nach diesem Rezept können Sie Crêpes mit den verschiedensten Früchten füllen. Besonders köstlich schmecken sie mit Apfelwürfelchen, die kurz in wenig Butter und Zucker caramelisiert und mit ein paar Tropfen Zitronensaft oder Calvados aromatisiert werden.

Gratin aux pommes

Mise en place | **Apfelgratin**

1	Eigelb	
1 EL	Puderzucker (ca. 15 g)	
100 g	Rahmquark	
1	Zitrone	

Eigelb und Puderzucker in einer Schüssel mit dem Schneebesen oder Handmixer schaumigschlagen. Quark und das Abgeriebene von einer (ungespritzten) Zitrone zufügen und alles zu einer glatten Masse rühren.

2	aromatische Äpfel	
1 CL	Butter	
1 CL	Zucker	
1 EL	Calvados	

Äpfel (Boskoop, Reinetten, Gravensteiner) schälen, Stielansatz und Kernhaus entfernen und die Äpfel in feine Schnitze (Spalten) schneiden. In einer beschichteten Pfanne Butter und Zucker schmelzen, Apfelschnitzchen und Calvados zufügen und auf ← **kleinstem Feuer** → beidseitig goldgelb caramelisieren. Anschliessend rosettenförmig auf feuerfeste Teller verteilen.

Grillschlange im Backofen aufheizen.

1	Eiweiss	
1 CL	Zucker	

Eiweiss mit dem Schneebesen oder Handmixer steifschlagen und dabei den Zucker langsam einrieseln lassen. Eiweiss vorsichtig unter die Eigelb-Zuckermasse ziehen, diese Masse über die Äpfel verteilen und unter dem ← **heissen** → Grill goldgelb gratinieren.

PS Sollten Sie das Glück haben und in einem alten Bauernhaus leben, wo in der Küche ein gemütlicher Holzherd steht, ist kaum anzunehmen, dass dort eine Grillschlange eingebaut ist. Vielleicht aber besitzen Sie einen Racletteofen oder einen Bratgrill, der sich zum Gratinieren eignet, damit Sie auf dieses Dessert nicht verzichten müssen.

Gratin à l'orange

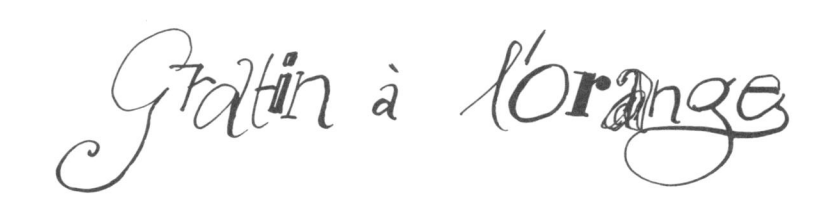

Mise en place — Orangengratin

4	Orangen	Orangen über einer Schüssel filetieren und dabei den Saft auffangen. Die Orangenfilets rosettenförmig auf geeignete, feuerfeste Teller legen. Den aufgefangenen Orangensaft abmessen und notfalls auf die Menge von ½ dl ergänzen.
½ dl	Rahm	Rahm in einer ☛ kalten ☚ Schüssel mit dem Schneebesen von Hand steifschlagen und bis zum Gebrauch kaltstellen.
2 EL	Zucker (ca. 30 g)	Zucker in einer Sauteuse bei ☛ mässiger Hitze ☚ goldbraun caramelisieren, mit dem Orangensaft ablöschen und so lange kochen lassen, bis der Zucker vollständig aufgelöst ist. Rahm zufügen, zu einer sämigen Sauce kochen, mit Grand-Marnier aromatisieren und erkalten lassen.
½ dl	Orangensaft	
½ dl	Rahm	
1 EL	Grand-Marnier (Orangenliqueur)	

Grillschlange im Backofen aufheizen.

1 EL	kandierte Orangenjulienne	Falls Sie diese herrlichen, kandierten Orangenschalen im Kühlschrank stehen haben — weil Sie sich dafür an einem verregneten Sonntag Zeit genommen haben —, werden diese über die Orangenfilets verteilt.

Nun den geschlagenen Rahm sorgfältig unter die ausgekühlte Orangensauce heben, über die Orangenfilets verteilen und unter dem heissen Grill goldgelb gratinieren.

PS Orangenfilets sind nichts anderes als ausgelöste Orangenschnitze. Schneiden Sie von einer Orange oben und unten ein Deckelchen weg. Stellen Sie die Orange dann aufrecht auf ein Fruchtbrett und schneiden Sie mit einem scharfen, leicht biegsamen Messer breite Streifen von der Schale ab. Die weissen Häutchen zwischen Schale und Fruchtfleisch müssen mit abgelöst werden, weil sie leicht bitter schmecken. Nun halten Sie die vollständig geschälte Orange in Ihrer Hand und lösen die Filets aus, indem Sie mit dem scharfen Messer links und rechts der Trennhäute zwischen den einzelnen Schnitzen bis zur Fruchtmitte einschneiden. Arbeiten Sie dabei über einer Schüssel, damit die Orangenfilets hineinfallen können und ausserdem der auslaufende Saft aufgefangen wird.

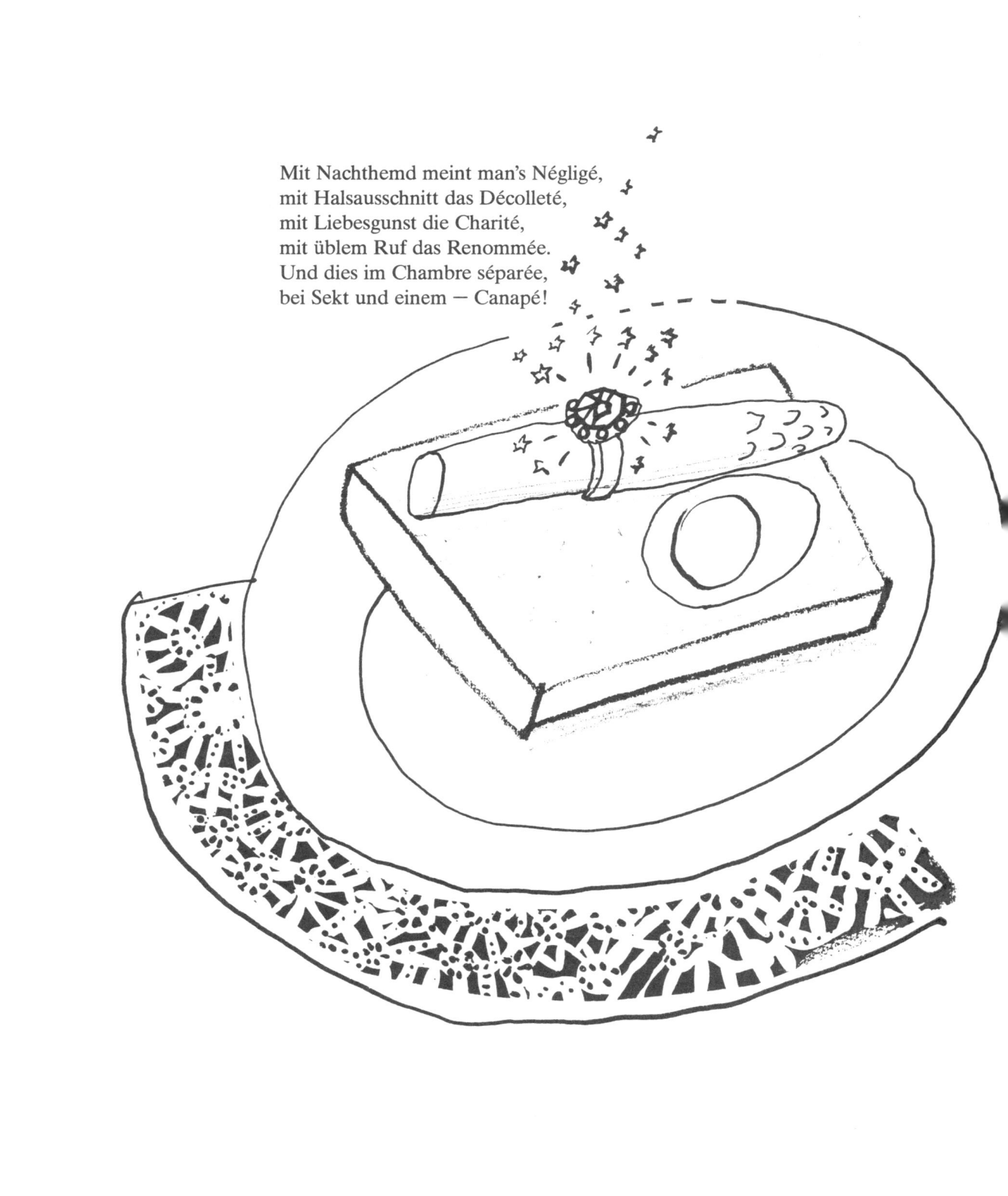

Mit Nachthemd meint man's Négligé,
mit Halsausschnitt das Décolleté,
mit Liebesgunst die Charité,
mit üblem Ruf das Renommée.
Und dies im Chambre séparée,
bei Sekt und einem — Canapé!

Fond de Volaille

Mise en place   **Geflügel- oder Kalbsfond**

1 kg	Geflügelknöchlein oder Kalbsknochen	

Lassen Sie die Geflügelknöchlein (oder die Kalbsknochen, vorzugsweise aus Brust und Haxen) von Ihrem Händler möglichst feinhacken.

Die Knochen in viel kochendem Wasser während ungefähr einer Minute blanchieren (überbrühen), auf ein Sieb schütten, gut abtropfen lassen und in einen hohen Topf legen.

1	kleine Karotte
1	kleiner Lauch
1	kleiner Sellerie

Karotte, Lauch und Sellerie zurüsten und in kleine Würfel schneiden. Sie brauchen davon insgesamt etwa 100 g.

1	kleine Zwiebel
1	Lorbeerblatt
2	Gewürznelken
1	Thymianzweiglein
	Petersilienstengel
6	weisse Pfefferkörner
½ dl	Weisswein
50 g	Champignons

Die Zwiebel mit Lorbeerblatt und Nelken bestecken, die Champignons vierteln. Zwiebel, Champignons, das kleingeschnittene Gemüse und alle Gewürze in den Topf zu den Knochen legen, Weisswein und Wasser zufügen und alles zum Kochen bringen. Den aufsteigenden Schaum mit einem kleinen Schöpflöffel immer wieder von der Oberfläche abschöpfen. Sobald die Flüssigkeit kocht, muss die Hitze reduziert werden. Den Fond nun auf ☛ **kleinstem Feuer** ☚ während ungefähr 3 Stunden leise, sehr leise sogar, köcheln lassen.

Zum Schluss alles auf ein Sieb schütten, den aufgefangenen Fond entfetten, erkalten lassen und portionenweise einfrieren.

PS Nur wer das Glück hat, ein Keramikkochfeld zu besitzen, auf dem der Topf hin- und hergeschoben werden kann, wird das Leise-köcheln-lassen problemlos spielen können. Andernfalls wird es ein bisschen schwierig, weil ein Topf, der nur knapp auf einer normalen Herdplatte steht, leicht kippen kann. In diesem Fall allerdings hilft ein kleines Kuchenblech (oder etwas ähnliches, feuerfestes), mit dem der Topf abgestützt werden kann. Sollte Ihr Herd aber sehr fein regulierbar sein, dann erübrigt sich wohl ein entsprechendes Manöver.

Jus de Volaille

Mise en place		Geflügel- oder Kalbsjus

Mise en place

Geflügel- oder Kalbsjus

| 1 kg | Geflügelknöchlein oder Kalbsknochen |

Lassen Sie die Geflügelknöchlein (oder die Kalbsknochen, vorzugsweise aus Brust und Haxen) von Ihrem Händler möglichst feinhacken.

1	kleine Karotte
1	kleiner Lauch
1	kleiner Sellerie

Karotte, Lauch und Sellerie zurüsten und in kleine Würfel schneiden. Sie brauchen davon insgesamt ungefähr 100 g.

| 1 | grosse Zwiebel |

Die Zwiebel mit der Schale ebenfalls in kleine Würfel schneiden.

| ½ dl | Traubenkernöl |

Das Öl in einer entsprechend grossen Bratpfanne erhitzen, die Knochen zufügen und unter fleissigem Wenden so lange rösten, bis sie eine goldbraune Farbe angenommen haben.

Das kleingeschnittene Gemüse und die Zwiebelwürfel zufügen und mitrösten. Es könnte durchaus sein, dass die Knochen zu wenig Fett abgeben und die vorgesehene Ölmenge nicht ausreicht, um problemlos zu rösten. Achten Sie deshalb gut auf den Boden Ihres Brattopfs, der immer mit einem feinen Fettfilm bedeckt sein muss. Das erleichtert die Arbeit und verhindert das Anbrennen, was den Jus bitter machen würde.

| 1 EL | Tomatenpurée |

Das Tomatenpurée zufügen und gut mitrösten, wobei Sie es immer wieder vom Boden loskratzen. Es ist für das Resultat von grosser Bedeutung, dass das Purée eine dunkle Farbe annimmt, ohne zu verbrennen — Fingerspitzengefühl ist gefragt!

| 1 dl | Rotwein |
| 2 lt | Wasser |

Mit Rotwein ablöschen und mit Wasser auffüllen. Das Ganze zum Kochen bringen und dabei immer wieder den aufsteigenden Schaum mit einem kleinen Schöpflöffel von der Oberfläche abschöpfen. Sobald die Flüssigkeit kocht, wird die Hitze reduziert. Den Jus nun auf ☛ kleinstem Feuer ☚ während ungefähr 3 Stunden leise köcheln lassen.

Zum Schluss alles auf ein Sieb schütten, den aufgefangenen Jus entfetten, erkalten lassen und portionenweise einfrieren.

PS Ist der Himmel grau und der Tag verregnet? Wie schön ist es dann, keinen traurigen Gedanken nachzuhängen, sondern die Zeit für eine neue Erfahrung zu nutzen, um hinterher festzustellen, wie beschwingt das machen kann! Es ist durchaus denkbar, dass Sie sich beispielsweise noch niemals an die Herstellung von einem Geflügel- oder Fleischjus gewagt haben, aus der Überlegung vielleicht, der Aufwand würde sich nicht lohnen. Und ob er sich lohnt! Machen Sie einen ersten Versuch, und ich bin überzeugt, dass Sie dann nicht mehr davon lassen können.

Bouillon de volaille

Mise en place   **Geflügelbouillon**

1 kg Geflügelknöchlein	
1 kleiner Sellerie	
1 kleiner Lauch	
1 kleine Karotte	
1 kleine Zwiebel	
1 Lorbeerblatt	
1 Gewürznelke	
1 Thymianzweiglein	
6 weisse Pfefferkörner	
ein paar Champignons	

Die Geflügelknöchlein, an denen ruhig etwas Fleisch haften darf, möglichst kleinhacken und in kochendem Wasser während ungefähr 1 Minute blanchieren (überbrühen), dann auf ein Sieb schütten und gut abtropfen lassen.

Sellerie, Lauch und Karotte zurüsten und sehr kleinschneiden. Sie brauchen davon die ungefähre Menge von 100 g insgesamt. Die blanchierten Knöchlein, das feingeschnittene Gemüse, die mit Lorbeerblatt und Gewürznelke besteckte Zwiebel, Gewürze und Champignons in einen hohen Topf geben, mit ungefähr 2 Liter kaltem Wasser auffüllen und zum Kochen bringen. Den aufsteigenden Schaum mit einem kleinen Schöpflöffel immer wieder von der Oberfläche abschöpfen.

Kurz bevor die Bouillon zu kochen beginnt, muss die Hitze — **sofort** — reduziert werden. Sobald Sie sicher sind, diese richtig eingestellt und unter Kontrolle zu haben — die Oberfläche bewegt sich nur leise und die Flüssigkeit simmert —, dann kann man die Bouillon während ca. 2 Stunden leise köcheln lassen, ohne befürchten zu müssen, dass sie trübe wird.

Anschliessend alles auf ein Sieb schütten und die aufgefangene Flüssigkeit durch ein feines Leinentuch passieren, damit die Bouillon klar bleibt. Ob Sie nun die Bouillon vorsichtig mit Salz, wenig weissen Pfeffer aus der Mühle und ein paar Tropfen Armagnac (oder Cognac) würzen und gleich servieren; oder ob sie für die Zubereitung von Saucen verwendet werden soll — entfettet wird sie allemal.

PS Anstelle von Geflügelknöchlein, die Sie übrigens bei Ihrem Händler fast umsonst erhalten, können Sie jederzeit auch ein Rindsbrustbein und Ochsenschwanz verwenden. Die Bouillon wird dadurch etwas dunkler, aber auch zugleich kräftiger.

Fond de poisson

Mise en place | Fischfond

1	kleine Karotte	Karotte, Lauch und Sellerie zurüsten und in kleine Würfel schneiden. Sie brauchen insgesamt etwa 100 g.
1	kleiner Sellerie	
1	kleiner Lauch	

2 Schalotten
100 g Champignons

Die Schalotten in feine Streifen schneiden und die Champignons vierteln.

500 g Fischgräten
Petersilienstengel
Fenchelkraut

Die Fischgräten — die Sie bei Ihrem Fischhändler fast umsonst erhalten — kurz unter kaltem Wasser abspülen, kleinschneiden und in eine trockene, eventuell beschichtete Pfanne legen. Das kleingeschnittene Gemüse, die Schalotten und Champignons sowie Petersilienstengel und wenig Fenchelkraut zufügen und alles auf **kleinem Feuer** während ungefähr 2 Minuten zugedeckt anziehen.

2 dl Weisswein
Wasser

Weisswein zugiessen und nun mit so viel Wasser auffüllen, bis die Gräten knapp bedeckt sind. Alles kurz aufkochen lassen, dann aber die Hitze sofort reduzieren und alles auf **kleinstem Feuer** während etwa 20 Minuten leise köcheln lassen. Den aufsteigenden Schaum immer wieder mit einem kleinen Schöpflöffel von der Oberfläche abschöpfen.

Anschliessend alles auf ein Sieb schütten, die aufgefangene Flüssigkeit durch ein feines Leinentuch passieren, den Fond entfetten, erkalten lassen und dann portionenweise einfrieren.

PS Wesentlich kräftiger wird der Fond, wenn Sie ihn ganz zum Schluss, nachdem er passiert wurde, nochmals zum Kochen bringen und auf die ungefähre Menge von 3 Deziliter reduzieren lassen. Weil dieses Rezept als Vorrat gedacht ist, brauchen Sie die entsprechende Menge Gräten. Sollten Sie allerdings einmal einen Fisch verarbeiten und seine Gräten zur Verfügung haben, dann können diese für die Herstellung von einem kleinen Fond verwendet werden. Nur denken Sie dann daran, die übrigen Zutaten mengenmässig anzupassen.

Deux recettes toutes simples

Mise en place		**Mayonnaise**

1 ganzes Ei
½ CL Dijonsenf
     Salz
     Cayenne
     Pfeffermühle

1 dl Erdnussöl
     Zitronensaft

Wie einfach, eine Mayonnaise herzustellen, sofern Sie ein Mixgerät besitzen: das ganze Ei in eine kleine Schüssel beziehungsweise ins Mixglas schlagen. Den Senf, wenig Salz, einen Hauch Cayenne und ein paar Umdrehungen von weissem Pfeffer aus der Mühle zufügen.

Das Mixgerät auf mittleren Touren laufen lassen und das Öl in einem feinen Strahl zugiessen. Sollte sich das Mixmesser nicht mehr gut drehen, können Sie ein paar Tropfen Wasser zufügen, damit das restliche Öl besser verarbeitet werden kann. Die Mayonnaise zum Schluss nach Belieben nachwürzen und mit Zitronensaft aromatisieren.

Diese Mayonnaise ist besonders leicht, weil das ganze Ei (und nicht wie üblich nur das Eigelb) verwendet wird.

Mise en place   **Kräuterbutter**

400 g Butter
     gemischte Kräuter
3 Knoblauchzehen
1 EL Dijonsenf
1 EL Worcestershire-Sauce
     Salz
     Cayenne
     Curry
     Paprika
     Pfeffer
     Zitronensaft

Die Butter in einer entsprechend grossen Schüssel weich werden lassen — am besten geschieht dies bei ganz normaler Küchentemperatur. Die Kräuter, wie beispielsweise Basilikum, Majoran, Schnittlauch, Petersilie, Estragon, Kerbel in Blättchen zupfen beziehungsweise kleinschneiden. Sie brauchen davon ungefähr eine Tasse voll.

Die Kräuter zur Butter geben, die Gewürze zufügen, den Saft von einer halben Zitrone und die Knoblauchzehen dazupressen und nun alles mit dem Schneebesen oder mit dem Handmixer gut durchmischen.

Die Butter esslöffelweise auf das erste Drittel von einem rechteckigen Stück Alufolie setzen, dann einrollen und die beiden Endstücke so abdrehen, dass eine kompakte Rolle entsteht. Diese Kräuterbutter lässt sich gut im Tiefkühlfach aufbewahren und steht immer dann zur Verfügung, wenn Sie auf gar nichts anderes Lust haben als auf ein Stück Fleisch!

PS Mit diesen beiden Rezepten wollte ich nur darauf hinweisen, wie einfach es im Grunde ist, manches selbst herzustellen. Und wie töricht auch, darauf zu verzichten, bloss weil eine gewisse Zurückhaltung besteht. Alles im Leben geschieht einmal zum ersten Mal, wichtig allein ist, dass man sich daran wagt und neugierig genug ist!

Assaisonnement

Mise en place   **Gewürzmischung**

100 g   Salz
1   Thymianzweiglein
        Curry
        Paprika
        Pfeffer aus der Mühle

Vom Thymian die Blättchen zupfen und unter das Salz mischen. Das Salz mit einem gestrichenen Moccalöffel Curry und mit einem gestrichenen Moccalöffel Paprika sowie herzhaft mit weissem Pfeffer aus der Mühle würzen. Diese Mischung in eine kleine Dose mit festsitzendem Verschluss füllen.

PS Die Gewürzmischung ist im Nu zubereitet und dient vor allen Dingen dazu, Fleisch, Geflügel und Innereien zu würzen, falls diese Produkte gebraten werden. Nicht nur, dass dann alles ein bisschen kräftiger schmeckt, sondern durch die verschiedenen Gewürze entsteht auch eine schönere Kruste. Fische allerdings — auch wenn sie gebraten werden — sollten stets nur mit wenig Salz und weissem Pfeffer aus der Mühle gewürzt werden, damit der sanfte Eigengeschmack erhalten bleibt. Ganz allgemein ist es klug, sich beim Würzen auf das jeweilige Produkt zu konzentrieren und stets daran zu denken, dass Produkte viel Eigenaroma und Mineralsalze enthalten, und dass es meistens nur darum gehen kann, das Eigenaroma behutsam zu unterstützen. Deshalb: greifen Sie niemals lässig ins Gewürzdöschen, sondern versuchen Sie, sich in ein Produkt hineinzudenken und eine mögliche Reaktion zu berücksichtigen. Sie werden dabei feststellen, wie faszinierend das sein kann! Wer immer sich bemüht, wird es zum Meister bringen.

Speiskammer

Gewürzmischung	Balsamicoessig	Gelatine
Salz	Sherryessig	Vanillestangen
Cayenne		Vanillezucker
Curry	Olivenöl	Zimtstangen
Paprika	Erdnussöl	Zimtpulver
Safran	Traubenkernöl	Zartbitter-Schokolade
Muskatnuss	Nussöl	Aprikosenconfiture
Weisse Pfefferkörner		Quittenconfiture
Koriander	Langkornreis	Johannisbeergelée
Gewürznelken	Rundkornreis	Cassisgelée
Lorbeerblätter	Grobgemahlener Mais	Kandierte Orangenschalen
Dijonsenf	Mehl	
Grobkörniger Senf	Paniermehl	Weisswein
Sojasauce	Kartoffeln	Rotwein
Tomatenpurée	Karotten	Trockener Vermouth
Bouillon (oder Fond)	Lauch	Roter Porto
Fleischextrakt (oder Jus)	Sellerie	Weisser Porto
	Schalotten	Pernod
Butter	Zwiebeln	Sherry
Rahm	Knoblauch	Madeira
Doppelrahm	Küchenkräuter	Marsala
Milch	Zitronen	Kirsch
Parmesankäse		Weisser Rum
Eier	Zucker	Calvados
	Puderzucker	Beerenliqueur
Weissweinessig	Honig	Grand-Marnier

PS Die Aufzählung verschiedener Produkte auf dieser Seite soll eine Anregung sein, wie sich ein sinnvoller Vorrat anlegen lässt. Sind im Laufe der Zeit alle aufgeführten Produkte in der Speisekammer, beziehungsweise im mehr oder weniger grossen Kühl- oder Küchenschrank untergebracht, müssen Sie sich beim täglichen Einkauf nur noch auf die frischen Produkte konzentrieren. Sie werden dann die meisten Rezepte mühelos zubereiten können.

Küchentechnik

Ablöschen	176	Gemüse dünsten	236
Al dente	131	Julienne	141
Anziehen	145	Kandieren von Orangenschalen	293
Auflösen	176	Leise-köcheln-lassen	223
Aufschäumende Butter	138	Médaillons/Mignons	224
Auszeichnung ☛ **Händchen** ☚	178	Mise en place	171
Balsamicoessig	111	Mousse ausstechen	287
Beschichtete Bratpfanne	255	Olivenöl	156
Blanchieren	129	Orangenfilets auslösen	305
Brunoise	141	Rahm schlagen	283
Caramelisieren von Zucker	291	Reduzieren	260
Dampfgaren	144	Sauteuse	143
Doppelrahm	231	Sautieren	224
Durch ein Sieb streichen	285	Schalotte	242
Fleisch braten	204	Unterheben, Unterziehen	290
Eiswasserbad	101	Weisser Pfeffer	182
Entfetten	253	Würzen	252

PS Sollten Ihnen die Küchensprache und gewisse Techniken nicht geläufig sein, dann können Sie auf Grund dieser Liste auf den entsprechenden Buchseiten nachsehen, was genau unter einem bestimmten Begriff zu verstehen ist. Hat man nur die Sprache zur Verfügung, um gewisse Handgriffe zu erklären, ist man auf ein wachsames und kluges Auditorium angewiesen. Doch nachdem ich ohnehin annehmen darf, dass ich es mit lauter wachsamen und klugen Leuten zu tun habe, bin ich sicher, dass meine Erklärungen auf sinnvolle Art und Weise umgesetzt werden.

Stichwortverzeichnis

Ananascrème	289
Apfelgratin	304
Apfelsoufflé	301
Apfeltörtchen	295
Bayerische Crème mit Ananas	289
Bayerische Crème mit Johannisbeeren	288
Blätterteig mit Erdbeeren	297
Blätterteig mit grünen Spargeln	270
Blätterteig mit Lachsschnitzel	152
Blätterteig mit Morcheln	271
Blumenkohlsuppe	94
Bohnengemüse	239
Bouillon	310
Bouillonkartoffeln	253
Broccoli-Eierschwämmchen-Salat	110
Broccoligemüse	237
Brombeersuppe	292
Caramelisiertes Karottengemüse	236
Champagner-Risotto	265
Crêpes mit Erdbeeren auf Vanillesauce	303
Crêpes mit Orangen	302
Crêpes mit Spinat und Tomaten	263
Eglifilets mit Kräutern	139
Eierschwämmchenragout	244
Eisauflauf mit Grand-Marnier	280
Eisgekühlte Kartoffelsuppe	101
Eisgekühlte Sommersuppe	100
Entenbrüstchen an Cassissauce	178
Entenbrüstchen an Portosauce	180
Entenbrüstchen mit Orangen und Sesam	179
Entrecôte mit Senfsauce	205
Entrecôte mit Thymian	204
Erbsensuppe	91
Erdbeercrêpes auf Vanillesauce	303
Erdbeeren im Blätterteig	297
Erdbeereisgugelhupf auf Rhabarbersauce	281
Exotische Früchte auf Limonensauce	294
Felchenfilets auf Stielmangold	138
Fenchelsuppe mit Pernod	95
Fischfond	311
Fond	308
Forellenfilets auf Gemüsestreifen	141
Forellenfilets auf Lauch-Kartoffelgemüse	142
Forellenfilets mit Eierschwämmchen	140
Frühlingsgemüse an Kerbelsauce	241
Gebrannte Crème	291
Geflügelbouillon	310
Geflügelbrüstchen an Estragonsauce	163
Geflügelbrüstchen an Schnittlauchsauce	166
Geflügelbrüstchen auf Gemüsestreifen	162
Geflügelbrüstchen auf Sellerie-Apfelsalat	116
Geflügelbrüstchen mit Kräutern	165
Geflügelbrüstchen mit Frühlingszwiebeln	164
Geflügelbrüstchen mit Spargeln auf Kopfsalat	114
Geflügel-Champignonssauté	171
Geflügelfond	308
Geflügelgeschnetzeltes an Currysauce	173
Geflügeljus	309
Geflügelleber auf Maissalat	120
Geflügelleber und Steinpilze auf Friséesalat	119
Geflügel-pot-au-feu	175
Geflügelragout auf Spinat	174
Geflügelsalat mit Orangen und Pistazien	115
Geflügelsauté an Basilikumsauce	169
Geflügelsauté an Portosauce	168
Geflügelsauté an Sauerampfersauce	184
Geflügelsauté an Sherrysauce auf Toast	170
Geflügelsauté an Sojasauce	172
Geflügelstreifen mit Honig	167
Gefülltes Kalbsschnitzel mit Mozzarella	192
Gemüsegratin	246
Gemüse-Kartoffelrösti	245
Gemüserisotto	266
Gemüsesalat an Nussölvinaigrette	108
Gemüsesuppe mit Majoran	96
Geräucherte Entenbrust auf Linsensalat	117
Geschnetzeltes Geflügelfleisch an Currysauce	173
Geschnetzeltes Kalbfleisch mit Rosmarin	193
Gestürzte (Bayerische) Ananascrème	289
Gestürzte Crème auf Johannisbeeren	288
Gewürzmischung	313
Goldbuttfilet auf Ratatouillevinaigrette	126

Grand-Marnier-Eisauflauf	280
Grüne Spargeln im Blätterteig	270
Grüne Spargelsuppe	90
Hähnchen mit Rosmarin	177
Hechtschnitten mit Gemüse an Rotweinsauce	143
Heilbutt im kleinen Sud	146
Herbstsalat mit Broccoli und Eierschwämmchen	110
Himbeeren-Millefeuilles	296
Himbeermousse auf Himbeersauce	284
Himbeerparfait auf Himbeersauce	275
Hochzeitssuppe	103
Honigmousse auf Brombeersauce	285
Huftsteak mit Tomaten und Rosmarin	202
Jakobsmuscheln an Peperonisauce	159
Jakobsmuscheln an Safranvinaigrette	133
Jakobsmuscheln auf Karottensalat	132
Joghurtcrème mit Himbeeren	290
Jus	309
Kalbsfilet an Thunfischsauce	135
Kalbsfiletmédaillons an Gemüsesauce	196
Kalbsfiletmignons mit Morcheln	197
Kalbsfond	308
Kalbsgeschnetzeltes mit Rosmarin	193
Kalbsjus	309
Kalbsleber an Quittensauce	229
Kalbsmilken auf Lauchsalat	118
Kalbsmilken auf Spinat an Vermouthsauce	232
Kalbsmilkenfricassée mit Champagner	231
Kalbsmilkensauté mit Majoran	230
Kalbspiccata an Tomatensauce	191
Kalbsragout mit Gemüse	198
Kalbsschnitzel an Marsalasauce	190
Kalbsschnitzel mit Champignons	188
Kalbsschnitzel mit grünem Pfeffer	189
Kalbsschnitzel mit Tomaten und Mozzarella	192
Kalbssteak mit frischem Salbei	195
Kalbssteak mit Kräuterfüllung	194
Kandierte Orangenjulienne	293
Kaninchenleber auf Kohlrabisalat	121
Kaninchenleber mit Balsamicoessig	228
Kaninchen-pot-au-feu	222
Kaninchenrückenfilet auf Frühlingsgemüse	220
Kaninchenrückenfilet mit Kanincheninnereien	221
Kaninchensauté mit Balsamico und Thymian	219
Kaninchenschenkel mit Rosmarin	223
Karottengemüse	236
Kartoffelcrêpes	251
Kartoffel-Gemüserösti	245
Kartoffelgnocchi	249
Kartoffelgratin	247
Kartoffeln mit Knoblauch und Thymian	252
Kartoffeln mit Speck	254
Kartoffeln mit Zwiebeln	255
Kartoffelreibeküchlein	250
Kartoffelrösti aus rohen Kartoffeln	248
Kartoffelsalat mit Lachsrahm	125
Kartoffelsuppe, eisgekühlt	101
Kartoffelsuppe mit Tomaten	97
Kerbel-Frühlingsgemüse	241
Kirschentarte	295
Knoblauchkartoffeln mit Thymian	252
Knusperparfait auf Schokoladensauce	279
Kräuterbutter	312
Kräuter-Risotto	267
Kräuter-Spätzli	261
Kräutersuppe	92
Krokantparfait auf Schokoladensauce	279
Kutteln an Safransauce	233
Lachsragout mit Kohlrabi an Schnittlauchsauce	150
Lachsschnitzel an Dillsauce mit rosa Pfeffer	151
Lachsschnitzel an Sauerampfersauce	152
Lammcôtelettes mit Rosmarin	216
Lammcôtelettes mit jungem Knoblauch	215
Lammcôtelettes mit Schalotten	217
Lamm-Médaillons mit Madeira auf Spinat	213
Lamm-Médaillons mit Thymian	212
Lamm-Médaillons mit Tomaten und Basilikum	214
Lammsattel auf Kartoffel-Petersiliensauce	218
Langustinen an Portosauce mit Koriander	158
Langustinen auf Frühlingssalat	134
Lauchgemüse	240
Limonensoufflé	299

Linsengemüse	243
Linsensalat mit geräucherter Entenbrust	117
Linsensuppe	105
Maissalat mit Geflügelleber	120
Mariniertes Rindsfilet	111
Mayonnaise	312
Merlanfilets an Senfsauce	145
Milken auf Spinat an Vermouthsauce	232
Milkenfricassée mit Champagner	231
Milkenröschen auf Frühlingslauch	118
Milkensauté mit Majoran	230
Millefeuilles mit Himbeeren	296
Morcheln im Blätterteigpastetchen	271
Nudeln	258
Nudeln an Basilikumsauce	260
Nudeln mit Gemüsestreifen	259
Nudelsalat mit Gemüse	109
Orangencrêpes	302
Orangen filetieren	305
Orangengratin	305
Orangenschalen, kandiert	293
Orangensuppe mit Pistazien und Pinien	293
Peperonigemüse	242
Peperoni-Risotto	264
Peperonisuppe	98
Perlhuhnbrüstchen an Trüffelsauce	183
Perlhuhnbrüstchen auf Sauerkraut	182
Perlhuhnfricassée	181
Piccata von Seeteufel an Tomatensauce	149
Pilzragout	244
Pilzsuppe	102
Polenta	268
Pot-au-feu von Geflügel	175
Pot-au-feu von Kaninchen	222
Poulardenschenkel an Rotweinsauce	176
Prättigauer Hochzeitssuppe	103
Quarkmousse auf Walderdbeersauce	282
Quarksoufflé mit Mangosauce	300
Rahmlauch	240
Rahmrosenkohl	240
Räucherlachs mit Spargelsalat	124
Rehcôtelettes an Preiselbeersauce	225
Rehmédaillons mit frischen Feigen	224
Rindsfilet mariniert	111
Rindsfiletmignons an Portosauce	208
Rindsfiletmignons an Schalottensauce	209
Rindsfiletsauté an Paprikasauce	207
Rindsfiletsauté ‹Some like it hot›	206
Rindfleischsauté mit Oliven und Steinpilzen	203
Rindshuftsteak mit Tomaten und Rosmarin	202
Risotto mit Champagner	265
Risotto mit Gemüse	266
Risotto mit Kräutern	267
Risotto mit Peperoni	264
Rosenkohlgemüse	240
Rösti aus rohen Kartoffeln	248
Rotzungenfilet auf Nudelsalat	131
Rumparfait auf Mangosauce	274
Salat mit Eierschwämmchen und Broccoli	110
Salat mit Wachtelei und Avocado	112
Sankt-Petersfischfilet an Limonensauce	153
Sankt-Petersfischfilet an Olivenölvinaigrette	128
Sankt-Petersfischfilet an Pernodsauce	155
Sankt-Petersfischfilet an Trüffelsauce	154
Schokoladenmousse	286
Schokoladenparfait auf Orangensauce	277
Schokoladensoufflé mit Vanillesauce	298
Schweinsfiletmédaillons an Orangensauce	200
Schweinsfiletmédaillons mit Honig	201
Schweinsfiletmignons an Senfsauce	199
Seeteufelbäckchen auf Kohlrabisalat	130
Seeteufelmédaillons an Lauchsauce	148
Seeteufelpiccata auf Tomatensauce	149
Seezungenstreifen an Safransauce	157
Seezungenstreifen auf Gemüsevinaigrette	129
Seezungenstreifen auf Spinatnudeln	156
Some like it hot (Rindsfiletsauté)	206
Sommersuppe, eisgekühlt	100
Soufflé mit Äpfeln	301
Soufflé mit Limonen	299
Soufflé mit Quark auf Mangosauce	300
Soufflé mit Schokolade auf Vanillesauce	298

Spargelsalat mit Räucherlachs	124
Spargelsuppe	90
Spätzli mit Kräutern	261
Spätzli mit Steinpilzen und Schalotten	262
Speckkartoffeln	254
Spinatgemüse	238
Spinatsuppe	93
Steinbuttfilet auf Gemüsevinaigrette	127
Steinbuttfilet mit Gemüse an Estragonsauce	147
Steinpilzsuppe	102
Stubenküken mit Rosmarin	177
Théparfait mit Rotweinzwetschgen	278

Tomatensuppe mit Basilikum	99
Truthahnsauté an Sauerampfersauce	184
Truthahnschnitzel an Mostsauce mit Äpfeln	185
Vanillezucker	277
Wachtel auf Nüsslisalat (Feldsalat)	113
Wachteleier auf Frisésalat	112
Williamsmousse auf Schokoladensauce	287
Zanderfilet auf Grünkohlgemüse	144
Zimtparfait auf Apfelsauce	276
Zitronenmousse	283
Zwiebelkuchen	269
Zwiebelsuppe	104